Leo N. Tolstoi

Wider den Krieg

Ausgewählte pazifistische
Betrachtungen und Aufrufe
1899 – 1909

Band-Signatur
TFb_B004

Tolstoi-Friedensbibliothek
Reihe B | Band 4

Herausgegeben von
Peter Bürger

Leo N. Tolstoi

Wider den Krieg

Ausgewählte pazifistische
Betrachtungen und Aufrufe
1899 – 1909

Neu ediert von
Peter Bürger

Tolstoi Friedensbibliothek

TFb_B004

Die TFb-Buchausgaben
folgen dem Editionsprojekt
www.tolstoi-friedensbibliothek.de

© 2023

Leo N. Tolstoi

WIDER DEN KRIEG

Ausgewählte pazifistische
Betrachtungen und Aufrufe 1899 – 1909

Tolstoi-Friedensbibliothek: Band-Signatur FTb_B004

Herausgeber, Redaktion & Gestaltung: Peter Bürger
www.tolstoi-friedensbibliothek.de
Umschlagmotiv: ‚Tolstoi, Mensch der Wahrheit‘,
Gemälde von Jan Styka (1858-1925)

Herstellung & Verlag: BoD – Books on Demand, Norderstedt
ISBN: 978-3-7534-7962-0

Inhalt

„… EIGENTLICH DER KONSEQUENTESTE ALLER KRIEGSHASSER"

Vorwort des Herausgebers

„Ich bin wie jener Mann auf dem Tender eines in den Abgrund rasenden Zuges, der entsetzt erkennt, er vermag den Zug nicht zum Stehen zu bringen. Die Fahrgäste hingegen entsetzten sich erst, als die Katastrophe geschehen war."

Leo N. TOLSTOI: Tagebucheintrag vom 27. Dezember 1905[1]

Mit Blick auf den Anbruch des 20. Jahrhunderts vermerkt Viktor Schklowski über LEO N. TOLSTOI (1828-1910), der seiner Ansicht nach versuchte, mit dem Heck des großen „Schiffs seiner Utopien" „voraus in die Vergangenheit zu segeln": „In vielem jedoch begriff Tolstoi mehr als andere Leute. Er schrieb, es würde zu Kriegen von derartiger Gewalt kommen, daß sie den Untergang von 99 Prozent der Erdbevölkerung bewirken könnten, selbst das aber könne den Wahn der Reichen nicht eindämmen. […] Das neue Jahrhundert setzte mit Kriegen ein. Man kämpfte auf den Philippinen und im Transvaal. Es waren Kriege von neuartiger Abscheulichkeit. Tolstoi sagte: ,Kriege der Amerikaner und Engländer innerhalb einer Welt, in der schon Gymnasiasten den Krieg verurteilen, sind entsetzlich'."[2] Bei einem Besuch von MAXIM GORKI (Alexej Maximowitsch Peschkow) am 13. Januar 1900 meinte TOLSTOI „sich selbst ironisierend, er freue sich unwillkürlich über die Siege der Buren, wenn er auch wisse, daß es Sünde sei: sowohl die Buren als auch die Engländer begingen jenen Massenmord, den sie als Krieg bezeichneten."[3]

---

[1] Leo N TOLSTOI: Tagebücher 1847-1910. Aus dem Russischen übersetzt von Günter Dalitz. München: Winkler 1979, S. 714.

[2] Viktor SCHKLOWSKI: Leo Tolstoi. Eine Biographie. Übersetzung aus dem Russischen von Elena Panzig [1980]. Berlin: Suhrkamp Taschenbuch 1984, S. 609.

[3] Ebd., S. 609.

In einem Brief zu den Kämpfen im Transvaal vom Dezember 1899 (→I) nennt LEO N. TOLSTOI drei Hauptursachen für Kriege: „Erstens: die ungleiche Verteilung des Besitzes, das heißt: die Beraubung eines Menschen durch die anderen. Zweitens: die Existenz eines Soldatenstandes, das heißt: solcher Menschen, die für den Mord erzogen und bestimmt werden. Drittens: die falsche und meist bewußt betrügerische religiöse Lehre, in der die Jugend zwangsweise erzogen wird. [...] Es wird solange Kriege geben, wie wir die Entstellung des Christentumes predigen oder ohne sittliche Empörung und Widerwillen dulden werden".

Die Differenz zur bürgerlichen Friedensbewegung

Der Kampf gegen Todesstrafe und Krieg gehört zu den zentralen Schauplätzen des letzten Lebensjahrzehnts. „Zu Beginn des zwanzigsten Jahrhunderts ist Tolstoj ein geistiges Kraftzentrum mit kolossalem Ansehen. Es war fast unmöglich, über Lebensprobleme zu diskutieren, ohne zu seiner Ansicht Stellung zu nehmen. Der ehrwürdige Patriarch mit dem über dem einfachen Bauernhemd wallenden Bart war der große geistige Führer der Zeit. Aus der ganzen Welt – nicht zuletzt aus Asien und Amerika – trafen bei dem Propheten in Jasnaja Poljana Grüße begeisterter Anhänger ein."[4] Ihn erreichten Zuschriften aus vielen Ländern des Erdkreises in 26 Sprachen.[5]

Zwei im vorliegenden Band dokumentierte Briefe TOLSTOIS an BERTHA VON SUTTNER vom Oktober 1891 und vom August 1901 (→III) lassen – trotz des warmherzigen Tones – unschwer eine Differenz zum bürgerlichen Pazifismus vor dem Ersten Weltkrieg erkennen. TOLSTOI setzt wenig Vertrauen in Friedensgesellschaften, Konferenzen und Neuerungen des Internationalen Rechts. Er erhoffte sich ein Ende der Kriegsapparatur nicht

---

[4] Geir KJETSAA: Lew Tolstoj. Dichter und Religionsphilosoph. Gernsbach: Casimir Katz Verlag 2001, S. 341.
[5] Viktor SCHKLOWSKI: Leo Tolstoi. Berlin 1984, S. 642.

durch staatstragende Aktivitäten, sondern aufgrund der Verweigerung des Tötens von unten.

Selbst da, wo es um den unbestrittenen literarischen Ruhm ging, wollte das Bürgertum dem russischen Kritiker der Staatsdoktrin kein öffentliches Forum verschaffen: „Dass Tolstoj 1902 den Nobelpreis für Literatur nicht erhalten hat, erscheint heute mehr als verwunderlich. [...] Nirgends steht geschrieben, der Preis könne nur nach Einwilligung des Kandidaten verliehen werden. Ausschlaggebend war dagegen, dass die schwedische Akademie Tolstoj, genau wie Ibsen und Strindberg, als zu anarchistisch und zu wenig ‚idealistisch' betrachtete und dass er deshalb den Preis nicht verdiene. Der Einfluß dieser Autoren auf die gesellschaftliche Entwicklung war in den Augen der Akademie eher negativ als positiv. Weshalb sollte man die gute Gesellschaft provozieren, indem man einen so umstrittenen Schriftsteller bedachte?"[6]

TOLSTOI bezeichnete die Regierung, mit welcher die Friedensgesellschaften gleichsam Hand in Hand gehen wollten, in einem Tagebucheintrag sogar als eine „Bande von Räubern": „22. Januar [1904], Jasjana Poljana. [...] Wir müssen unsere Einstellung zur Regierung klären. Und diese Einstellung kann von zweierlei Art sein: Entweder ist die Regierung eine notwendige Bedingung für Ordnung, und man muß sich ihr unterwerfen und ihr dienen; oder man muß erkennen, was ich erkenne und was einfach nicht geleugnet werden kann, daß die Regierung eine Bande von Räubern darstellt, und dann muß man zwar einerseits versuchen, diese Räuber aufzuklären, sie von der Notwendigkeit zu überzeugen, ihr Räuberhandwerk aufzugeben, sich aber außerdem soweit wie möglich davor hüten, mit diesen Räubern gemeinsame Sache zu machen und an ihrer Beute teilzuhaben. Vor allem darf man nicht tun, was jetzt die Liberalen tun: die Regierung als notwendig anerkennen und sie mit ihren eigenen Waffen bekämpfen. Das ist Kinderei."[7] Diesen Gedanken wird LEO TOLSTOI auch in seiner Schrift „Eines ist not" (Edinoe na potrebu,

---

[6] Geir KJETSAA: Lew Tolstoj. Gernsbach 2001, S. 354-355.
[7] Leo N TOLSTOI: Tagebücher 1847-1910. München 1979, S. 666-667.

1905)[8] über die Staatsmacht ausführen: „Man könnte die Unterordnung eines ganzen Volkes unter wenige Leute noch rechtfertigen, wenn die Regierenden die besten Menschen wären; aber das ist nicht der Fall, war niemals der Fall und kann es nie sein." Für solche Kompromisslosigkeit konnte BERTHA SOPHIA FELICITA VON SUTTNER nach Jahren voller Enttäuschung in der Friedensarbeit durchaus Verständnis aufbringen. Sie meinte 1909 in einem Brief an ihren engsten Mitstreiter: TOLSTOI „ist eigentlich der Konsequenteste von allen Kriegshassern." (→III)

Russisch-japanischer Krieg 1904-1905

Zu Beginn des Jahres 1904 zeugt ein anderer Tagebucheintrag von drängender Sorge um den Frieden: „*27. Januar, Jasjana Poljana.* [...] Der Krieg und Hunderte von Überlegungen, warum es ihn gibt, was er zu bedeuten hat, welches seine Folgen sind und dergleichen mehr. Alle reden darüber, vom Zaren bis zum letzten Trainsoldaten. Und alle müßten sich, abgesehen von den Überlegungen, was der Krieg für die ganze Welt bringt, noch Gedanken darüber machen, wie *ich, ich, ich* mich dem Krieg gegenüber zu verhalten habe. Doch diese Überlegung stellt niemand an. Jeder glaubt vielmehr, das brauche man nicht, es sei nicht wichtig. Man packe ihn aber einmal bei der Gurgel und drücke ihm die Luft ab, dann fühlt er, am allerwichtigsten ist für ihn sein Leben, dieses Leben seines *Ich*. Und wenn dieses Leben seines *Ich* das Allerwichtigste darstellt, dann ist er eben nicht nur Journalist, Zar, Offizier oder Soldat, sondern auch ein Mensch, der zu kurzem Verweilen in die Welt kam und sie nach dem Willen dessen, der ihn gesandt hat, wieder zu verlassen hat. Was also kann wichtiger für ihn sein als das, was er in dieser Welt zu tun hat, wichtiger ohne Zweifel als alle Überlegungen, ob der Krieg notwendig ist und wohin er führt? Und was den Krieg anlangt, so

---

[8] Neu ediert in Leo N. TOLSTOI: Staat – Kirche – Krieg. Texte über den Pakt mit der Macht und das Herrschaftsinstrument Patriotismus. (= Tolstoi-Friedensbibliothek Reihe B, Band 2). Norderstedt: BoD 2023, S. 193-243.

hat er offensichtlich folgendes zu tun: nicht Krieg zu führen und anderen nicht zu helfen, es zu tun, wenn er sie schon nicht zurückhalten kann."[9]

Im Februar 1904 begann der russisch-japanische Krieg. Er war – aus marxistischer Sicht – „das Ergebnis der rücksichtslosen Außenpolitik des Zarismus, die von einer Gruppe von Bürokraten geleitet wurde, die daran interessiert waren, den Fernen Osten zu plündern. Die zaristische Regierung provozierte einen Krieg mit Japan, ohne Zeit zu haben, ihn militärisch oder materiell vorzubereiten. Der Krieg sollte, nach dem Plan seiner Organisatoren, auch die soziale Atmosphäre in Russland entschärfen. Die blinden zaristischen Bürokraten erwarteten einen kontinuierlichen Triumph im Kampf gegen die ‚Asiaten'. Alle Berechnungen der Selbstherrschaft erwiesen sich als falsch. Von den ersten Tagen des Krieges an fingen die russische Armee und Marine an, Niederlagen zu erleiden. Innerhalb Russlands führte der Krieg zu einer beispiellosen Verschärfung des Klassenkampfes und verursachte defätistische Gefühle nicht nur unter den Sozialdemokraten, sondern auch in manchen liberalen Kreisen. – Die Niederlage des zaristischen Russlands hat seine internationale Position stark untergraben. Liberale Kreise aller Länder sahen mit unverhohlener Befriedigung den Zusammenbruch des Zarismus im Osten. Nur die Angst der Großmächte, dass Japan im Fernen Osten nicht zu stark werden solle, half Russland, den Krieg zu beenden und Frieden zu weniger schlechten Bedingungen zu schließen, als aus der Größe des Sieges Japans gefolgt wäre. In Russland selbst gab der Krieg der revolutionären Bewegung einen starken Impuls ..."[10]

Anlässlich des russisch-japanischen Krieges verfasste LEO N. TOLSTOI seinen am 8. Mai 1904 abgeschlossenen Artikel „*Besinnet*

---

[9] Leo N TOLSTOI: Tagebücher 1847-1910. München 1979, S. 667.
[10] Sozialistische Klassiker 2.0. ‚russisch-japanischer Krieg 1904/05' (Trotzki, Sotschinenija, 2.1). https://sites.google.com/site/sozialistischeklassiker2punkt0/glossar/russisch-japanischer-krieg (zuletzt abgerufen am 30.03.2023). – Vgl. auch eine zeitgenössische Darstellung, die im →Anhang des vorliegenden Bandes (zu IV) dokumentiert wird: *Die Ursachen des russisch-japanischen Krieges*. In: Die Friedens-Warte X. Jahrgang (Juli 1908), S. 129-130.

Euch !" (Odumajtes'!, 1904), der im vorliegenden Band neu ediert wird (→IV). „Der Krieg entbrannte immer stärker, die Menschen gingen in die Schlachten wie Wanderheuschrecken, die Wasserläufe über die Leichen ihrer Ertrunkenen überqueren. Der Krieg wurde um fremdes Land geführt, um ‚Pachtland', um eine Konzession. Im Artikel sind Briefe eingestreut, die erzählen, wie Reservisten, zum Morden einberufen, verabschiedet werden."[11] Geir Kjetsaa schreibt über die Haltung des Dichters: „Aufsehen erregend war [...] sein Protest angesichts des Kriegsausbruchs zwischen Russland und Japan. Wieder einmal Krieg, wieder einmal Leiden, wieder einmal diese verdummende Hurrastimmung! Keine staatliche Institution hasste er so sehr wie das Militär. Dass sein Sohn Andrej sich freiwillig gemeldet hatte, machte die Sache nicht besser. Der Schriftsteller brachte es nicht über sich, die kriegstreibenden Zeitungsberichte zu lesen. War es nicht Christus, der uns befohlen hatte, unsere Feinde zu lieben? ‚Besinnt Euch!' lautete sein Aufruf an alle, die sich auf den Schlachtfeldern jetzt gegenseitig umbrachten. – Einziger Trost war ihm der wachsende Widerstand des Volkes gegen diesen wahnsinnigen Krieg: ‚Der Zweifel, ob es der Wille Gottes sei, dass die Behörden uns zwingen zu töten, ist der Funke des Feuers, das Christus auf die Erde gebracht hat. Das zu wissen und zu fühlen ist eine große Freude.' Auf die Aufforderung einer amerikanischen Zeitung präzisierte er seine Sichtweise der Kriegshandlungen: ‚Ich bin weder für Russland noch für Japan, sondern für die Arbeiter beider Länder, die jetzt von ihren Regierungen hinters Licht geführt und gezwungen werden, gegen ihr Wohlergehen, ihr Gewissen und ihre Religion zu kämpfen.' – Es sieht so aus, als sei der tapfere Kämpfer von Sewastopol jetzt der eifrigste Pazifist geworden: Patriotismus sei nur Egoismus, eine Zufluchtsstätte für Ganoven!"[12]

Ernst Keuchel zählt „Odumajtes'!" zu jenen Texten, in den denen LEO N. TOLSTOIS Ahnungen von einem kommenden Weltkrieg zum Ausdruck kommen: „Tolstoi hat [...] – unter anderem

---

[11] Viktor SCHKLOWSKI: Leo Tolstoi. Berlin 1984, S. 634.
[12] Geir KJETSAA: Lew Tolstoj. Gernsbach 2001, S. 356-357.

in seinen Schriften ‚Vom unvermeidlichen Umsturz' und ‚Besinnet euch!' – die europäische Katastrophe bestimmt und ziemlich genau vorausgesagt: ‚Der Abgrund', heißt es z. B. in der letzteren im Jahre 1904, ‚dem wir uns nähern, wird schon sichtbar und die einfachen, ungelehrten und unphilosophischen Leute sehen es, daß wir, indem wir uns immer mehr bewaffnen und im Kriege gegenseitig zu vernichten streben, wie die Spinnen in einem Glase nichts weiter tun können, als uns gegenseitig umzubringen.' Kurz vor seinem Tod (1910) hatte Tolstoi einen Wahrtraum, in dem er Beginn und Verlauf des Weltkrieges mit erstaunlicher Sicherheit vorausschaute! Sein Entsetzen vor dem Kriege, das ihn mitten in der tiefsten Friedenszeit – (1894-1904) – stets von neuem mit elementarer Gewalt packte […], zeugt davon, daß er, als wahrer geistiger Führer, sich verantwortlich für Alle fühlte und sie vor der nahenden, für ihn bereits fühlbaren, Katastrophe zu warnen für seine heilige Pflicht hielt."[13]

Im Monat nach Abschluss seiner Schrift gegen den russisch-japanischen Krieg zeigt sich TOLSTOI unverändert bedrückt angesichts des Zeitgeschehens: „4. *Juni [1904]. Jasjana Pojana.* […] Der Krieg – die Reservistenaushebungen, ich leide unaufhörlich. […] Der Krieg ist eine Frucht des Despotismus. Gäbe es keinen Despotismus, könnte es keinen Krieg geben; Raufereien könnte es geben, aber keinen Krieg. Despotismus erzeugt Krieg, und der Krieg erhält den Despotismus am Leben. – Wer den Krieg bekämpfen will, muß ausschließlich den Despotismus bekämpfen."[14] – Es melden sich jedoch auch innere Zweifel am Nutzen des eigenen Antikriegs-Aufsatzes: „6. *Juni [1904]. Jasjana Pojana.* […] Vielerorts sieht man jetzt unglückliche verlassene Soldatenfrauen. Ich lese die Zeitungen, und all diese Schlachten, diese Standartenweihen scheinen so unabänderlich, daß es sinnlos

---

[13] Ernst KEUCHEL: Leo Tolstoi und unsere Zeit. In: „Die Rettung wird kommen …". 30 unveröffentlichte Briefe von Leo Tolstoi an Eugen Heinrich Schmitt. Ein Weltanschauungsbild des russischen und des deutschen Denkers. Zusammengestellt von Ernst Keuchel. Hamburg: Harder Verlag 1926, S. 9-22, hier S. 17. – Der Verfasser teilt nicht mit, auf welchen „Wahrtraum" (Selbstzeugnis Tolstois?) kurz vor dem Tode sich seine Ausführungen beziehen.
[14] Leo N TOLSTOI: Tagebücher 1847-1910. München 1979, S. 674.

dünkt, sich dagegen auflehnen zu wollen, und manchmal glaube ich, es war ein Fehler von mir und hat mir nur Feindseligkeit eingebracht, den Aufsatz zu schreiben; sehe ich aber dann das Volk, die Soldatenfrauen, bedaure ich wiederum, so wenig und so schwach geschrieben zu haben."[15]

LEO N. TOLSTOI hatte noch 1855 an eigenen staatstragenden Beiträgen zu einer Militärreform gearbeitet.[16] Im nächtlichen Traumleben konnte ihm jetzt seine soldatische Seite vor Augen geführt werden.[17] Mit Blick auf die Ambivalenzen TOLSTOIS 1904 - 1905, die nicht verschwiegen werden dürfen, führt Geir Kjetsaa aus: „Aber auch ihm sind nationalistische Stimmungen nicht fremd. Besonders ärgert ihn die schändliche Niederlage der Russen bei Port Arthur: ‚Ich war selbst Soldat, zu meiner Zeit wäre das nie passiert. Wir hätten alle unser Leben geopfert, wir hätten uns nie ergeben.‘ Man stelle sich vor, eine Stellung aufzugeben, wenn man doch noch ausreichend Munition und ein Herr von vierzigtausend Mann hat! – Er hatte gehofft, die Russen würden gewinnen, gestand er schuldbewusst beim Friedensschluss."[18]

Viktor Schklowski lässt als Biograph ebenfalls keinen Zweifel daran, dass TOLSTOI im weiteren Verlauf dieses Krieges zeitweilig von einem ‚nationalistischen Schatten' eingeholt wurde: „Am 30. Januar sagte er: ‚Mascha griff mich an, weil ich gesagt hatte, es wäre besser gewesen, Port Arthur in die Luft zu sprengen, als es den Japanern auszuliefern … Wer sich über Niederlagen freut, muß direkt gegen die Regierung auftreten, nicht auf Umwegen über Menschenverluste.' – Im Februar stellte Tatjana Kusminskaja ihm die Frage: ‚Was denn, hätten wir deiner Meinung nach Porth Arthur nicht aufgeben sollen?' ‚Ich bin selbst beim Militär gewesen. Zu unserer Zeit wäre das nicht passiert. Da hieß es, und wenn wir alle sterben, aufgegeben wird nicht.' – In der gleichen

---

[15] Ebd., S. 675.
[16] Vgl. ebd., S. 127-128.
[17] Vgl. einen Tagebucheintrag vom 7. März 1904: „Man erkennt im Traum, daß man Schwächen hat, von denen man sich sonst frei glaubt […] Ich sehe mich häufig als Soldaten" (Leo N TOLSTOI: Tagebücher 1847-1910. München 1979, S. 669).
[18] Geir KJETSAA: Lew Tolstoj. Gernsbach 2001, S. 357.

Weise sprach er mit dem Sohn Ilja: ‚Schlecht ... Vom militärischen Standpunkt aus darf man so nicht handeln.' – Das alte Rußland existierte nicht mehr. Tolstoi hatte als Freiwilliger im Kaukasus gekämpft, vom Georgskreuz geträumt; sein Sohn Andrej zog als Freiwilliger in den russisch-japanischen Krieg. Für den Sohn des berühmten Mannes fand sich ein Platz im Stabswaggon, er reiste wie ein Offizier, nicht wie ein einfacher Soldat. Er erhielt das Georgskreuz und wurde vom Kriegsdienst befreit, weil ein Pferd ihm einen Hufschlag versetzt hatte. Der Krieg benötigte ihn nicht, er benötigte nur seinen Namen. – Tolstoi schwor in seinen Tagebüchern, Patriot zu sein. Und sein Patriotismus war volksverbunden und aufrichtig. – Andrejs Rückkehr vom Kriegsschauplatz kam einer Kapitulation gleich, war ein Zeichen von Schwäche und Niederlage. – Das alte Rußland war nicht mehr."[19]

„Entfachung des Patriotismus" am „höchsten Kulminationspunkt"

Im zweiten Band der Reihe B unserer Tolstoi-Friedensbibliothek („Staat – Kirche – Krieg") konnten wir bereits sehen, wie TOLSTOI in mehreren Schriften größten Nachdruck auf eine Kritik des ideologischen Herrschaftsinstruments „Patriotismus" legt. In der vorliegenden Sammlung wird sein Text *„Patriotismus und Regierung"* (Patriotizm i pravitel'stvo, 1900) noch einmal in einer anderen, von NATHAN SYRKIN bearbeiteten Übersetzung dargeboten (→II). Der Verfasser wirft darin die Frage auf, warum der „Patriotismus" – trotz seiner Antiquiertheit in geistesgeschichtlicher Hinsicht – nicht nur nicht verschwindet, sondern „im Gegenteil ... immer stärker und mächtiger" wird. Seine Antwort: „Es rührt dies davon her, daß die herrschenden Klassen (nicht allein die Regierungen und ihre Beamten, sondern die privilegierten Klassen überhaupt: die Kapitalisten, Journalisten, die

---

[19] Viktor SCHKLOWSKI: Leo Tolstoi. Berlin 1984, S. 647.

meisten Künstler und Gelehrten) ihre privilegierte Ausnahmestellung nur dank der Staatseinrichtung, welche durch den Patriotismus erhalten wird, beibehalten können. Indem sie nun die mächtigsten Mittel in ihren Händen haben, um das Volk zu beeinflussen, pflegen sie bei sich und bei den anderen die patriotischen Gefühle unablässig, umsomehr da diese Gefühle von der Staatsgewalt am besten belohnt werden. [...] Hauptsächlich aber wird der Patriotismus hervorgerufen, indem man durch allerlei Ungerechtigkeiten und Grausamkeiten gegen fremde Völker bei denselben Haß gegen das eigene Volk hervorruft und diesen Haß alsdann zur Erweckung von Feindseligkeiten beim eigenen Volke ausnutzt. – Die Entfachung dieses furchtbaren Gefühls des Patriotismus [...] erlangt gegenwärtig ihren höchsten Kulminationspunkt." Das Problem liegt – in Russland wie in anderen Ländern – bei den Herrschenden: „Waren früher die Regierungen dazu nötig, die eigenen Völker vor Überfällen der anderen zu verteidigen, so stören jetzt die Regierungen künstlich den Frieden, der unter ihnen herrscht, und rufen zwischen den Völkern Feindseligkeiten hervor." Eine andere, erfreulichere Perspektive würde nur ein „Nichtvorhandensein der Regierungen" eröffnen: „Die Befreiung vom Patriotismus und die Aufhebung des auf demselben ruhenden Regierungsdespotismus kann den Menschen nur nützen."

Im Jahr 1908 annektierte Österreich – nach einem zuvor beim russischen Außenminister eingeholten ‚Einverständnis‘ – Gebiete von Bosnien und Herzegowina, worauf heftige Proteste des Osmanischen Reiches und Serbiens folgten. Die ‚Bosnische Annexionskrise‘ gilt als ein nicht unbedeutendes Kapitel in der Vorgeschichte des Ersten Weltkrieges. LEO N. TOLSTOI verfasste eine eigene, ursprünglich als ‚Brief an eine Serbin‘ konzipierte Schrift *„Die Annexion Bosniens und der Herzegowina"* (O prisojedinenii Bosnii I Gerzogowiny k Awstrii, 1908): „Die österreichische Regierung hat beschlossen, die Völker Bosniens und der Herzegowina [...] als ihre Untertanen zu erklären, mit anderen Worten, sie nahm sich das Recht, ohne die Einwilligung dieser Völker, über die Erzeugnisse und über das Leben von einigen hunderttausend Menschen zu verfügen" (→VI). Den Österreichischen Staat führt TOLSTOI als großes Räubernest vor und ruft der Gegenseite zu, ihrerseits nun nicht mit einem „Abfall vom Bewußtsein der Einheit der ganzen Menschheit" zu antworten: „Serben! Ihr solltet nicht zum Kriege rüsten"!

Auf weiter Strecke ist die Schrift eine Rekapitulation der älteren Aufklärungstraktate über den ‚Patriotismus': „Wenn man mich daher um Rat fragt, was man tun soll – ob mich nun ein Indier fragt, wie er gegen die Engländer, oder ein Serbe, wie er gegen Oesterreich, oder ob mich Perser und Russen fragen, wie sie gegen ihre gewalttätigen persischen und russischen Regierungen kämpfen sollen – ich kann nur das eine antworten und kann nichts anderes glauben, als daß es heil- und segensvoll für alle ist […]: man soll sich mit aller Kraft vom verderblichen Aberglauben des Patriotismus und des Staates befreien und in jedem Menschen seine Menschenwürde erkennen, die keine Abweichung vom Gesetze der Liebe duldet, die nichts von Staat und von Sklaverei weiß, die keine besonderen Taten, sondern nur das Einstellen jener Handlungen fordert, welche das Böse stützen und unter welchen die Menschen leiden."

Dieser Text ist kein politischer, sondern ein religiöser: *„Der Wille Gottes geht auf das Wohlergehen aller Wesen und von allem, was auf der Welt ist."* Mensch und Menschheit finden erst dann zum ‚Sinn des Lebens' (d. h. zu einem glücklichen Sein), wenn sie sich gleichsam in diesem grenzen- und bedingungslosen Wohlwollen einfinden und also auch selbst zugunsten des ‚Wohlergehens aller Wesen' agieren.

TOLSTOI, der Warner vor dem Abgrund, erliegt im Alter bisweilen gerne der Versuchung, eine nahe heilsame Wende anzukündigen. So meint er auch im ‚Bosnien'-Traktat, die Klarheit der Erkenntnis bezogen auf die Überwindung des alten ‚Gesetzes der Gewalt' habe „in unserer Zeit einen Grad erreicht, daß jeder noch so kleine Anstoß das Erwachen der Völker hervorrufen kann, das Erwachen vom Patriotismus" und von „der aus ihm fließenden Knechtschaft, in der sie leben".

Die nicht gehaltene „Rede gegen den Krieg" 1909

Im Sommer 1909 wird LEO N. TOLSTOI vom Organisationskomitee des 18. Friedenskongresses, der in Stockholm stattfinden soll, zu einem Vortrag eingeladen. Er antwortet mit einem Brief vom 12. Juli 1909 von Jasnaja Poljana aus: „Herr Vorsitzender, die Frage, die der Kongress zu behandeln hat, ist außerordentlich wichtig und interessiert mich schon seit vielen Jahren. Ich werde versuchen, die ehrenvolle Gelegenheit, die Sie mir durch meine Wahl geboten haben, zu nutzen, um dazulegen, was ich vor einer so auserlesenen Zuhörerschaft wie der, welche auf dem Kongreß versammelt sein wird, zu dieser Frage zu sagen habe. Wenn meine Gesundheit es erlaubt, werde ich alles in meinen Kräften Stehende tun, um mich zum angegebenen Zeitpunkt in Stockholm einzufinden, andernfalls würde ich Ihnen das, was ich sagen möchte, zusenden in der Hoffnung, daß die Kongreßmitglieder den Wunsch haben, meine Ansicht kennenzulernen. – Empfangen Sie, geehrter Herr, die Versicherung meiner vorzüglichen Hochachtung."[20]

Geir Kjetsaa scheibt zur Einladung nach Stockholm: „Seit vielen Jahren stand" TOLSTOI „mit westlichen Friedenskämpfern in Verbindung, unter anderem mit Bertha von Suttner, und jetzt wurde er sogar zu den Ehrenteilnehmern des Kongresses gewählt. Aufgrund seines großen Interesses für Frieden und Brüderlichkeit versprach der Schriftsteller zu kommen, wenn es seine Gesundheit zuließ. Eifrig begann er an einem Angriff gegen die Kriegsmoral zu schreiben, während Markowitzkij in Landkarten und Reiseverbindungen herumsuchte. Sonja war wegen dieser Laune ihres einundachtzigjährigen Mannes ganz verzweifelt: ‚Wer Lew Nikolajewitsch das Leben nehmen will, braucht ihn nur mit auf diese Reise zu nehmen.' Aufgrund des schwedischen Generalstreiks im August wurde indessen der

---

[20] Lew TOLSTOI: Briefe. Zweiter Band: 1881-1910. Übersetzt von Günter Dalitz aus dem Russischen. (= Gesammelte Werke in zwanzig Bänden. Herausgegeben von Eberhard Dieckmann und Gerhard Dudek, Band 17). Berlin: Rütten & Loening 1971, S. 503-504 (französisches Original und deutsche Fassung).

Kongress abgesagt. Die Organisatoren haben sicher erleichtert aufgeatmet. Vielleicht hätte dieser merkwürdige Graf die Teilnehmer mit einem weiteren anarchistischen Vorstoß erschreckt? – Sein geplanter Beitrag zeigt einen kampflustigen Verfasser, der alle Pazifisten auffordert, ihre Regierungen moralisch unter Druck zu setzen. Genau wie die Kirchenväter behauptet er, der Rüstungswettstreit sei mit dem christlichen Gedankengut unvereinbar: ‚Menschen, die miteinander in Frieden leben wollen, brauchen keine Kriegsflotte. Das brauchen nur die, die plündern und töten wollen, denn Raub endet immer damit, dass Menschen sich gegenseitig das Leben nehmen'.“[21]

TOLSTOIS Text für den geplanten Vortrag in Stockholm, der ursprünglich auch in Berlin in einer Großveranstaltung verlesen werden sollte, ist nebst einem Beitrag GUSTAV LANDAUERS „*Zur Vorgeschichte von Leo Tolstois Rede gegen den Krieg*" im vorliegenden Band nachzulesen (→VII). Die Botschaft wurde vor dem Ersten Weltkrieg und dann bis in die Spätzeit der Weimarer Republik hinein im deutschen Sprachraum vor allem von ‚anarcho-sozialistischen' Anhängern des Ideals der Gewaltfreiheit verbreitet – und zwar sehr eifrig.[22] Inhaltlich bietet sich an ein Vergleich der nicht gehaltenen „Rede" mit TOLSTOIS ein Jahrzehnt zuvor verfasster ‚*Antwort auf den Brief einer schwedischen Gesellschaft über die Haager Konferenz*' vom Januar 1899.[23] Dieser Brief zeugt wieder von größter Skepsis gegenüber Konzepten der bürgerlichen Friedensbewegung (Abrüstung, Verbot besonders grausamer bzw. verheerender Waffen, Schiedsgerichtsbarkeit), zumal unter der

---

[21] Geir KJETSAA: Lew Tolstoj. Gernsbach 2001, S. 366.

[22] Vgl. die ausführliche bibliographische Übersicht zu VII im →Anhang des vorliegenden Bandes.

[23] Leo N. TOLSTOJ: Antwort auf den Brief einer schwedischen Gesellschaft über die Haager Konferenz. In: L. N. Tolstoj: Ausgewählte Werke, herausgegeben von W. Lüdtke. Band XII.: Weltanschauung. Auswahl von W. Lüdtke. Wien/Hamburg/Zürich: Gutenberg-Verlag Christensen & Co. 1929, S. 203-209. Nachzulesen auch in Leo N. TOLSTOI: Das Töten verweigern. Texte über die Schönheit der Menschen des Friedens und den Ungehorsam. Neu ediert von Peter Bürger und Katrin Warnatzsch. (= Tolstoi-Friedensbibliothek: Reihe B, Band 3). Norderstedt: BoD 2023, S. 143-150. (Dort in der Fußnote zum Quellennachweis irrtümlich das Datum „4. August 1909"; *richtig*: Januar 1899.)

Voraussetzung, dass die kriegsführenden Staaten selbst als maßgebliche Akteure betrachtet werden. Wie im Jahr vor seinem Tod konzentrierte sich TOLSTOI schon 1899 ganz auf den Weg der Kriegsdienstverweigerung, welcher freilich ihm zufolge nicht Gegenstand einer ‚staatragenden Veranstaltung' sein konnte: „Die Konferenz wird den Zweck haben, nicht den Frieden auszurichten, sondern vor den Menschen das einzige Mittel ihrer Befreiung von dem Elend des Krieges zu verbergen: das Mittel, das darin besteht, daß die einzelnen Personen ihre Teilnahme an dem militärischen Mord verweigern, und deshalb kann die Konferenz auf keine Weise diese Frage in Erwägung ziehen." Adressat von Friedensaufrufen sollten demzufolge nicht die Regierungen sein, sondern die Menschen, von denen die Mächtigen bei ihren Mordplänen Gehorsam einfordern.

Kein Friedensnobelpreis für Tolstoi[24]

Gegen Ende seines Lebens, so meint Geir Kjetsaa , waren es „nur zwei Dinge, die Tolstoi […] fürchtete: seine Frau und den Nobelpreis. Es gelang ihm schließlich, beiden zu entwischen. Aber nicht ohne Schwierigkeiten. – Immer mehr waren jetzt der Ansicht, dieser Erzpazifist habe den Friedensnobelpreis verdient. Nachforschungen im Nobelinstitut in Oslo haben ergeben, dass er für diese Auszeichnung dreimal vorgeschlagen wurde. Die beiden ersten Vorschläge kamen von dem Schweizer Professor Karl Hilty (1901) beziehungsweise dem deutschen Professor Max Lehmann (1902), aber beide waren schlecht begründet. Dennoch ließ das norwegische Nobelkomitee ein kurzes Gutachten über Tolstojs Kandidatur erstellen. Das Resultat war allerdings negativ: Dieser Schriftsteller sei ein Gegner von Friedenskonferenzen gewesen und habe sich damit als schlechter Vorkämpfer für den Frieden erwiesen! Genau wie im Komitee für den Literaturpreis befürchtete man im Komitee für den Friedensnobelpreis

---

[24] Grundlage der Darstellung: Geir KJETSAA: Lew Tolstoj. Gernsbach 2001, S. 376-369.

zu provozieren, indem man einem ‚Anarchisten' wie Tolstoj den Preis zuerkannte. – Der Kampf um Tolstojs Kandidatur wurde stattdessen außerhalb des Komitees geführt. Einer der Hauptsprecher war der aus Russland gebürtige Journalist Menartz Lewin, der im Herbst 1908 die ganze damit verbundene Ungereimtheit zusammenfasste: ‚[…] dass Norwegen Tolstoj bei der Verleihung des Friedensnobelpreises übergehen konnte, ist für Russen etwas Unbegreifliches. Er alleine ist ja ein größerer Freund des Friedens als alle anderen zusammen.' Diese Initiative hatte Folgen."[25] Aus Norwegen ließ man MENARTZ LEWIN wissen, es habe bislang eben noch niemand TOLSTOIS Kandidatur gefördert. Es verfassten aber schließlich vier norwegische Parlamentsmitglieder ein entsprechendes Vorschlags-Schreiben: „An das Nobelkomitee! Die Unterzeichnenden erlauben sich vorzuschlagen, den diesjährigen Friedensnobelpreis Lew Tolstoj zuzuerkennen. – Dieser gewaltige Kämpfer, dessen Leben und Wirken von Freunden und Gegnern in der ganzen zivilisierten Welt mit Ehrfurcht verfolgt wird, hat in Wort und Tat mehr für die Sache des Friedens getan als irgendjemand anders, und er hat mit unermüdlicher Leidenschaft versucht, die Kriegsmoral bei den Völkern auszumerzen. Sein mutiges Auftreten während des Krieges zwischen Russland und Japan muss allen wahren Freunden des Friedens und der Humanität ein unvergessliches Verdienst sein. – Kristiania, den 1. Februar 1909. In Ehrerbietigkeit, Afred Eriksen – Eggede-Nissen – Magnus Nilssen – A. Buen."[26] Das Nobelkomitee reagierte auf diesen Vorstoß norwegischer Parlamentarier, indem es ein ‚ordentliches Gutachten' bei KARL VILHELM HAMMER, dem erster Archivar im Außenministerium einholte. Der Gutachter meinte, TOLSTOIS „künstlerisches Genie" nütze wenig, denn seine philosophischen Studien zeugten von einem begrenzten Horizont. Im Nobelpreiskomitee war man der Ansicht, der Dichter „hasse ganz Europa, und mit seiner Kulti-

---

25 Ebd., S. 367.
26 Zitiert nach ebd., S. 367-368. – Zum Nachfolgenden (einschließlich der Zitate) vgl. ebd. S. 369-369.

vierung der einfachen, östlichen Gesellschaft mangle ihm jegliches Verständnis für das Ziel des Preises". MENARTZ LEWIN gegenüber zeigte sich TOLSTOI bei dessen Besuch in Jasnaja Poljana im Februar 1910 „nicht im mindesten darüber verwundert oder verärgert, dass man ihn nicht des Friedenspreises für würdig gehalten hatte". Mit Blick auf weitere Bemühungen der Anhänger um den Friedensnobelpreis erklärte der Dichter im Herbst 1910 wiederum gegenüber LEWIN: „Ich würde ihn nicht annehmen, weil ich von dem absoluten Schaden durch das Geld überzeugt bin."

Vorahnungen des Weltkrieges?

THOMAS MANN hat wenig Gefallen gefunden an der hochmoralischen „Kunsttheorie" und den Traktaten des späten TOLSTOI. Er bemerkte aber – mit Blick auf die vielen Millionen Toten des Ersten Weltkriegs – 1928 anlässlich der Jahrhundertfeier von TOLSTOIS Geburt: „Während der Krieg tobte, habe ich oft gedacht, dass er es nicht gewagt hätte auszubrechen, wenn im Jahre vierzehn die scharfen, durchdringenden grauen Augen des Alten von Jasnaja Poljana noch offen gewesen wären."[27]

Ob LEO NIKOLAJEWITSCH TOLSTOI wirklich, wie Ernst Keuchel schreibt, einen „Wahrtraum" mit Vorausschau zu „Beginn und Verlauf des Weltkrieges" 1914-1918 gehabt hat, bleibt zu überprüfen. Zahlreich sind in seinem Schrifttum auf jeden Fall die Verweise auf unvorstellbare Schrecken des modernen Krieges. „Man lese", so TOLSTOI, nur „die Geschichte der christlichen europäischen Völker seit der Reformation oder denke an sie. Sie bildet eine ununterbrochene Reihe der schrecklichsten, sinnlos grausamen Verbrechen, die von Regierenden gegen ihre eignen und fremde Völker und gegeneinander verübt worden sind: Unaufhörliche Kriege, Räubereien, Vernichtung oder Bedrückung

---

[27] Rede „Tolstoi – Zur Jahrhundertfeier seiner Geburt". In: Thomas MANN: Gesammelte Werke in dreizehn Bänden. Band X: Reden und Aufsätze 2. Frankfurt a. M.: Fischer Taschenbuch Verlag 1990, S. 233-238, hier S. 233.

von Nationalitäten, Ausrottung ganzer Völker …"[28]. Im Werk „*Das Reich Gottes ist in euch*" (geschrieben 1890-1893, veröffentlicht 1894) wird aus einer Abhandlung von GRAF KOMAROWSKIJ zitiert: „Die Völker können nicht lange die gesteigerten Rüstungen ertragen, und früher oder später ziehen sie den Krieg allen Lasten der augenblicklichen Lage und der beständigen Bedrohung vor, so daß die winzigste Ursache genügen wird, um in Europa die Flamme eines Weltkrieges zu entzünden."[29] In TOLSTOIS Schrift „*Patriotismus oder Frieden?*" (Patriotizm ili mir?, 1896) heißt es: „In diesen Tagen gab es einen Zusammenstoss zwischen den Nord-Amerikanischen Staaten und England wegen der Grenzen Venezuelas […] Edison erklärte, er würde Geschütze erfinden, mit denen man in einer Stunde mehr Menschen töten könnte, als Attila in all' seinen Kriegen getötet hat, – und beide Völker begannen sich energisch zum Kampfe zu rüsten."[30]

Aussagekräftig sind auch viele Beispiele aus TOLSTOIS „*Lesezyklus für alle Tage*" (Krug čtenija, 1904-1906), dem im vorliegenden Band erneut eine Abteilung (→V) gewidmet ist. In den Lesetexten für den „6. Juli" werden z. B. folgende Warnungen des Schweizers EDOUARD ROD (1857-1919) angeführt: „Es ist entsetzlich, auch nur daran zu denken, welche Katastrophe unserer unvermeidlich am Ende unseres Jahrhunderts harrt, und wir müssen auf sie vorbereitet sein. Im Laufe von zwanzig Jahren (nun sind es bereits mehr denn vierzig) gehen alle Anstrengungen des Wissens darauf hin, neue Zerstörungswerkzeuge zu erfinden, und in kurzer Zeit werden einige Kanonenschüsse genügen, um eine ganze Armee zu vernichten. Jetzt stehen unter Waffen, nicht

---

[28] „*Eines ist not*" (Edinoe na potrebu, 1905); hier zitiert nach Leo N. TOLSTOI: Staat – Kirche – Krieg. Norderstedt 2023, S. 210.

[29] Leo N. TOLSTOI: Das Reich Gottes ist in Euch, oder: Das Christentum als eine neue Lebensauffassung, nicht als mystische Lehre. (Christi Lehre und die Allgemeine Wehrpflicht). Vom Verfasser autorisierte Übersetzung von Raphael Löwenfeld 1894. (= Tolstoi-Friedensbibliothek Reihe A, Band 9). Norderstedt: BoD 2023, S. 129.

[30] Hier zitiert nach Leo N. TOLSTOI: Staat – Kirche – Krieg. Norderstedt 2023, S. 115.

wie ehemals, einige tausend feiler armer Schlucker, – sondern Völker, ganze Nationen stehen bereit, einander zu morden." Wenige Monate vor seinem Tod schrieb LEO N. TOLSTOI 1910 den Teilnehmern des slavischen Kongresses in Sofia: „Ja, in der Einigkeit – beruht der Sinn, das Ziel, und das Heil des menschlichen Lebens, aber auch Ziel und Heil werden nur dann erreicht, wenn es sich um eine Einigkeit der ganzen Menschheit handelt, im Namen der Grundlage, die der ganzen Menschheit eigen ist, nicht aber um eine Vereinigung kleinerer oder grösserer Teile der Menschheit im Namen beschränkter Teilziele. Mag diese Gemeinschaft eine Familie sein, eine Räuberbande, eine Landgemeinde, ein Staat, einzelne Völker oder der heilige Bund der Staaten – solche Vereinigungen fördern nicht nur keineswegs den wahren Fortschritt der Menschheit, sie hemmen ihn vielmehr mehr wie alles andere; will man daher mit Bewusstsein dem wahren Fortschritt dienen, so darf man [...] keine derartige teilweise Vereinigung fördern, man muss ihr vielmehr stets entgegenhandeln. Die Eintracht ist der Schlüssel, welcher die Menschen vom Übel befreit. Damit aber dieser Schlüssel seine Aufgabe erfüllen kann, muss er ganz ins Schlüsselloch gesteckt sein, bis zu der Stelle, wo er das Schloss öffnet, nicht aber zerbricht und auch nicht das Schloss verdirbt. So steht es auch mit der Vereinigung von Menschen – soll sie die ihr eigenen wohltätigen Folgen zeitigen, so muss sie die Vereinigung aller Menschen zum Ziele haben im Namen der allen Menschen eignenden und von ihnen allen in gleicher Weise anerkannten Grundlage. Eine solche Vereinigung kann aber nur auf jener religiösen Grundlage des Lebens erfolgen, die einzig und allein die Menschen eint, und leider Gottes von der Mehrzahl der Leute, die heute die Völker führen, für unnötig und überlebt angesehen wird."[31]

pb

---

[31] Leo TOLSTOI: Religiöse Briefe. Übersetzt und herausgegeben von Karl Nötzel. Sannerz und Leipzig: Gemeinschafts-Verlag Eberhard Arnold [1923], S. 313-314: ‚Nr. 219. An den slavischen Kongress in Sofia. Otradnoje, 20. Juni 1910'.

I.
Während des Transvaalkrieges

(1899)[1]

Leo N. Tolstoi

Übersetzung
von Wladimir Czumikow

Das folgende Fragment ist mit Erlaubnis des Grafen Tolstoi einem Privatbrief entnommen worden, den er an einen Publizisten
schrieb. Andere Stellen, die eine sehr heftige Kritik der Politik
und Person des Deutschen Kaisers enthalten, mußten fortgelas-
sen werden.

Wenn zwei betrunkene Menschen sich im Wirtshaus beim Kartenspiel prügeln, so werde ich mich durchaus nicht entschließen
können, den Einen von ihnen zu verurteilen, mögen die Ein-
wände und Erklärungen des Anderen noch so überzeugend sein.
Die Ursache der unwürdigen und unanständigen Handlungen
des Einen oder des Anderen liegt durchaus nicht in dem Rechte
des Einen von beiden, sondern darin, daß beide, statt ruhig zu
arbeiten oder sich zu erholen, es für nötig fanden, Wein zu trin-
ken und im Wirtshaus Karten zu spielen.

---

[1] Textquelle dieser Übersetzung | Aus: Leo TOLSTOI: Patriotismus und Regierung.
Einzige im Auftrag des Verfassers hergestellte Übersetzung von Wladimir Czumikow. Leipzig: Eugen Diederichs 1900, S. 48-51. [Folgeauflagen erschienen zunächst: 1901, 1911, 1917.] – Auslassungen sind nicht gekennzeichnet. Vgl. dagegen die Übersetzung des *vollständigen* Briefes (mit Adressat, abweichendem Datum) in Lew TOLSTOI: Briefe. Zweiter Band: 1881-1910. Übersetzt von Günter Dalitz aus dem Russischen. (= Gesammelte Werke in zwanzig Bänden. Herausgegeben von Eberhard Dieckmann und Gerhard Dudek, Band 17). Berlin: Rütten &
Loening 1971, S. 324-326: „Nr. 200. An G. M. Wolkonski – Moskau, 4. Dezember
1899." (Kurztitel nachfolgend: TOLSTOI-BRIEFE 1881-1910.)

Ebensowenig kann ich mich einverstanden erklären, wenn man mir sagt, daß an irgend einem Kriege ausschließlich der eine Teil schuld sei. Man kann wohl zugeben, daß die eine der Parteien schlechter handelt, aber die Untersuchung, welche Partei schlechter handelt, wird nicht einmal darüber Klarheit schaffen, warum eine so furchtbare, grausame und unmenschliche Erscheinung, wie es der Krieg ist, vor unser Auge treten mußte.

Die Gründe, die zum Kriege führen, sind für jeden Menschen, der die Augen offen halten will, durchaus offenbar, mag es sich nun um den Transvaalkrieg oder um einen anderen Krieg der letzten Zeit handeln. Es sind drei Ursachen. Erstens: die ungleiche Verteilung des Besitzes, das heißt: die Beraubung eines Menschen durch die anderen. Zweitens: die Existenz eines Soldatenstandes, das heißt: solcher Menschen, die für den Mord erzogen und bestimmt werden. Drittens: die falsche und meist bewußt betrügerische religiöse Lehre, in der die Jugend zwangsweise erzogen wird.

Und deshalb glaube ich, daß es nicht nur nutzlos, sondern auch schädlich ist, die Ursachen des Krieges im Wesen der Chamberlains und ihrer Genossen zu sehen und sich die wirklichen Ursachen zu verbergen, die viel näher liegen und an denen wir selbst beteiligt sind. Auf die Chamberlains können wir wohl böse sein und schimpfen, aber unsere Wut und unser Schimpfen werden nur unser Blut verderben, nicht aber den Gang der Dinge ändern. Die Chamberlains sind nur die blinden Werkzeuge von Kräften, die weit hinter ihnen liegen. Die ganze Geschichte ist eine Reihe von Thaten der Staatsmänner, wie der Transvaalkrieg eine ist. Und daher wäre es nutzlos, auf diese Menschen böse zu sein und sie zu verurteilen; ja, es ist sogar unmöglich, wenn man die wahren Ursachen ihrer Handlungen sieht und wenn man fühlt, daß man selbst die Schuld an dieser oder jener Art ihrer Thätigkeit mitträgt – an irgend einer, je nachdem man sich zu den drei Grundursachen verhält, die ich erwähnt habe.

Solange wir im ausschließlichen Genuß des Reichtumes bleiben, während die Volksmassen durch die Arbeit erdrückt werden, wird es Kriege geben, weil wir Absatzgebiete, Goldminen u.s.w. brauchen, um unseren Reichtum zu erhalten und zu mehren. Erst recht aber werden die Kriege solange unvermeidlich sein, wie wir an der Aufrechterhaltung des Militarismus teilnehmen, seine Existenz dulden und nicht mit allen Kräften gegen ihn kämpfen. Wir selbst beteiligen uns entweder am Militärdienst oder halten ihn für nicht nur notwendig, sondern auch löblich; und wenn Krieg ausbricht, dann schieben wir die Schuld auf irgend einen Chamberlain.

Es wird solange Kriege geben, wie wir die Entstellung des Christentumes predigen oder ohne sittliche Empörung und Widerwillen dulden werden, die man das kirchliche Christentum nennt, eine Entstellung, die die Existenz eines christlichen Heeres, die christliche Weihe oder Taufe von Kanonen, die Bezeichnung des Krieges als einer christlichen, gerechten Sache möglich macht. Wir lehren unsere Kinder diese Religion, bekennen sie selbst und sagen dann, daß Chamberlain oder Krüger schuld sei, wenn die Menschen einander totschlagen.

Den brüderlichen Ausgleich des Besitzes fördern, im geringsten Umfange die Vorteile, die einem zufallen, ausnützen, sich in keiner Weise und auf keiner Seite an einem Kriegsunternehmen beteiligen und die Hypnose zerstören, mit deren Hilfe die in gedungene Mörder verwandelten Menschen in dem Glauben erhalten werden, daß sie etwas Gutes thun, wenn sie Waffendienst leisten; und vor allem eine vernünftige christliche Lehre bekennen und mit allen Kräften den grausamen, in jenem falschen Christentum liegenden Betrug zerstören, in dem unsere Jugend zwangsweise erzogen wird – in dieser dreifachen Thätigkeit, scheint mir, besteht die Pflicht eines jeden Menschen, der dem Guten dienen will und der eine gerechte Entrüstung empfindet über den schrecklichen Krieg, der auch Sie empört hat.

Moskau, den 16. | 28. Dez. 1899[2]

---

[2] Die Datierung scheint falsch zu sein; vgl. TOLSTOI-BRIEFE 1881-1910, S. 200: „Moskau, 4. Dezember 1899".

Beigabe:
Alternative Übersetzung von Nathan Syrkin[3],
mit Anmerkungen zu den zensierten Passagen

ÜBER DEN TRANSVAALKRIEG

Leo N. Tolstoi

[*An dieser Stelle des Druckes markieren direkt zu Textbeginn drei Punktreihen eine Fortlassung durch den Übersetzer bzw. Zensur, Selbstzensur* ...][4]

So gut auch Ihre Artikel geschrieben sind, so bin ich im Prinzip nicht mit Ihnen einverstanden, oder ich kann vielmehr das nicht verurteilen, was Sie verurteilen.

Wenn zwei betrunkene Menschen sich beim Kartenspiel schlagen, so werde ich nicht einen derselben verurteilen, so überzeugend auch die Argumente des anderen sein können. Die niederträchtige Handlungsweise des einen steht keineswegs im Gegensatz zum Rechte des andern, sondern die Ursache des Zwi-

---

[3] Textquelle | Graf Leo TOLSTOI: Über Krieg und Staat. [Enthält: I. Wo ist der Ausweg? II. Patriotismus und Regierung. III. Cathargo delenda est. IV. *Über den Transvaalkrieg.* V. Über den Sinn des Lebens. VI. Über den Selbstmord.] Deutsch von Dr. N[athan]. Syrkin. Berlin SW: Hugo Steinitz Verlag [1901], S. 93-98. [Gesamtumfang der Schrift 111 Seiten; dasselbe auch im Berliner Globus Verlag: Inhalt, Druckbild und Seitenzählung gleich.]
[4] Die fortgelassene Anfangspassage wird in TOLSTOI-BRIEFE 1881-1910, S. 324 folgendermaßen übersetzt: „An G. M. Wolkonski. Moskau, 4. Dezember 1899. – Ihren Brief mit den Broschüren habe ich erhalten und diese gelesen. Ich antworte so spät, weil Ihr Brief nach Jassenki gegangen ist, während ich in Moskau bin – und ich schreibe nicht selbst, weil ich krank bin und mich schwach fühle. | Ich antworte Ihnen mit Vergnügen, denn Ihre Broschüren sind sehr gut und aufrichtig geschrieben, mit Ausnahme der dritten, da muß ich Ihren Verwandten zustimmen. Diese kleine Broschüre ist schwach, nicht weil sie zu scharf geschrieben ist, sondern weil sie die abstoßenden Charakterzüge eines der widerwärtigsten, wenn nicht lächerlichsten Vertreter des Kaisertums – Wilhelms II. nicht deutlich genug hervortreten läßt."

stes liegt darin, daß sie sich, anstatt zu arbeiten oder zu ruhen, berauschten und im Wirtshaus Karten spielten. Ebenso kann ich mich nicht einverstanden erklären, wenn man mir sagt, daß in irgend einem Kriege nur eine Seite schuldig ist. Man kann annehmen, daß die eine Seite schlechter handelt, doch diese Untersuchung kann auch die nächste Ursache nicht erklären, warum eine so schreckliche, grausame und unmenschliche Erscheinung wie der Krieg stattfindet.

Die Ursachen sowohl des jetzigen Transvaalkriegs wie aller Kriege der letzten Zeit sind für die ganze Welt klar. Es sind dies drei Ursachen: 1) die ungleiche Verteilung der Güter, d. h. die Beraubung der einen durch die anderen Menschen, 2) das Vorhandensein eines Kriegsstandes, d. h. von Menschen, welche für die Ermordung erzogen und bestimmt sind, und 3) die falsche, meistenteils bewußt falsche, religiöse Lehre, in welcher die jungen Generationen durch Gewalt erzogen werden.

Ich denke darum, daß es nicht nur unnütz, sondern auch schädlich ist, die Ursache der Kriege in den [... *hier markieren wiederum zwei Punktlinien eine Auslassung, d. h. Zensur oder Selbstzensur des Übersetzers.*][5]

Sie handeln so, wie sie handeln müssen, und können es nicht anders thun, wie sie es thun. Die ganze Geschichte ist eine Reihe ebensolcher Handlungen der Staatsmänner, wie der Transvaalkrieg; es ist darum vollständig unnütz und sogar unmöglich ihnen zu zürnen und sie zu verurteilen, wenn man die wahren

---

[5] Die fortgelassene Passage wird in TOLSTOI-BRIEFE 1881-1910, S. 325 folgendermaßen übersetzt: „Und daher meine ich, daß es nicht nur unnütz, sondern auch schädlich ist, die Ursache von Kriegen in Leuten wie Chamberlain, Wilhelm und dergleichen zu sehen und sich damit den wirklichen Ursachen zu verschließen, die viel näher liegen und an denen wir selbst mitschuldig sind. | Auf die Chamberlains und Wilhelms können wir lediglich böse sein und sie beschimpfen; aber unser Groll und Schimpfen verdirbt uns nur die Laune, kann jedoch den Lauf der Dinge nicht ändern: die Chamberlains und Wilhelms sind blinde Werkzeuge von Kräften, deren Wurzeln viel tiefer liegen. Sie handeln ..."

Ursachen ihrer Thätigkeit sieht, und fühlt daß man selbst der Urheber dieser oder jener ihrer Thätigkeiten ist, je nach dem, wie man sich zu den drei Grundursachen stellt, welche ich oben erwähnte.

So lange wir Reichtümer benutzen werden, während die Volksmassen mit Krieg belastet sind, wird es immer Kriege der Märkte, Goldminen *ec.* wegen geben, welche wir nötig haben, um unseren ausschließlichen Reichtum zu unterhalten. Noch unvermeidlicher werden die Kriege so lange sein, als wir am Kriegsstand teilnehmen, seine Existenz zulassen und gegen denselben nicht mit allen Kräften kämpfen werden. Entweder leisten wir selbst Kriegsdienst oder erkennen ihn nicht nur für notwendig, sondern lobenswert an, und machen beim Ausbruch des Krieges irgend einen Chamberlain *ec.* dafür verantwortlich. Der Krieg aber wird so lange bestehen, wie wir ohne Entrüstung jene Entstellung des Christentums dulden werden, die kirchliches Christentum heißt, und bei der ein christliches Heer eine Einweihung von Kanonen und die Kriegserklärung als christliches Werk gelten. Wir lehren *unsern Kindern* diese Religion, bekennen sie *selbst* und sagen nachher, daß Chamberlain oder Krüger schuldig sind, wenn sich die Menschen gegenseitig töten.

Darum bin ich mit Ihnen nicht einverstanden und kann die blinden Werkzeuge der Unwissenheit und Bosheit nicht verantwortlich machen, sondern sehe die Ursache in solchen Erscheinungen, zu welchen ich selbst zur Verringerung oder Vermehrung des Übels beitragen kann. Das Mitwirken an der brüderlichen Ausgleichung der Güter, die möglichst geringe Benutzung der Privilegien, die Nichtteilnahme am Kriegsdienst, die Zerstörung der Hypnose, unter welche die Menschen den Kriegsdienst für ein gutes Werk halten und hauptsächlich das Bekenntnis der vernünftigen christlichen Lehre und die Untergrabung jenes grausamen Betrugs des falschen Christentums, in welchem die jungen Generationen mit Gewalt erzogen werden, – in diesem dreifachen Werke scheint mir die Pflicht eines jeden Menschen

zu bestehen, der dem Guten dienen will und über jenen furchtbaren Krieg eben so empört ist, wie Sie.[6]

---

[6] Die Übersetzung dieses letzten Abschnittes lautet in TOLSTOI-BRIEFE 1881-1910,
S. 326 folgendermaßen: „Das ist es, warum ich mit Ihnen nicht einverstanden bin
und die blinden Werkzeuge der Unwissenheit und des Bösen nicht tadeln kann,
sehe ich doch die Ursachen in Erscheinungen, die mir die Möglichkeit bieten,
selbst zur Minderung oder Vermehrung des Bösen beizutragen. Einen Beitrag
zum brüderlichen Ausgleich des Besitzes leisten, sowenig wie möglich die Privilegien in Anspruch nehmen, die mir zugefallen sind; mich unter keinen Umständen am Kriegshandwerk beteiligen; jene Hypnose zerstören, unter deren Einfluß
Menschen sich in gedungene Mörder verwandeln und meinen, sie täten ein gutes
Werk, wenn sie Kriegsdienst leisteten; und vor allem eine vernunftgemäße christliche Lehre bekennen und sich mit allen Kräften bemühen, den grausamen Betrug des falschen Christentums zu zerstören, in dessen Geist die jungen Generationen unter Zwang erzogen werden – das sind die drei Dinge, zu denen, will
mir scheinen, ein jeder verpflichtet ist, der dem Guten dienen will und mit Recht
über den schrecklichen Krieg empört ist, der auch Sie empört."

Leo N. Tolstoi als Offizier im Krimkrieg,
Aufnahme vom 15. Februar 1856

II.

Patriotismus und Regierung

(Patriotizm i pravitel'stvo, 1900)

Leo N. Tolstoi

Deutsch von Nathan Syrkin[1]

I.

Schon mehrfach hatte ich Gelegenheit den Gedanken auszusprechen, daß der Patriotismus in unserer Zeit ein unnatürliches, unvernünftiges und schädliches Gefühl ist, das einen großen Teil jener Übel hervorruft, an denen die Menschheit leidet, und daß dieses Gefühl darum nicht genährt, wie es gegenwärtig allgemein der Fall ist, sondern durch alle dem vernünftigen Menschen zu Gebote stehenden Mittel unterdrückt und vernichtet werden muß.

Wiewohl es aber klar ist, daß die Rüstungen und verheerenden Kriege, die das Volk zu Grunde richten, nur aus diesem Gefühle herrühren, wurden doch alle meine Argumente über die Überreste, das Unzeitgemäße und den Schaden des Patriotismus mit Stillschweigen aufgenommen und absichtlich mißverstanden, oder sie stießen immer auf einen und denselben merkwürdigen Einwand: schädlich sei nur der schlechte Patriotismus, Jingoismus, Chauvinismus, während der wahre, gute Patriotis-

---

[1] Textquelle | Graf Leo TOLSTOI: Über Krieg und Staat. [Enthält: I. Wo ist der Ausweg? II. *Patriotismus und Regierung*. III. Cathargo delenda est. IV. Über den Transvaalkrieg. V. Über den Sinn des Lebens. VI. Über den Selbstmord.] Deutsch von Dr. N[athan]. Syrkin. Berlin SW: Hugo Steinitz Verlag [1901], S. 31-72. [Gesamtumfang der Schrift 111 Seiten; dasselbe auch im Berliner Globus Verlag: Inhalt, Druckbild und Seitenzählung gleich.] – In Band TFb_B002 („Staat – Kirche – Krieg") unserer Tolstoi-Friedensbibliothek ist bereits eine *andere* Übersetzung dieses Textes Übersetzung von Wladimir Czumikow nebst Anmerkungen zu zensierten Passagen enthalten.

mus ein sehr erhabenes, sittliches Gefühl sei, dessen Verurteilung nicht nur unvernünftig, sondern gradezu ein Verbrechen sei. Worin aber dieser wahre, gute Patriotismus besteht, wird garnicht gesagt! An Stelle der Erklärung erklingen hochtrabende Phrasen, oder es wird dem Begriff des Patriotismus etwas untergeschoben, was mit jenem, welchen wir alle kennen und unter dem wir alle so furchtbar leiden, nichts gemein hat.

Man sagt gewöhnlich, daß der wahre, gute Patriotismus darin bestehe, daß man seinem Volk oder Staat solche Güter wünscht, welche das Lebensglück der anderen Völker nicht beeinträchtigen.

In einem Gespräche, das ich neulich mit einem Engländer über den Transvaalkrieg führte, sagte ich zu ihm, daß die Ursache dieses Krieges nicht die Habsucht sei, wie es gewöhnlich heißt, sondern der Patriotismus, wie er sich ja in der Stimmung der ganzen englischen Gesellschaft offenbare. Der Engländer stimmte mir nicht zu und sagte, daß, wenn es wirklich so wäre, der die Engländer jetzt beseelende Patriotismus ein schlechter sei. Der gute Patriotismus aber, von welchem er durchdrungen sei, bestehe darin, daß seine Mitbürger, die Engländer, nichts Böses thun.

„Wollen Sie denn, daß nur die Engländer gut handeln?" fragte ich.

„Das wünsche ich allen," antwortete er und bewies damit klar, daß die wahren Güter, die sittlichen, wissenschaftlichen oder auch praktischen, derartige sind, daß sie sich auf alle Menschen erstrecken, daß der Wunsch solche Güter nur einem Volke zukommen zu lassen, nicht nur kein Patriotismus ist, sondern denselben überhaupt ausschließt.

Ebensowenig machen den Patriotismus die Eigenschaften eines Volkes aus, welche die anderen Verteidiger des Patriotismus diesem Begriff absichtlich unterschieben. Die Eigentümlichkeiten eines jeden Volkes – sagen sie – bilden die notwendige Bedingung des menschlichen Fortschritts, so daß der Patriotismus, welcher die Erhaltung dieser Eigenschaften anstrebt, ein gutes und nützliches Gefühl sei. Ist es denn aber nicht klar, daß wenn diese Eigentümlichkeiten eines Volkes, die Sitten, Glaubenslehren, die Sprache eine notwendige Bedingung des menschlichen Lebens waren, sie jetzt dem Ideal der Völkerverbrüderung entgegenwirken? Die Erhaltung und Beschützung der Eigentümlichkeiten des russischen, deutschen, französischen, englischen u.s.w. Volkes haben nicht nur die Pflege der ungarischen, polnischen, irländischen Volkseigentümlichkeiten, sondern auch der baskischen, provençalschen, mordowschen, tschuwaschschen *ec.* zur Folge, dienen also nicht zur Annäherung und Einheit der Menschen, sondern zur immer größeren Entfremdung und Trennung derselben.

Der wirkliche, nicht der imaginäre Patriotismus, derjenige, welchen wir alle kennen und unter dessen Einfluß sich die Mehrzahl der Menschheit befindet und so sehr leidet, ist somit nicht der Wunsch dem eigenen Volke geistige Güter zukommen zu lassen; denn geistige Güter kann man nicht allein dem eigenen Volke zuteil werden lassen. Er besteht auch nicht in den Besonderheiten der Volksindividualität (das ist eine Eigentümlichkeit, nicht aber ein Gefühl), sondern er ist das ausgesprochene Gefühl der Bevorzugung des eigenen Volkes oder Staates vor allen anderen Völkern oder Staaten und der Wunsch, dem eigenen Volke und Staate den größten Wohlstand und die größte Macht zu verschaffen, was immer auch auf Kosten der anderen dabei geschehe.

Es dürfte aber allgemein einleuchtend sein, daß der Patriotismus als Gefühl schlecht und schädlich und als Lehre sehr dumm ist, denn wenn jedes Volk und jeder Staat sich für besser halten als die anderen, so müssen sie sich alle in einer rohen und verderblichen Verirrung befinden.

———

II.
Die Schädlichkeit und die Unvernunft des Patriotismus dürften also für alle Welt klar sein. Aber nicht nur, daß die Gebildeten und Gelehrten das nicht sehen, bekämpfen sie mit großer Hart-

näckigkeit und Hitze, wenn auch ohne alle Vernunftgründe, jeden Hinweis auf die Schädlichkeit und die Unvernunft des Patriotismus und fahren fort die Wohlthätigkeit und Erhabenheit desselben zu loben.

Was bedeutet das?

Ich habe nur eine Erklärung für diese wunderbare Erscheinung. Die ganze Geschichte der Menschheit, seit den ältesten Zeiten bis auf die Gegenwart, kann als die Bewegung des Bewußtseins einzelner Menschen und Gruppen von niederen Ideen zu immer höheren angesehen werden.

Diesen ganzen zurückgelegten Weg kann man sich als eine aufeinanderfolgende Stufenreihe vom niedersten tierischen bis zum höchsten Leben, zu dem sich das menschliche Bewußtsein im gegebenen historischen Moment erheben kann, vorstellen.

Jeder Mensch, ebenso wie die einzelnen homogenen Gruppen – die Völker, Staaten – entwickeln sich nach diesen Ideenstufen. Die einen Teile der Menschheit gehen vorwärts, die anderen bleiben weiter zurück, die dritten – und das ist die Mehrheit – bewegen sich in der Mitte. Alle aber bewegen sich unaufhaltsam von den niederen zu den höheren Ideen. In jedem gegebenen Moment befindet sich der Einzelne, wie auch die Gruppe in drei verschiedenen Beziehungen zu den drei Ideenstufen, innerhalb welcher sie sich bewegen. Für die Einzelmenschen sowohl, als auch für die Gruppe giebt es überlebte fremdgewordene Ideen der Vergangenheit, zu welchen die Menschen nicht mehr zurückkehren können, wie z. B. für unsere christliche Welt die Ideen der Menschenfresserei, des allgemeinen Raubes, der Weiberentführung *ec.*, wovon nur noch eine Erinnerung zurückgeblieben ist. Alsdann giebt es Ideen der Gegenwart, welche den Menschen durch die Erziehung, das Beispiel, die ganze Thätigkeit der Umgebung eingegeben sind, wie beispielsweise gegenwärtig die Ideen des Eigentums, der Staatsverfassung, des Handels, der Benutzung der Haustiere *ec.* Und es giebt auch Ideen der Zukunft, von welchen die einen schon nahe der Verwirklichung sind und die Menschen zum Kampf und zur Lebensänderung zwingen, wie z. B. jetzt die Idee der Arbeiterbefreiung, der Gleichberechtigung der Frauen, der Fleischenthaltung *ec.*, während die anderen zwar schon von den Menschen erkannt, in den Kampf mit den früheren Lebensformen aber noch nicht eingetreten sind, so die gegenwärtig Ideale genannten Ideen von der Aufhebung der Gewalt, der Gütergemeinschaft, der einheitlichen Religion, der allgemeinen Menschenverbrüderung. Jeder Mensch wie jede Gruppe haben somit auf jeder Stufe hinter sich die überlebten Erinnerungen an die Vergangenheit, vor sich die Ideale der Zukunft, und befinden sich immer im Kampf zwischen den ablebenden Ideen der Gegenwart und den ins Leben tretenden Ideen der Zukunft. Wenn eine in der Vergangenheit nützlich und sogar notwendig gewesene Idee überflüssig wird, macht sie nach einem mehr oder weniger langen Kampf einer neuen Idee Platz, die früher ein Ideal gewesen war, jetzt aber eine Idee der Gegenwart geworden ist.

Mitunter aber ist die Forterhaltung der bereits überlebten Idee für einige Menschen, welche den größten Einfluß in der Gesellschaft haben, vorteilhaft. Die überlebte Idee fährt dann trotz ihres Widerspruches mit der veränderten Lebensform fort, auf die Menschen einzuwirken und ihre Handlungen zu leiten. Eine solche Fortexistenz der überlebten Idee kommt immer auf dem religiösen Gebiet vor. Die Ursache hiervon ist die, daß die Priester, deren bevorzugte Stellung mit der überlebten Idee eng verknüpft ist, ihre Macht benutzen, um die Menschen absichtlich in der abgelebten Idee fortzuerhalten.

Dasselbe geschieht aus den gleichen Gründen auf dem Staatsgebiete in Bezug auf die Idee des Patriotismus, auf welcher jeder Staat beruht. Die Menschen, welchen die Erhaltung dieser sinnlos und unnütz gewordenen Idee vorteilhaft ist, pflegen dieselbe künstlich. Dank ihrer mächtigen Einwirkungsmittel können sie es immer thun.

Darin liegt die Erklärung für jenen sonderbaren Widerspruch, in welchem die überlebte Idee des Patriotismus zu der Gesamtheit der Ideen, welche gegenwärtig in das Bewußtsein der christlichen Welt übergegangen sind, steht.

———

III.

Der Patriotismus als das Gefühl der ausschließlichen Liebe zum Volke und als die Lehre von der Tugend der Selbstaufopferung für die Verteidigung der Schwachen vor der Hinschlachtung und Gewaltthätigkeit der Feinde war zu jener Zeit, als jedes Volk es für möglich und gerecht gehalten hatte, die Kinder eines anderen Volkes zu morden und zu berauben, um nur das eigene Wohl und die eigene Macht zu stärken, das höchste Ideal. Aber schon vor 2000 Jahren begannen die obersten Vertreter der menschlichen Weisheit die höhere Idee der Menschenverbrüderung zu erkennen, und diese Idee hat denn auch, das Bewußtsein der Menschen immer mehr beherrschend, in unserer Zeit die verschiedensten Verwirklichungsformen angenommen. Dank der Erleichterung der Verkehrsmittel, der Einheit der Industrie, des Handels, der Künste und Wissenschaften sind die Menschen unserer Zeit so sehr mit einander verbunden, daß die Gefahr der Eroberungen, Ermordungen, Gewaltakte von seiten der Nachbarvölker schon vollständig verschwunden ist, und daß alle Völker (die Völker, aber nicht die Regierungen) untereinander in friedlichen, sich gegenseitig nützenden, handelspolitischen, industriellen und geistigen Beziehungen leben, die sie keineswegs zu stören brauchen. Das überlebte Gefühl des Patriotismus sollte demnach als ein überflüssiges und mit dem Bewußtsein der Völkerverbrüderung nicht mehr vereinbares allmählich vollständig verschwinden. Indessen aber geschieht das Gegenteil: nicht nur daß dieses schädliche und abgelebte Gefühl nicht aufhört zu existieren, im Gegenteil es wird immer stärker und mächtiger.

Nicht nur, daß die Völker ohne jeglichen vernünftigen Grund, im Gegensatz zu ihrem Bewußtsein und ihren Vorteilen, mit den Regierungen in ihren Ueberfällen, Besitznahmen und Verteidigungen des Erworbenen sympathisieren, sie fördern es selbst, freuen sich darüber und sind stolz darauf. Die kleinen unterdrückten Völkerschaften, welche unter die Macht der großen Staaten geraten sind – die Polen, Irländer, Czechen, Finnländer, Armenier – haben sich in ihrer Gegenwirkung gegen den Patriotismus der Unterdrücker so sehr von dem unsinnigen und verderblichen Patriotismusgefühl angesteckt, daß ihre ganze Thätigkeit sich nur darauf konzentriert, und sie schließlich mit den noch schwächeren Völkern dasselbe thun wollen, was die unterdrückenden Völker mit ihnen gethan haben.

Es rührt dies davon her, daß die herrschenden Klassen (nicht allein die Regierungen und ihre Beamten, sondern die privilegierten Klassen überhaupt: die Kapitalisten, Journalisten, die meisten Künstler und Gelehrten) ihre privilegierte Ausnahmestellung nur dank der Staatseinrichtung, welche durch den Patriotismus erhalten wird, beibehalten können. Indem sie nun die mächtigsten Mittel in ihren Händen haben, um das Volk zu beeinflussen, pflegen sie bei sich und bei den anderen die patriotischen Gefühle unablässig, umsomehr da diese Gefühle von der Staatsgewalt am besten belohnt werden.

Je patriotischer ein Beamter ist, desto größere Erfolge hat er in seiner Laufbahn; ebenso schreiten die Militärs nur im Kriege, der durch den Patriotismus hervorgerufen wird, in ihrer Carriere vorwärts.

Der Patriotismus und seine Folgen – die Kriege – bringen den Zeitungsschreibern große Einkünfte und den meisten Kaufleuten Vorteile. Jeder Schriftsteller, Lehrer, Professor sichert sich umsomehr seine Lage, je mehr Patriotismus er predigt. Jeder Kaiser, König, hat umsomehr Ruhm, je mehr er dem Patriotismus ergeben ist.

In den Händen der herrschenden Klassen befindet sich das Heer, das Geld, die Schule, die Religion und die Presse. In diesen Schulen fachen sie bei den Kindern den Patriotismus durch Geschichten an, indem sie ihr eigenes Volk als das beste und gerechteste darstellen. Bei den Erwachsenen wird dieses Gefühl durch Schauspiele, Festlichkeiten, Denkmäler und die patriotisch verlogene Presse erweckt. Hauptsächlich aber wird der Patriotismus hervorgerufen, indem man durch allerlei Ungerechtigkeiten und Grausamkeiten gegen fremde Völker bei denselben Haß gegen das eigene Volk hervorruft und diesen Haß alsdann zur Erweckung von Feindseligkeiten beim eigenen Volke ausnutzt.

Die Entfachung dieses furchtbaren Gefühls des Patriotismus vollzog sich bei den europäischen Völkern in einer rasch wachsenden Progression und erlangt gegenwärtig ihren höchsten Kulminationspunkt.

————

IV.

[Statt des Textes stehen unter der Kapitel-Ziffer drei Punktreihen. Die Fußnote dazu lautet: „Der Übersetzer sieht sich veranlaßt, das IV. Kapitel zu unterdrücken."]

V.

Die Lage wird immer schlechter und man kann diese zum offenbaren Verderben führende Verschlimmerung nicht mehr aufhalten. Der einzige Ausweg aus dieser Lage, an welchen leichtgläubige Menschen noch glauben konnten, ist jetzt ebenfalls gesperrt: ich meine die Haager Konferenz und der bald darauf folgende Transvaalkrieg.

Haben oberflächlich denkende Menschen noch daran glauben können, daß internationale Schiedsgerichte Kriege und Rüstungen beseitigen könnten, so hat die Haager Konferenz und der bald darauf folgende Transvaalkrieg die Unmöglichkeit der Lösung dieser Frage auf solche Weise vor aller Welt bewiesen. Nach der Haager Konferenz ist es klar geworden, daß: so lange Regierungen und Heere existieren, Kriege und Rüstungen nicht aufhören können. Damit eine Übereinstimmung überhaupt möglich werde, ist das gegenseitige Vertrauen der Unterhandelnden notwendig. Damit aber die Mächte einander glauben können, müssen sie zuerst die Waffen niederlegen, wie es die Friedensunterhändler bei ihren Zusammenkünften zu thun pflegen.

So lange aber die Regierungen, von keinem gegenseitigen Vertrauen erfüllt, die Heere nicht beseitigen und vermindern, sondern vielmehr fortwährend vergrößern, jede militärische Verschiebung im anderen Staate durch Spione überwachen lassen, – da sie wohl wissen, daß jeder Staat bereit ist, im geeigneten Moment den anderen zu überfallen, – ist eine Vereinbarung unmöglich, und jede Konferenz ist entweder eine Dummheit, eine Spielerei, ein Betrug, eine Frechheit, oder alles zusammen.

Für die russische Regierung paßte es am besten, das *enfant terrible* dieser Konferenz zu sein. Die russische Regierung ist, weil niemand im Lande selbst gegen alle ihre offenbar falschen Reskripte und Manifeste protestiert, so verhätschelt, daß sie nach der Unterdrückung und Beraubung von Polen, Turkestan, China und Finnland wirklich daran glauben konnte, man werde an ihren Abrüstungsvorschlag glauben.

So sonderbar, unerwartet und unverständig dieser Vorschlag auch war – namentlich zu einer Zeit, wo man Verordnungen zur Vergrößerung des Heeres traf – so konnten doch die Regierungen der anderen Staaten, in Rücksicht auf ihre Völker, auf die komischen, offenbar falschen Unterhandlungen nicht verzichten. Die Delegierten sind somit zusammengekommen und wußten im voraus, daß aus der ganzen Sache nichts werden würde; sie heuchelten im Laufe einiger Monate, während welcher sie ein gutes Gehalt bezogen, daß sie um die Herstellung des Friedens unter den Völkern besorgt wären, um sich im Geheimen ins Fäustchen zu lachen.

Die Haager Konferenz, die mit einem furchtbaren Blutvergießen, mit dem Transvaalkrieg, den niemand abzuwenden versuchte, geendigt hat, war immerhin nützlich, wenn auch nicht durch die Folgen, die man von ihr allgemein erwartete. Sie hat nämlich vor aller Welt gezeigt, daß das Übel, woran die Völker leiden, von den Regierungen nicht beseitigt werden kann, daß die Regierungen vielmehr, wenn sie auch wirklich vom besten Willen erfüllt wären, Kriege und Kriegsrüstungen nicht beseitigen könnten. Um zu existieren, müssen die Regierungen ihr Volk vor den Überfällen der anderen Völker schützen; die Völker wollen aber keinen Krieg miteinander führen und darum wollen die Regierungen nicht nur den Frieden nicht, sondern sie sind darauf bedacht, die Feindseligkeit der andern Völker gegen sich zu schüren. Und nachdem sie bei anderen Völkern Haß, beim eigenen Volke aber Patriotismus erweckt hatten, versichern sie das eigene Volk, daß es in Gefahr ist und verteidigt werden muß.

Dadurch, daß die Regierungen die Macht in ihren Händen haben, reizen sie die anderen Völker und rufen im eigenen Volke Patriotismus hervor. Und sie müssen dies thun, denn darauf beruht ihre Existenz.

Waren früher die Regierungen dazu nötig, die eigenen Völker vor Überfällen der anderen zu verteidigen, so stören jetzt die Regierungen künstlich den Frieden, der unter ihnen herrscht, und rufen zwischen den Völkern Feindseligkeiten hervor.

Das Ackern war ein vernünftiges Werk, so lange es nötig war um zu säen; es ist aber augenscheinlich sinnlos und schädlich zu ackern, nachdem die Saat aufgegangen ist. So zwingen eben die Regierungen die Völker so zu handeln, – d. h. jene Einheit zu stören, die existiert und die durch nichts gestört wäre, wenn es keine Regierungen geben würde.

VI.

[Statt des Textes stehen unter der Kapitel-Ziffer nur drei Punktreihen, jedoch anders als bei Kapitel IV ohne Erläuterung.]

VII.

Um die Menschen von jenen furchtbaren Übeln der Rüstungen und Kriege zu befreien, an denen sie jetzt leiden und die immer größer werden, sind nicht Kongresse, Konferenzen, Traktate und Schiedsgerichte nötig, sondern die Beseitigung jenes Gewaltmittels, von welchem alle Leiden der Menschen stammen.

Zur Aufhebung dieser Gewaltmittel ist nur eins nötig, – daß die Menschen begreifen, daß jenes Gefühl des Patriotismus, welches allein jenes Gewaltmittel unterstützt, ein rohes, schädliches, schändliches und schlechtes, und hauptsächlich unsittliches Gefühl ist. Es ist ein rohes Gefühl, weil es nur Menschen eigen ist, welche auf einer sehr niederen Sittlichkeitsstufe stehen und von den anderen Völkern dieselben Gewaltakte erwarten, welche sie selbst bereit sind ihnen anzuthun. Es ist ein schädliches Gefühl, weil es die nützlichen und freudigen Friedensbeziehungen zu den anderen Völkern stört, und, was die Hauptsache ist, jene Regierungsorganisation hervorruft, bei der die Macht nur der Schlechteste bekommt und bekommen kann. Es ist ein schändliches Gefühl, weil es den Menschen nicht nur in einen Sklaven, sondern in einen Kampfhahn, Stier, Gladiator verwandelt, der seine Kräfte und sein Leben nicht für die eigenen Zwecke, sondern für seine Regierung verwendet. Es ist ein unsittliches Gefühl, weil jeder Mensch, anstatt sich für den Sohn Gottes, wie uns das Christentum lehrt, oder wenigstens für einen von der Vernunft geleiteten, freien Menschen zu halten, sich als den Sohn seines Vaterlandes, den Sklaven seiner Regierung, betrachtet und Handlungen vollzieht, die seiner Vernunft und seinem Gewissen zuwider sind.

Die Menschen brauchen sich dies nur klar zu machen, und diese furchtbare Zusammenfesselung von Menschen, welche Regierung heißt, wird auseinander fallen, womit denn auch jenes furchtbare und unnütze Unglück der Völker verschwinden wird.

Und die Menschen beginnen dies auch zu verstehen. Folgendes zum Beispiel schreibt ein Bürger der Nordamerikanischen Staaten:

„Das einzige, um das wir alle bitten – Ackerbauer, Mechaniker, Kaufleute, Fabrikanten, Lehrer –, ist das Recht, uns mit unseren eigenen Angelegenheiten selbst zu befassen; wir haben unsere Häuser, lieben unsere Freunde, sind unseren Familien ergeben und kümmern uns nicht um die Dinge unserer Nachbarn, wir haben Arbeit und wollen arbeiten.

Lasset uns in Ruhe!

Die Politiker wollen uns aber nicht die Ruhe lassen! Sie belegen uns mit Steuern, verzehren unser Eigentum, führen

Listen über uns, heben unsere Jugend zum Kriegsdienst aus. Ganze Miriaden Menschen, welche auf Rechnung des Staates leben, sind abhängig vom Staate und werden von ihm ernährt, um uns mit Steuern zu belegen; um aber die Steuern mit Erfolg einzuziehen, wird ein stehendes Heer unterhalten. Das Argument, daß die Armee nötig ist, um das Land zu verteidigen, ist ein offenbarer Betrug. Der französische Staat schreckt das Volk durch das deutsche Gespenst; die Russen fürchten die Engländer; die Engländer fürchten alle Welt; und nun sagt man uns in Amerika, daß man die Flotte vergrößern, das Heer vermehren muß, weil Europa sich jeden Augenblick gegen uns vereinigen kann. Das ist Betrug und Unwahrheit. Das einfache Volk in Frankreich, Deutschland, England und Amerika ist gegen den Krieg. Wir wollen nur, daß man uns in Ruhe lassen soll. Menschen, welche Frauen, Eltern, Kinder, Häuser haben, wollen mit niemand Krieg führen. Wir sind friedlich, fürchten und hassen den Krieg.

Wir wollen nur den andern das nicht thun, was wir nicht wollen, daß man es uns thue.

Der Krieg ist die unausbleibliche Folge davon, daß es bewaffnete Menschen giebt. Ein Land, welches eine große stehende Armee unterhält, wird früher oder später Krieg führen. Ein Mensch, welcher auf seine physische Kraft stolz ist, wird irgend einmal mit einem Menschen, welcher sich stärker fühlt, zusammenstoßen und sie werden sich schlagen. Deutschland und Frankreich lauern nur auf die Gelegenheit, um ihre Kräfte gegeneinander zu messen. Sie kämpften schon mehrfach und werden auch wieder kämpfen. Nicht etwa, daß diese Völker Krieg wünschen, nein, die höheren Klassen wecken in ihnen die gegenseitige Feindseligkeit und zwingen die Menschen zu glauben die müssen kämpfen, um sich zu verteidigen

‚Menschen, welche die Lehre Christi befolgen wollen, belegt man mit Steuern, beleidigt man, betrügt man und verschleppt sie in Kriege.

Christus predigte Demut, Milde, Verzeihung und das Verbot

des Tötens. Die Schrift lehrt die Menschen, ‚nicht schwören', die ‚höhere Klasse' aber zwingt uns bei der Schrift zu schwören, an welche sie nicht glaubt.

Wie sollen wir uns von diesen Verschwendern befreien, welche nicht arbeiten, aber ein feines Gewand mit kupfernen Knöpfen und teuren Verzierungen tragen, welche sich von unserer Arbeit ernähren, für welche wir den Boden bebauen? Sollen wir gegen sie kämpfen?

Wir sind aber gegen das Blutvergießen, außerdem haben sie Waffen und Geld, auch können sie es länger aushalten, als wir.

Wer bildet aber die Armee, welche mit uns kämpfen wird?

Diese Armee bilden eben wir, unsere betrogenen Nachbarn und Brüder, welche man versichert, daß sie Gott dienen, wenn sie ihr Land vor den Feinden verteidigen. In Wirklichkeit hat unser Land keine anderen Feinde, als die höheren Klassen, die unsere Interessen gern verteidigen wollten, wenn wir nur die Steuern zahlen. Sie saugen unsere Mittel auf und erheben unsere Brüder gegen uns, nur um uns in Sklaverei zu bringen und zu erniedrigen.

Sie können Ihrer Frau oder Ihrem Freund kein Telegramm schicken, Ihrem Lieferanten keinen Chek ausstellen, so lange Sie keine Steuer zur Erhaltung der bewaffneten Menschen bezahlen, welche dazu verwandt werden können, Sie zu töten, und die Sie ins Gefängnis setzen werden, wenn Sie nicht bezahlen werden.

Das einzige Heil besteht darin, daß man den Menschen beibringt, daß man nicht töten darf, daß die Schrift und die Propheten nur lehren, daß man den anderen nicht das thue, von dem du nicht willst, daß es dir selbst geschehe. Verachtet schweigsam diese höhere Klasse, verweigert die Anbetung vor ihren Kriegsgötzen. Unterhaltet nicht mehr die Prediger, welche den Krieg predigen und den Patriotismus als etwas Wichtiges darstellen.

Mögen sie arbeiten eben so wie wir.

Wir glauben an Christus, sie nicht. Christus sagte, was er

meinte; sie sagen aber nur das, wodurch sie den Machthabern der ‚höheren Klasse' zu gefallen glauben.

Wir werden nicht in den Kriegsdienst treten. Wir werden nicht auf ihren Befehl schießen. Wir werden uns nicht gegen ein gutes mildes Volk mit Bajonetten bewaffnen. Wir werden nicht auf Befehl von Cecil Rhodes auf Hirten und Ackerbauer schießen, die ihre Herde verteidigen.

Euer falsches Geschrei: ‚Wolf, Wolf!' wird uns nicht erschrecken. Wir zahlen unsere Steuern, nur weil wir dazu gezwungen sind. Wir werden nur so lange zahlen, als wir gezwungen sind, das zu thun. Wir werden den Heuchlern keine Kirchensteuer zahlen, eben so wenig wie das Zehntel Eurer heuchlerischen Wohlthätigkeit, und wir werden bei jeder Gelegenheit unsere Meinung ausdrücken.

Wir werden die Menschen erziehen.

Und unser schweigsamer Einfluß wird sich immer mehr ausdehnen, so daß die bereits eingezogenen Soldaten schwanken werden, ob sie kämpfen sollen. Wir werden den Gedanken predigen, daß das christliche Leben in Frieden und Wohlgefallen besser ist, als das Leben des Kampfes-, Blutvergießens und Krieges.

‚Friede auf Erden!' – kann nur dann eintreten, wenn die Menschen sich von den Kriegen abwenden, und den anderen das zu thun wünschen, was sie wollen, daß man es ihnen thue."

So schreibt ein Bürger der Nordamerikanischen Staaten, und solche Stimmen erklingen auch von verschiedenen Seiten und in verschiedenen Formen.

Ein deutscher Soldat schreibt folgendes:

„Ich habe zwei Feldzüge in der preußischen Kavallerie (1866-1870) mitgemacht und hasse den Krieg aus der Tiefe meines Herzens, weil er mich unendlich unglücklich gemacht hat. Wir verwundeten Krieger bekommen zumeist eine so elende Belohnung, daß man sich wirklich schämen muß, einst ein

Patriot gewesen zu sein. Ich bekomme beispielsweise täglich 80 Pf. für meinen, beim Angriff auf St. Privat am 18. August 1870 durchschossenen rechten Arm. Mancher Jagdhund braucht mehr für seinen Unterhalt. Ich litt aber Jahre lang an meinem zweimal durchschossenen rechten Arm. Schon im Jahre 1866 nahm ich am Kriege gegen Österreich teil, kämpfte bei Trautenau und Königgrätz und sah genug der Schrecken. Im Jahre 1870 bin ich als Reservesoldat wieder eingezogen und, wie gesagt, beim Angriff auf St. Privat verwundet worden. Mein rechter Arm ist zweimal im Längsschnitt durchschossen worden. Ich habe eine gute Stelle verloren (ich war damals Bierbrauer) und konnte dieselbe nicht wieder erhalten. Seitdem konnte ich mich nicht mehr aufrichten. Der Rausch war bald zerstreut, und dem Invaliden blieb nichts übrig, als sich durch Bettelgroschen zu ernähren … In der Welt, in der die Menschen wie dressierte Tiere herumlaufen und zu nichts anderem fähig sind, als sich wegen des Mammons zu überlisten, in dieser Welt möge man mich für einen Sonderling halten, aber ich fühle doch den göttlichen Friedensgedanken in mir, welcher in der Bergpredigt so schön zum Ausdruck gekommen ist. Nach meiner tiefsten Überzeugung ist der Krieg nur ein Geschäft im Großen, ein Handel der ehrgeizigen und mächtigen Menschen mit dem Glück der Völker.

Welche Schreckensbilder habe ich da gesehen! Niemals werde ich diese Schmerzensklagen, welche bis zum Mark der Knochen dringen, vergessen.

Menschen, welche sich niemals Böses angethan hatten, töten sich gegenseitig wie wilde Bestien, während kleinliche sklavische Seelen den lieben Gott als Helfershelfer in diese Sachen hineinmischen.

Meinem Nachbar zertrümmerte eine Kugel den Kiefer. Der Unglückliche ist vor Schmerz sinnlos geworden. Er lief herum wie wahnsinnig und konnte unter der glühenden Sonnenhitze nicht einmal Wasser finden, um seine furchtbare Wunde zu kühlen. Unser Kommandeur (der nachmalige edle

Kaiser Friedrich) schrieb damals in sein Tagebuch: der Krieg ist der Hohn gegen das Evangelium."

Die Menschen beginnen jenen Patriotismustrug zu verstehen, in welchem ihre Regierungen sie zu erhalten so eifrig bestrebt sind.

————

VIII.

„Was wird aber sein, wenn es keine Regierungen mehr geben wird?" sagt man gewöhnlich. – Nichts weiter als daß alles Unnütze und darum Überflüssige und Schlechte verschwinden wird! Jenes Organ, welches, weil unnütz, auch schädlich geworden ist, wird verschwinden.

„Wenn es aber keine Regierungen geben wird, so werden sich ja die Menschen gegenseitig töten und Gewalt anthun" – sagt man gewöhnlich.

Warum aber? warum soll die Vernichtung jener Organisation, welche durch Gewaltthätigkeit entstanden und durch Tradition von Geschlecht auf Geschlecht vererbt worden ist, – dazu führen, daß die Menschen sich gegenseitig töten und Gewalt anthun sollen? Die Aufhebung des Gewaltorgans dürfte vielmehr dazu führen, daß die Menschen aufhören, sich gegenseitig zu töten und Gewalt anzuthun.

Jetzt giebt es Menschen, die speziell dazu erzogen und vorbereitet werden, andere Menschen zu töten und ihnen Gewalt anzuthun, – Menschen, denen das Recht der Gewaltthätigkeit zukommt, und die die dazu geschaffene Organisation für ihre Zwecke benutzen. Sie sehen Gewaltthätigkeit und Hinschlachtung als ein gutes und tugendhaftes Werk an. In Zukunft aber werden die Menschen nicht dazu erzogen werden, sie werden keine Gewalt über andere Menschen haben, eine Gewaltorganisation wird nicht mehr existieren und Gewalt und Mord werden immer und für alle Welt als ein schlechtes Werk gelten. Werden aber auch nach der Beseitigung der Regierungen Gewaltakte vorkommen, so werden sie augenscheinlich geringer sein, als diejenigen, die jetzt vorkommen, da jetzt spezielle Organisationen dazu vorhanden sind und es Situationen giebt, bei denen Gewalt und Mord als ein gutes und nützliches Werk gelten.

Die Beseitigung der Regierungen wird nur die traditionelle unnütze Organisation der Gewalt, sowie die Rechtfertigung derselben, aufheben.

„Es wird weder Gesetze, Eigentum, Gerichte, Polizei, noch Volksbildung geben", sagt man gewöhnlich, indem man absichtlich die Gewaltakte der Regierung mit den verschiedenen Thätigkeiten der Gesellschaft vermengt.

Die Abschaffung der Regierungsorganisation führt keineswegs zur Beseitigung dessen, was in den Gesetzen, im Gericht, Eigentum, in den Polizeibeschränkungen, Finanzeinrichtungen und in der Volksbildung vernünftig und gut und darum nicht gewaltthätig ist. Die Abwesenheit der rohen Macht der Regierungen, welche nur die eigene Selbsterhaltung zum Zwecke haben, wird vielmehr zu einer rationelleren und gerechteren gesellschaftlichen Organisation beitragen, die der Gewalt nicht bedarf. Das Gericht, die gesellschaftlichen Werke, die Volksbildung werden in dem Maße bestehen, in welchem es die Völker nötig haben und in einer Form, welche das mit der jetzigen Regierungsorganisation verbundene Übel nicht enthalten wird; nur das wird verschwinden, was schlecht war und die freie Äußerung des Völkerwillens störte.

Aber angenommen, daß auch ohne die Regierungen Aufstände und innere Zusammenstöße stattfinden werden, dürfte auch dann die Lage der Völker noch besser sein, als sie es jetzt ist. Die Lage der Völker ist jetzt eine solche, daß man sich eine Verschlimmerung kaum denken kann. Das ganze Volk ist ruiniert und dieser Ruin muß immer stärker werden. Alle Männer sind in Kriegssklaven verwandelt und warten jeden Augenblick auf den Befehl selbst zu töten oder getötet zu werden. Was ist noch zu erwarten? Daß etwa die ruinierten Völker anfangen Hungers zu sterben? Das beginnt schon in Rußland, Italien und Indien. Oder daß etwa außer den Männern auch die Frauen in die Armee eintreten? In Transvaal beginnt auch dieses schon.

Wenn das Nichtvorhandensein der Regierungen wirklich die Anarchie im negativen ordnungslosen Sinne dieses Wortes bedeuten würde (was jedoch nicht der Fall ist), so würde auch dann die Unordnung der Anarchie nicht schlechter sein können, als jene Lage, in welche die Regierungen ihre Völker bereits gebracht haben.

Die Befreiung vom Patriotismus und die Aufhebung des auf demselben ruhenden Regierungsdespotismus kann den Menschen nur nützen.

————

IX.

Besinnt Euch und machet Halt im Namen Eures körperlichen und geistigen Wohls und des Wohls Eurer Brüder und Schwestern, besinnt Euch und denkt daran, was Ihr thut!

Besinnt Euch und begreift, daß Eure Feinde nicht die Buren, Engländer, Franzosen, Deutschen, Czechen, Finnländer, Russen, sondern daß Ihr selbst Eure einzigen Feinde seid, indem ihr durch Euren Patriotismus die Euch unterdrückenden und Euer Unglück herbeiführenden Regierungen unterstützt.

Sie wollten Euch vor Gefahr schützen und durch diesen vermeintlichen Schutz brachten sie es dazu, daß Ihr alle Soldaten, Sklaven geworden, alle ruiniert seid, und jeden Augenblick darauf gefaßt sein könnt und müßt, daß die allzu straff gespannte Saite springen und Eure und Eurer Kinder furchtbare Ermordung beginnen wird.

So groß aber diese Hinschlachtung auch sei und wie sie auch enden mag, so wird doch die Lage dieselbe bleiben. Die Regierungen werden mit noch größerer Anstrengung die Rüstungen fortsetzen und Euch und Eure Kinder ruinieren und demoralisieren, und niemand wird dies alles aufhalten können, wenn Ihr Euch selbst nicht helfen werdet.

Hilfe besteht aber nur in einem – in der Vernichtung jener furchtbaren Verkettung des Gewaltkegels, von dem aus derjenige oder diejenigen, welche den Gipfel dieses Kegels erreicht haben, über das ganze Volk herrschen, und zwar um so sicherer, je grausamer und unmenschlicher sie sind, wie wir es an den Napoleons, Nikolaus I, Bismarcks, Chamberlains, Rhodes und unseren Diktatoren, welche im Namen des Zaren regieren, kennen gelernt haben.

Zur Aufhebung dieser Verkettung giebt es nur ein Mittel, – das Erwachen aus der Hypnose des Patriotismus.

Begreifet, daß das ganze Unglück, an dem ihr leidet, von Euch selbst herrührt, indem Ihr den Eingebungen gehorcht. [… *hier folgen im Druck sechs Zeilen mit Punktlinien zur Kennzeichnung einer Auslassung.*]

Wer Ihr auch sein möget – Franzosen, Russen, Polen, Engländer, Irländer, Deutsche, Czechen, begreifet doch, daß alle Eure wirklichen menschlichen Interessen, die agrikulturellen, industriellen, kommerziellen, künstlichen und wissenschaftlichen, ebenso wie Eure Vergnügungen und Freuden keineswegs den Interessen der anderen Völker und Staaten widersprechen, und daß Ihr durch die gegenseitige Mitarbeit, durch den Austausch der Dienstleistungen, durch die Freude der weiten brüderlichen Vereinigung, durch den Austausch nicht allein der Waren, sondern auch der Gedanken und Gefühle, mit den Menschen der anderen Völker verbunden seid.

Begreifet, daß die Fragen, welche Regierung Wei-hai-wei, Port-Arthur oder Kuba in Besitz genommen hat, für Euch nicht nur gleichgiltig sind, sondern daß auch jede solche Besitznahme von Seiten Eurer Regierung Euch darum schadet, weil sie unausbleiblich die Einwirkung Eurer Regierung auf Euch zur Folge haben muß, um Euch zu zwingen an dem Raube und den Gewaltakten teilzunehmen, welche für die Besitzergreifungen und das Festhalten derselben nötig sind. Begreift, daß Euer Leben dadurch nicht besser werden kann, ob Elsaß deutsch oder französisch, Irland und Polen frei oder unterdrückt sind. Wem sie auch gehören mögen, Ihr könnt leben, wo Ihr wollt! Und wenn Ihr ein Elsässer, Irländer oder Pole seid, so begreift, daß jede Anfachung des Patriotismus Eure Lage nur verschlechtern kann. Denn die Unterdrückung Eures Volkes stammt nur aus dem

Kampfe der patriotischen Gefühle und jede Äußerung des Patriotismus in einem Volke vergrößert nur die Reaktion gegen denselben im anderen Volke. Begreift, daß Ihr Euch von all Eurem Unglück nur dann retten könnt, wenn Ihr Euch von der überwundnen Idee des Patriotismus und dem auf diesem beruhenden Gehorsam befreit, und kühn das Gebiet jener höheren Idee der Völkerverbrüderung betreten werdet, welche schon lange im Leben herrscht und Euch von allen Seiten zu sich ruft.

Wenn die Menschen doch begreifen würden, daß sie nicht Söhne des Vaterlandes und der Regierungen sind, sondern Söhne Gottes und darum weder Sklaven, noch Feinde der anderen Menschen sein können. Dann würden jene unsinnigen, unnützen, vom Altertum übriggebliebenen schädlichen Einrichtungen vernichtet werden und mit ihnen auch alle Leiden, Gewaltakte, Erniedrigungen und Verbrechen, die sie zur Folge haben!

III.
Zwei Briefe an Bertha von Suttner

(Oktober 1891 / August 1901)

Leo N. Tolstoi

L. N. Tolstoi schätzte Bertha von Suttner (1843-1914) als Botschafterin des Friedens. Nach der Lektüre ihres seit dem Erscheinen 1889 in mehr als fünfzehn Sprachen übersetzten Antikriegs-Romans vermerkte er in einem Tagebucheintrag vom Oktober 1891: „Abends. ‚Die Waffen nieder!' gelesen, bis zu Ende. Gut zusammengetragen. Verrät flammende Überzeugung, aber talentlos."[1] Der Verfasserin gegenüber äußerte er nichts bezogen auf sein ‚*literarisches* Werturteil'. Er schrieb ihr einen Brief voller „Hochachtung und Sympathie", in welchem er dem Werk – zutreffend – eine bedeutende Wirkungsgeschichte voraussagte[2]:

„An die Baronin von Suttner.

9. Oktober 1891.

Sehr geehrte gnädige Frau! Ich habe Ihren Roman ‚Die Waffen nieder', den ich von dem Uebersetzer, Herrn Bulgakow erhalten habe, gelesen. Ich schätze Ihr Werk sehr hoch und glaube, dass das Erscheinen Ihres Romans eine glückliche Vorbedeutung ist. Der Aufhebung der Sklaverei ging bekanntlich auch ein berühmtes Buch einer Frau, der Mrs. Beecher-Stowe voraus; gebe Gott, dass Ihr Buch dem endgültigen Verschwinden des Krieges voraufgehen möge. Ich glaube

---

[1] Zitiert nach Leo N TOLSTOI: Tagebücher 1847-1910. Aus dem Russischen übersetzt von Günter Dalitz. München: Winkler 1979, S. 436 (Eintrag vom 24.10.1891).
[2] Hier zitiert nach der Briefübersetzung in Leo TOLSTOI: Briefe 1848-1910. Gesammelt und herausgegeben von P. A. Sergejenko. Autorisierte vollständige Ausgabe. Berlin: Verlag J. Ladyschnikow 1911, S. 315: „Nr. 295. An die Baronin von Suttner". Das Datum 9.10. irritiert mit Blick auf den zitierten Tagebucheintrag.

nicht, dass die Schiedsgerichte ein wirksames Mittel zur Vernichtung der Kriege sind. Ich bin eben im Begriff, ein Werk über diesen Gegenstand zu beenden; darin spreche ich auch von dem einzigen Mittel, welches nach meiner Meinung imstande wäre, den Krieg für alle Zeiten unmöglich zu machen. Trotzdem werden alle Bemühungen, die von warmer Liebe zur Menschheit diktiert sind, ihre Früchte tragen, und ich bin der festen Ueberzeugung, dass auch der internationale Kongress (der Anhänger der Friedensidee in den Parlamenten), der in Rom getagt hat, sowie auch der Londoner Kongress vom vorigen Jahre viel zur Popularisierung dieser Idee und zur Aufdeckung des furchtbaren Widerspruchs zwischen den Kriegsrüstungen der Völker, und den Grundlagen des Christentums und der Humanität, zu denen sich diese Völker bekennen, beitragen wird. Ich bitte Sie daher, sehr geehrte Frau, die Versicherung meiner grössten Hochachtung und Sympathie entgegen zu nehmen.

Leo Tolstoi."

Es entwickelte sich ein etwas ungleicher Briefkontakt. Insgesamt soll Bertha von Suttner zwischen 1891 und 1909 vierzehn Briefe an den weltberühmten Russen geschickt, ihrerseits allerdings von diesem nur vier Briefe erhalten haben.[3] Sie „erhoffte von dem russischen Propheten eine weitgehende Unterstützung ihres Lebenswerkes: ‚Die Waffen nieder!' Immer wieder bat sie Tolstoi, den sie als ihren ‚Lehrmeister' anredete, inständig um ein Grußwort für die von ihr organisierten Friedenskongresse. Mit der Popularität Tolstois wollte sie für ihr Friedensengagement werben. – Erst allmählich begriff sie – mit dem Erscheinen des Buches ‚Das Reich Gottes ist inwendig in Euch' (1894), in dem Tolstoi offen gegen die bürgerliche Friedensbewegung polemisierte –, daß Abgründe sie von Tolstoi trennten."[4]

---

[3] Als Beleg verweist Edith Hanke an dieser Stelle auf Walentin BELJÈNTSCHIKOV: Bertha von Suttner in Rußland. In: Literatur und Kritik 103. Jg. (1976), S. 140-152.
[4] Edith HANKE: Prophet des Unmodernen. Leo N. Tolstoi als Kulturkritiker in der deutschen Diskussion der Jahrhundertwende. (= Studien und Texte zur Sozialge-

Unter dem Datum des 28. August 1901 schrieb Leo N. Tolstoi von Jasnaja Poljana aus folgende Zeilen an Bertha von Suttner, in denen er der kompromisslosen Kriegsdienstverweigerung und also dem Ungehorsam gegenüber dem Staatsapparat eine zentrale Stelle im Kampf um die Ausrottung des Krieges zumisst[5]:

„Verehrte Frau Baronin,

ich danke Ihnen für ihren lieben Brief. Ich bin froh darüber, daß Sie mir ein freundliches Andenken bewahrt haben.

Selbst wenn ich Sie langweilen sollte, in dem ich wiederhole, was ich schon oft in meinen Büchern dargelegt und Ihnen wohl auch geschrieben habe, kann ich nicht umhin, Ihnen noch einmal zu sagen, daß ich, je älter ich werde und je mehr ich über das Problem des Krieges nachdenke, desto überzeugter davon bin, daß dieses Problem nur gelöst werden kann, wenn die Bürger sich weigern, Soldaten zu werden. Solange wie jeder Mann im Alter von 20 und 21 Jahren seiner Religion abschwört – nicht allein dem Christentum, sondern auch dem Gebot Moses': *du sollst nicht töten*, und sich bereiterklärt, alle diejenigen zu töten, die ihm sein Führer zu töten befiehlt, sogar seine Geschwister und seine Eltern, wie es dieser geschwätzige und unmenschliche Idiot, den man den deutschen Kaiser nennt, bei jeder Gelegenheit fordert –, wird es Kriege geben, und zwar noch grausamere als heutzutage.

Zur Ausrottung des Krieges bedarf es keiner Konferenzen und keiner Friedensgesellschaften, es bedarf allein des Wiedererstehens der einzig wahren Religion und in ihrer Folge des Wiedererstehens der Menschenwürde.

Wenn nur ein weniges von dem Eifer, der gegenwärtig auf Artikel und schöne Reden auf Friedenskonferenzen und in

---

schichte der Literatur, Band 38). Tübingen: Max Niemeyer Verlag 1993, S. 111.

[5] Hier zitiert nach der Übersetzung der französischen Vorlage in Lew TOLSTOI: Briefe. Zweiter Band: 1881-1910. Übersetzt von Günter Dalitz aus dem Russischen. (= Gesammelte Werke in zwanzig Bänden. Herausgegeben von Eberhard Dieckmann und Gerhard Dudek, Band 17). Berlin: Rütten & Loening 1971, S. 353 (französischer Text ebd., S. 352-353).

den Friedensgesellschaften verwandt wird, in den Schulen und unter dem Volk dafür eingesetzt würde, die falsche Religion auszumerzen und die wahre zu verbreiten – so würden die Kriege bald unmöglich geworden sein.

Ihr hervorragendes Buch verdankt seine große Wirkung der allgemeinverständlichen Darstellung der Kriegsgreuel. Jetzt muß man die Leute darauf hinweisen, daß sie den Menschen mehr gehorchen als Gott. Ich erlaube mir, Ihnen den Rat zu geben, sich dieser Aufgabe anzunehmen als des einzigen Mittels zur Erreichung des Zieles, das Sie verfolgen.

Mit der Bitte um Vergebung, daß ich mir diese Freiheit genommen habe, verbleibe ich mit dem Ausdruck vorzüglichster Hochachtung

Lew Tolstoi."

Edith Hanke führt zum Thema „Tolstoi und Bertha von Suttner – Anarchistischer Pazifismus contra bürgerliche Friedensbewegung aus: Verfolgte Suttner „eine auf Dialog zwischen den Staaten und Parlamenten angelegte Friedensarbeit, die Schiedsgerichte und andere internationale Kontrollen zur Kriegsverhütung vorsah, so setzte Tolstoi völlig auf die persönliche Gewissensentscheidung des Einzelnen, als Kriegsdienstverweigerung. In ihr sah Bertha von Suttner ein ‚sinnloses Martyrium‘, das nichts an den politischen Rahmenbedingungen ändern würde. Außerdem ging ihr die Gesetzes- und Staatsfeindschaft Tolstois viel zu weit. Trotzdem schätzte sie in ‚Zeiten der Niedergeschlagenheit‘, wie ihre Biographin berichtet, die kompromißlose Haltung Tolstois. An ihren Mitstreiter Alfred Hermann Fried schrieb sie 1909: ‚Er [Tolstoi] ist eigentlich der Konsequenteste von allen Kriegshassern‘."[6]

---

[6] Edith HANKE: Prophet des Unmodernen. Leo N. Tolstoi als Kulturkritiker in der deutschen Diskussion der Jahrhundertwende. Tübingen 1993, S. 111-112. – Tolstoi wünschte eine allgemeine *öffentliche* Ächtung des soldatischen Mordhandwerks durch die *Religion* und ihm schwebte vor Augen eine breite – durchaus gemeinschaftliche – Verweigerung des Gehorsams gegenüber den staatlichen Tötungskomplexen (bisweilen erwartete er eine entsprechende Entwicklung im *öffentlichen* Raum mit zu großem Optimismus). Das *Gewissen des Einzel-*

BERTHA VON SUTTNERS
„RANDGLOSSEN ZUR ZEITGESCHICHTE"
Drei Beispiele für Bezugnahmen auf Leo N. Tolstoi

Oktober 1907.

„Odessa und seine Umgebung hat wieder den Schauplatz von Schreckenstaten der Revolution und Konterrevolution abgegeben. Neu Pogromdrohungen von seiten der Schwarzen Hundert; neue Marinemeutereien, neue Raubüberfälle auf Eisenbahnzüge. Die Herrschaft von Mord und Totschlag treibt noch immer in dem unglückseligen Landes ihr Unwesen. Vergebens ruft Tolstoi in seiner neuesten Broschüre nach oben und nach unten sein ‚Du sollst nicht töten' hinaus. Es wird anscheinend noch lange dauern, bis dieses seit 6000 Jahren unbeachtet verhallte Wort endlich Gehör findet. In die innere Gesetzgebung der Staaten und mit Bezug auf Einzeltaten von Privatpersonen hat es schon Eingang gefunden. Als Weltgesetz – und so war es von Moses bis zu Tolstoi gemeint – ist es allen Realpolitikern noch gänzlich unbekannt."[7]

November 1907.

„Weiteres aus Russland. Die Meutereien im Heere brechen stets von neuem aus. Zuerst in der Kaserne des Brestregiments in Sebastopol und nun in der Hafenstadt des russisch-sibirischen Küstengebiets, in dem während des ostasiatischen Krieges so oft genannten Wladiwostok. Das Mineurbataillon eröffnet Feuer auf die Schützenkaserne; mit Maschinengewehren wird gegen die

---

nen betrachtete er als den Entscheidungsort einer möglichen Umwälzung, doch vertrat er keinen „individualistischen" Pazifismus. Seine Skepsis gegenüber bürgerlich-optimistischen, staatstragenden ‚Friedensprogrammen' hätte Tolstoi wenige Jahre nach seinem Tod durch den Ersten Weltkrieg bestätigt gefunden.
[7] Bertha von SUTTNER: Randglossen zur Zeitgeschichte. In: Die Friedens-Warte IX. Jahrgang, Oktober 1907, S. 195.

Aufständischen vorgegangen. Ein im Kriegshafen liegender Tor-pedojäger schliesst sich der Meuterei an, hisst die rote Fahne und beschiesst die Stadt. Kanonenboote und Torpedozerstörer, unter Hissung der Kriegsfahne werden gegen das Meutererboot auf-geboten. Ob rote Fahne, ob Kriegsfahne, ist es nicht in beiden Fällen das Emblem des Zweckmordes? Durch die Reaktion wächst die Revolution, und durch die Revolution verstärkt sich die Reaktion. Ist aus diesem Ring kein Entkommen? Doch. Tolstoi hat diese Frage erst unlängst und eine Stimme vom Berge Sinai schon vor sechstausend Jahren beantwortet. Aber die Leute hören nicht."[8]

August 1908.

„Wie schrecklich und traurig die Uebergangszeit aus einem Sys-tem ins andere sich gestalten kann, das zeigt sich in Russland, wo es kein Ende der Hinrichtungen gibt, wo die Gefängnisse nicht mehr ausreichen, um alle ‚Schuldigen‘ und Verdächtigen einzuschliessen. Tolstois Protest dröhnt in die Welt hinaus. Wer seine Schriften in Russland verbreitet, wird in den Kerker gewor-fen, ihn selbst tastet man nicht an – man fürchtet sich vor dem Urteil der zivilisierten Welt, von der ja Tolstoi einer der zuhöchst geachteten Bürger ist. Nun tritt er aber hervor und sagt: Wenn es einen Schuldigen gibt, so bin ich es; mich muss die Strafe tref-fen; ich will gefangen genommen, ich will hingerichtet werden, wenn es wirklich ein Verbrechen ist, die christlichen Gebote zu verkünden und den Menschen – auch wenn sie Regierende, Dip-lomaten und Soldaten sind – zu sagen: ‚Ihr sollt nicht töten‘."[9]

---

[8] Bertha von SUTTNER: Randglossen zur Zeitgeschichte. In: Die Friedens-Warte IX. Jahrgang, November 1907, S. 214.

[9] Bertha von SUTTNER: Randglossen zur Zeitgeschichte. In: Die Friedens-Warte X. Jahrgang, August 1908, S. 153. – Vgl. im selben Jahrgang der *Friedens-Warte* auf S. 193 auch Suttners Text zum russischen Aufruf gegen die Todesstrafe anlässlich des 80. Geburtstags von Leo N. Tolstoi (dokumentiert in unserer Tolstoi-Frie-densbibliothek: TFb_B001, S. 154-155).

IV.
Besinnet Euch!
Ein Wort zum Russisch-Japanischen Krieg
(Odumajtes'!, 1904)

Leo N. Tolstoi

Übersetzt von Raphael Löwenfeld[1]

Das ist eure Stunde und
die Macht der Finsternis
Luk. XII 53

I.

„Eure Untugenden scheiden euch und euren Gott voneinander, und eure Sünden verbergen das Angesicht von euch, daß
ihr nicht gehöret werdet.

Denn eure Hände sind mit Blut befleckt und eure Finger mit
Untugend; eure Lippen reden Falsches, eure Zunge dichtet
Unrechtes.

Es ist niemand, der von Gerechtigkeit predige oder treulich
richte. Man vertrauet auf das Eitle und redet nichts Tüchtiges;
mit Unglück sind sie schwanger und gebären Mühe.

Sie brüten Basiliskeneier.

Ihr Werk ist Mühe, und in ihren Händen ist Frevel.

Ihre Füße laufen zum Bösen und sind schnell, unschuldiges
Blut zu vergießen; ihre Gedanken sind Mühe, ihr Weg ist eitel
Verderben und Schaden.

---

[1] Textquelle | Leo N. TOLSTOI: Besinnet Euch! (Tut Buße). Ein Wort zum Russisch-
Japanischen Krieg. Übersetzt von Raphael Löwenfeld. Jena: Eugen Diederichs
Verlag 1904. [100 Seiten]

Sie kennen den Weg des Friedens nicht, und ist kein Recht in ihren Gängen; sie sind verkehrt auf ihren Straßen; wer darauf gehet, der hat nimmer keinen Frieden.
Darum ist das Recht ferne von uns, und wir erlangen die Gerechtigkeit nicht. Wir harren auf das Licht, siehe, so wird es finster; auf den Schein, siehe, so wandeln wir im Dunkeln.
Wir tappen nach der Wand, wie die Blinden, und tappen, als die keine Augen haben. Wir stoßen uns im Mittage, als in der Dämmerung; wir sind im Düstern wie die Toten."
(Jes. 59, 2-10)

„Der Krieg ist höher geschätzt, als je. Ein großer Künstler auf diesem Gebiet, ein genialer Menschentöter, Moltke, hat eines Tages den Vertretern des Friedens die folgenden merkwürdigen Worte gesagt:
,Der Krieg ist ein Element der von Gott eingesetzten Weltordnung. Die edelsten Tugenden des Menschen entwickeln sich darin: Mut und Entsagung, Pflichttreue und Opferwilligkeit. Ohne den Krieg würde die Welt versumpfen und sich in Materialismus verlieren.'
Sich in Herden von 400.000 Mann vereinigen, Tag und Nacht ohne Ausruhen marschieren, nichts lesen, niemandem nützen, in Unsauberkeit versinken, im Schmutz schlafen, wie das Vieh leben, in beständiger Betäubung Städte plündern, Dörfer in Brand stecken, Völker zugrunde richten und dann einer anderen eben solchen Anhäufung von Menschenfleisch begegnen, sich auf sie stürzen, Ströme von Blut vergießen, die Felder mit Stücken von Menschenfleisch bedecken und den Boden zur Lagerstatt menschlicher Leichen machen, Arme und Beine verlieren, sein Gehirn verspritzen ohne den geringsten Nutzen für irgend jemanden, während Eltern, Gatten, Kinder daheim Hungers sterben – das also heißt die Menschen schützen vor dem krassen Materialismus."

Guy de Maupassant

———

„Wir beschränken uns darauf, zu erwähnen, daß die verschiedenen Staaten Europas eine Schuld von 130 Milliarden angesammelt haben, und daß von diesen 110 Milliarden seit einem Jahrhundert gemacht worden sind, und daß diese ganze ungeheure Schuld fast ausschließlich aus Ausgaben für den Krieg kommt; daß die europäischen Staaten in Friedenszeiten mehr als 4 Millionen Menschen bei der Waffe halten und diese Zahl in Kriegszeiten bis auf 10 Millionen bringen können, daß zwei Drittel ihrer Budgets verschlungen werden durch die Zinsen dieser Schuld und durch die Unterhaltung der Armee und der Marine."

G. de Molinari

———

Wieder Krieg. Wieder unnütze, grundlose Leiden, wieder Lüge, wieder eine allgemeine Betäubung, Vertierung der Menschen. Menschen, die Zehntausende von Meilen voneinander entfernt wohnen, Hunderttausende solcher Menschen, die Einen Buddhisten, deren Lehre nicht nur das Töten von Menschen, sondern auch von Tieren verbietet, die Anderen Christen, die die Lehre der Brüderlichkeit und der Liebe bekennen, suchen einander auf zu Land und zu Wasser, und wollen einander, wilden Tieren gleich, auf die grausamste Weise töten, zu Tode quälen, verstümmeln.

Was ist Das? Geschieht es im Traum oder im Wachen? Etwas, das nicht sein darf, nicht sein kann, geschieht; man möchte glauben, es sei ein Traum, – und möchte erwachen. Doch nein: es ist kein Traum; es ist entsetzliche Wirklichkeit. Man könnte noch begreifen, daß ein Japaner, der von seinem heimischen Boden losgerissen ist, arm, ungelehrt, betrogen, dem man beigebracht hat, daß der Buddhismus nicht in dem Mitleid mit allem Lebenden besteht, sondern in Opfern, die Idolen gebracht werden, oder ein armseliger Bauernknecht aus Tula, aus Nowgorod, der nicht lesen und schreiben kann, und dem man beigebracht hat, daß das Christentum in der Verehrung Christi und der Mutter Gottes, der Heiligen und der Heiligen-Bilder besteht, – man könnte begreifen, daß solche unglückliche Menschen, die durch Jahrhundert alte Gewalt und Betrug dazu gebracht sind, das furchtbarste Verbrechen in der Welt – den Mord von Brüdern – für eine herrliche Tat zu halten, so schreckliche Dinge vollbringen können, ohne sich schuldig zu fühlen. Wie aber können die sogenannten Gebildeten den Krieg predigen, ihn fördern, mitkämpfen oder noch schlimmer, ohne selbst sich den Gefahren des Krieges auszusetzen, zu ihm anstacheln, ihre unglücklichen, betrogenen Brüder auf das Schlachtfeld schicken? Ist es denn möglich, daß diese sogenannten Gebildeten, ganz abgesehen von der christlichen Lehre, wenn sie sich zu ihr bekennen, Alles vergessen, was über die Grausamkeit, Zwecklosigkeit, Sinnlosigkeit des Krieges geschrieben worden ist und geschrieben wird, gesprochen worden ist und gesprochen wird? Sie nennen sich ja darum eben Gebildete, weil sie all Das wissen. Die Meisten von ihnen haben selbst darüber geschrieben und gesprochen. Auch ohne die Haager Konferenz, die überall gepriesen wurde, ohne all die Bücher, Flugschriften, Zeitungsartikel und Reden, die uns lehren, daß Völkerzwist durch Schiedsgerichte geschlichtet werden kann, müssen die Gebildeten doch wissen, daß die Kriegsrüstungen, in denen die Staaten einander überbieten, unvermeidlich zu endlosen Kriegen oder zum allgemeinen Bankerott oder gar zu Beidem führen müssen; sie müssen wissen, daß Kriege neben dem unvernünftigen, zwecklosen Verlust von Milliarden, also von Unsummen menschlicher Arbeit, zur Vorbereitung der Kriege, selbst den Tod von Millionen der tüchtigsten, kräftigsten Menschen in der für die produktive Arbeit besten Zeit ihres Lebens herbeiführen. Die Kriege des vorigen Jahrhunderts haben vierzehn Millionen Menschen gekostet. Müssen gebildete Menschen nicht wissen, daß alle Kriege Ursachen haben, um die es nicht lohnt, auch nur ein Menschenleben zu opfern, auch nicht ein Hundertstel der Mittel, die der Krieg verschlingt? Für die Befreiung der Neger sind zehnmal mehr Opfer gebracht worden, als der Loskauf aller Neger des Südens gekostet hätte.

Eins weiß doch jeder, muß jeder wissen: daß die Kriege, die in den Menschen die niedrigsten bestialischen Leidenschaften wecken, die Menschen sittlich verderben und zum Tier erniedern. Jeder kennt die Schwäche der Beweise, die man zur Verteidigung des Krieges anführt, etwa solcher, wie sie De Maistre, Moltke und andere angeführt haben; sie beruhen sämtlich auf dem Sophisma, daß man jedem menschlichen Leiden eine gute Seite abgewinnen kann, oder auf der völlig willkürlichen Behauptung, daß es immer Kriege gegeben hat, immer Kriege geben wird. Als ob schlechte Handlungen der Menschen durch die Vorteile, die sie bringen, oder durch die Länge ihrer Lebensdauer gerechtfertigt würden! Das Alles wissen unsere Gebildeten. Plötzlich aber beginnt ein Krieg: und flugs ist alles vergessen. Die selben Menschen, die gestern die Grausamkeit, Zwecklosigkeit, Sinnlosigkeit der Kriege klar erkannt haben, denken, sprechen und schreiben jetzt nur über die Frage, wie man möglichst viele Menschen töten, möglichst viele Erzeugnisse menschlicher Arbeit zerstören und vernichten, die Flamme des Hasses zu hellster Glut schüren könne. Friedliche, harmlose, arbeitsame Menschen, die mit ihrer Hände Arbeit die vermeintlich Gebildeten nähren, kleiden, unterhalten, werden nun von ihnen gezwungen, schreckliche, dem Gewissen, dem Glauben und dem Seelenheil widerstrebende Taten zu tun.

———

II.

„Und Micromégas sagte: ,O ihr vernunftbegabten Atome, in denen das ewige Wesen sein Können und seine Macht geoffenbaret hat, ihr genießt gewiß die reinsten Freuden auf eurem Erdball, denn da ihr so wenig von der Materie und so reichlich vom Geiste habt, müsset ihr euer Leben im Lieben und im Denken hinbringen, denn darin besteht das wahre

Leben der geistigen Wesen. Nirgends habe ich wahres Glück gesehen, aber hier ist es sicherlich.'

Auf diese Rede schüttelten alle Philosophen den Kopf, und einer von ihnen, der immer am freiesten sprach, sagte, mit Ausnahme einer geringen Zahl geringgeachteter Bewohner bestehe der ganze Rest der Bevölkerung aus Dummköpfen, Schurken und Unglücklichen.

,Wir haben mehr von der Leiblichkeit' – sagte er – ,als nötig, wenn das Übel von der Leiblichkeit kommt, und allzuviel vom geistigen Wesen, wenn das Übel vom Geiste kommt. So töten z. B. in diesem Augenblick Tausende von Dummköpfen in Mützen Tausende anderer Lebewesen in Turbanen oder werden von ihnen getötet, und so geht es aus dem ganzen Erdball seit undenklichen Zeiten.'

,Um was streiten denn diese winzigen Lebewesen?'

,'Um ein winziges Klümpchen Schmutz, so groß wie eure Faust', antwortete der Philosoph, ,und keiner von den Millionen Menschen, die einander morden, legt den geringsten Wert auf dieses Klümpchen Schmutz. Es handelt sich nur darum, ob dieses Klümpchen dem gehören soll, den man Sultan nennt, oder dem, den man Zar nennt. Und dabei hat weder der eine, noch der andere je dieses Klümpchen Erde gesehen, und von den Lebewesen, die sich gegenseitig hinmorden, hat niemand je das andere Lebewesen gesehen, um dessentwillen sie sich morden.'

,Die Unglückseligen!' rief der Syrier, ,kann man sich eine so sinnlose Wut vorstellen? Ich hätte Lust, drei Schritte zu tun, um den ganzen Ameisenhausen dieser lächerlichen Mörder zu zertreten.'

,Gebt euch nicht die Mühe', ward ihm zur Antwort, ,sie arbeiten selbst an ihrer Zerstörung. Übrigens nicht sie sollte man strafen, sondern die Barbaren, die in ihren Palästen sitzen und zum Totschlag der Menschen zwingen und anbefehlen, feierlich Gott dafür zu danken'."

Voltaire (Gespräch zwischen einem Siriusbewohner und einem Erdenbewohner)

––––––

„Die Sinnlosigkeit der modernen Kriege heißt dynastisches Interesse, Nationalität, europäisches Gleichgewicht, Ehre. Dieses letzte Motiv ist vielleicht das sonderbarste, denn es gibt nicht ein Volk in der Welt, das sich nicht befleckt hätte mit allen Verbrechen und allen schmachvollen Handlungen, es gibt nicht eines, das nicht alle menschliche Erniedrigung erfahren hätte. Gibt es aber wirklich noch eine Ehre unter den Völkern, was für eine sonderbare Art ist es, sie durch den Krieg aufrecht zu erhalten, d. h. durch all die Verbrechen, durch die der einzelne seine Ehre befleckt: Brandstiftung, Raub, Totschlag."

Anatole France

––––––

„Der wilde Trieb kriegerischen Mordens ist im Verlaufe von Jahrtausenden so sorgsam gepflegt und gehegt worden, daß er tiefe Wurzeln in den Gehirnen der Menschen gefaßt hat. Man muß hoffen, daß eine Menschheit, besser als die unsere, sich dereinst wird befreien können von diesen entsetzlichen Verbrechen.
Wie aber wird diese bessere Menschheit denken von dieser sogenannten hochentwickelten Zivilisation, auf die wir so stolz sind?
Ebenso etwa, wie wir über die Bewohner des alten Mexikos denken und über ihren Kannibalismus, der zugleich kriegerisch, fromm und bestialisch ist."

Ch. Letourneau

––––––

„Bisweilen überfällt ein Machthaber den anderen aus Furcht, er könne ihn überfallen. Bisweilen beginnt ein Krieg, weil der Feind zu mächtig ist, ein andermal wieder, weil er zu schwach ist. Bisweilen wollen unsere Nachbarn, was uns gehört, oder sie besitzen, was uns fehlt. Dann beginnt ein Krieg und währt, bis sie erobert haben, was sie brauchen, oder uns abgetreten haben, was wir brauchen."

Jonathan Swift

———

Etwas Unbegreifliches geschieht. Etwas, das in seiner Grausamkeit, Verlogenheit und Torheit unmöglich erscheint. Der Zar von Rußland, der selbe Mann, der alle Völker zum Frieden aufrief, verkündet der Welt: nachdem er vergeblich alle Anstrengungen gemacht habe, um den Frieden zu erhalten, der seinem Herzen teuer sei (Anstrengungen, die darin bestanden, daß fremde Länder geraubt und zum Schutz dieser geraubten Länder Armeen gebildet wurden), befehle er, mit den Japanern, weil sie uns überfallen haben, so zu verfahren, wie die Japaner zuerst mit den Russen verfuhren. Das heißt: sie zu töten. Und bei diesem Aufruf gedenkt er Gottes und fleht den Segen des Himmels auf das entsetzlichste Verbrechen herab, das es gibt. Und das selbe verkündet der Kaiser von Japan wider die Russen. Gelehrte Juristen, die Herren Murawjew und Martens, suchen scharfsinnig zu beweisen, daß zwischen dem Aufruf zum Weltfrieden und der Anstiftung eines Krieges, der fremde Länder erobern soll, ein Widerspruch nicht zu finden ist. Und die Diplomaten drucken und versenden in der Kultursprache Frankreichs Rundschreiben, in denen haarscharf nachgewiesen wird, daß die russische Regierung, nachdem sie alle Versuche gemacht hat, die friedlichen Beziehungen aufrecht zu erhalten (in Wirklichkeit waren es Versuche, die anderen Staaten zu betrügen), sich genötigt sieht, das einzige Mittel einer vernünftigen Lösung des Problems zu ergreifen: den Menschenmord. Dasselbe schreiben, drucken, versenden die japanischen Diplomaten. Gelehrte, Historiker, Philosophen, vergleichen die Gegenwart mit der Vergangenheit, ziehen aus der Parallele die tiefsinnigsten Schlüsse, und sprechen lang und breit von den Gesetzen der Völkerentwickelung, von dem Verhältnis der gelben zur weißen Rasse, des Buddhismus zum Christentum, und rechtfertigen mit solchen Schlüssen und Betrachtungen den Totschlag, den die Christen an den Menschen gelber Rasse verüben. Und auf dieselbe Weise rechtfertigen die Gelehrten und Philosophen Japans die Ermordung der Menschen weißer Rasse. Die Zeitungschreiber verbergen ihre Freude nicht; sie suchen einander zu übertrumpfen und schrecken vor der frechsten, greifbarsten Lüge nicht zurück. Sie finden auf hundert Wegen den Beweis, daß gerecht, mächtig und gut in jedem Sinne nur die Russen sind, ungerecht, schwach und schlecht in jedem Sinn alle Japaner; und ebenso schlecht alle Menschen, die den Russen feindlich gesinnt sein könnten oder sind: die Engländer, die Amerikaner. Das Gleiche sagen wiederum die Japaner von den Russen und deren Freunden.

Ich spreche schon gar nicht von den Soldaten, die ihr Beruf zum Mord vorbereitet. Aber Scharen angeblich Gebildeter, die niemand und nichts dazu zwingt oder anspornt, Professoren, Studenten, Adlige, Kaufleute geben dem Gefühl glühendsten Hasses und höhnischer Verachtung gegen die Japaner, Engländer, Amerikaner Ausdruck, denen sie gestern noch wohlwollend oder doch ruhig gegenüberstanden, und huldigen ohne jede Nötigung, mit niedrigstem Sklavensinn, dem Zaren, der den meisten von ihnen sonst gleichgültig war und den sie jetzt ihrer grenzenlosen Liebe versichern und ihrer Bereitwilligkeit, das Leben für ihn zu opfern.

Und der unglückliche, irregeführte junge Mann, der als Leiter eines Volkes von hundertunddreißig Millionen Menschen anerkannt wird, der beständig betrogen wird und immer in die Notwendigkeit versetzt ist, sich selbst zu widersprechen, dieser Arme glaubt ihnen, dankt ihnen und segnet das Heer, das er sein Heer nennt, ehe es auszieht, um zu töten und Länder zu verteidigen, die er mit noch geringerem Recht als sein bezeichnet. Sie alle bringen einander scheußliche Heiligenbilder dar, an die unter den gebildeten Menschen nicht einer glaubt, die sogar schon von den ungebildeten Bauern aufgegeben werden, und alle bücken sich tief vor diesen Heiligenbildern, küssen sie und sprechen hochtrabende Lügenworte, bei denen kein Mensch sich mehr etwas denkt.

Die Reichen opfern geringfügige Bruchteile ihres ungerecht erworbenen Gutes für das Heer der Totschläger oder für die Hilfs-Organisationen für dieses Heer. Und das arme Volk, dem die Regierung jährlich zwei Milliarden auspreßt, wähnt, ebenso tun zu müssen, und bringt der Regierung ihre Groschen dar. Die Herrschenden rufen den müßigen Janhagel herbei, und die betrogenen Müßiggänger ziehen mit dem Bildnis des Zaren durch die Straßen, singen, schreien, würgen und begehen unter dem Deckmantel des Patriotismus Ruchlosigkeiten jeder Art. Und über das ganze weite Russland, vom Schloß bis hinunter zu dem winzigsten Dörfchen, rufen die Hirten der Kirche, die sich selbst eine christliche nennt, den Gott an, der gelehrt hat: Liebet Eure Feinde, bitten den Gott, der die Liebe ist, flehentlich um seine Hilfe zum Werke des Satans, zum Menschenmord.

Und dieses Kanonenfutter, dem durch Gebete, Predigten, Aufrufe, Bilder, Zeitungen die Sinne umnebelt sind, diese Hunderttausende gleich gekleideter, mit den mannigfachsten Mordinstrumenten ausgerüsteter Menschen, verlassen ihre Eltern, Weiber, Kinder mit Bangigkeit im Herzen, aber mit geblähtem Mut, und ziehen dahin, wo sie selbst ihr Leben aufs Spiel setzen und die schrecklichste Tat begehen sollen, Menschen töten, die sie nicht kennen und die ihnen nichts zu Leide getan haben. Und hinter ihnen her ziehen Ärzte und fromme Schwestern, die – man begreift nicht, warum – meinen, sie könnten daheim den schlichten, friedlichen, leidenden Menschen nicht dienen, sondern nur denen, die sich mit dem Totschlag des Nächsten beschäftigen. Und die daheim zurückgeblieben sind, freuen sich über die Berichte vom Mordschauplatz; und wenn sie hören, daß viele Japaner getötet sind, so danken sie dafür einem Wesen, das sie Gott nennen.

Und all Das wird als eine Offenbarung erhabener Gefühle angesehen! noch mehr: wer sich nicht von solchen Gefühlen erfüllt zeigt, sich vielmehr bemüht, die Menschen zur Besinnung zu rufen, wird ein Verräter genannt, und läuft Gefahr, beschimpft und geschlagen zu werden von der vertierten Masse, die zur Verteidigung ihrer Sinnlosigkeit und Grausamkeit kein anderes Werkzeug besitzt, als die rohe Gewalt.

———

III.

„Der Krieg bildet die Menschen um. Sie hören auf, Bürger zu sein und werden Soldaten, ihre Sitten lösen sie von der Gesellschaft los, ihr Hauptgefühl ist die Ergebenheit gegen die Führer. In den Lagern gewöhnen sie sich an Despotismus, sie gewöhnen sich, ihre Ziele durch Gewalt zu erreichen und mit dem Recht und dem Glück des Nebenmenschen zu spielen. Ihr Hauptgenuß sind wilde Abenteuer, Gefahren. Friedliche Arbeit ist ihnen zuwider.

Der Krieg ruft selbst wieder den Krieg hervor und setzt ihn fort ins Unendliche. Das siegreiche Volk strebt im Rausche der Lorbeeren nach neuen Siegen, das besiegte drängt, durch die Niederlage gereizt, auf die Wiederherstellung seiner Ehre und seines Verlustes.

Die Völker, die gegeneinander aufgereizt sind durch gegenseitige Kränkungen, wünschen einander die Erniedrigung, die Vernichtung. Sie freuen sich, wenn Krankheit, Hunger, Not, Niederlagen über das feindliche Land kommen.

Der Mord von Tausenden von Menschen ruft in ihnen statt Mitleidens Jubel hervor: die Bewohner der Städte illuminieren, und das ganze Land feiert ein Fest. So verroht das Herz des Menschen, erwachen seine schlimmsten Leidenschaften. Der Mensch sagt sich los von den Gefühlen der Sympathie und Humanität."

Channing

———

69

„Das Alter der Dienstpflicht kommt heran, und jeder Jüngling hat sich ungerechtfertigten Befehlen eines schlechten oder unwissenden Menschen zu unterwerfen. Er muß glauben, das edelste und höchste sei, den eigenen Willen aufzugeben, das Werkzeug eines anderen Willens zu werden, zu töten und getötet zu werden, Hunger, Durst, Regen und Kälte zu leiden, verstümmelt zu werden, ohne zu wissen, wofür und ohne eine andere Entschädigung, als ein Glas Branntwein am Tage der Schlacht und das Versprechen einer unfaßbaren Fiktion, der Unsterblichkeit nach dem Tode, und des Ruhms, den ihm ein Zeitungsschreiber mit seiner Feder verleiht oder nimmt, der hübsch daheim in seinem warmen Zimmer sitzt.

Ein Schuß! Er stürzt verwundet zu Boden. Die Kameraden geben ihm den Rest, sie treten ihn mit den Füßen nieder, und noch halb am Leben, wird er eingescharrt, da kann er seine Unsterblichkeit genießen. Die Kameraden, die Verwandten vergessen ihn; der, dem er sein Glück, sein Leid, sein Leben geopfert hat, hat ihn nie gekannt. Endlich nach Jahren findet jemand seine verblichenen Knochen und macht Farben und englisches Wachs daraus, um die Stiefel seines Generals zu putzen."

Alphonse Karr

———

„Man nimmt einen Menschen in seiner Vollkraft, in der Blüte der Jugend, gibt ihm eine Waffe in die Hand, einen Tornister auf den Rücken, schmückt seinen Kopf mit einer Kokarde und sagt ihm: Mein Freund, der Fürst dieses oder jenes Landes hat schlecht gegen mich gehandelt, darum mußt du über all' seine Untertanen herfallen; ich habe ihm angekündigt, daß du an dem und dem Tage an ihrer Grenze erscheinen wirst, um sie tot zu schlagen …

Du denkst vielleicht, denn du bist unerfahren, unsere Feinde sind – Menschen. Nein, sie sind keine Menschen, sie sind

Preußen, Franzosen (Japaner); du wirst sie von dem Geschlecht der Menschen unterscheiden durch ihre Uniform. Gib dir Mühe, deine Pflicht aufs beste zu erfüllen, ich, der ich zuhause bleibe, werde dich beobachten; siegst du, so werde ich, wenn ihr wiederkehrt, zu euch herantreten in meiner Uniform und werde sagen: Soldaten, ich bin mit euch zufrieden. Bleibst du aber auf dem Schlachtfelde, dann werde ich höchstwahrscheinlich deiner Familie eine Nachricht über deinen Tod schicken, damit sie dich beweinen und beerben können. Verlierst du eine Hand oder ein Bein, so bezahle ich dir, was sie kosten … Bleibst du aber am Leben und bist nicht mehr fähig, einen Tornister zu tragen, so gebe ich dir deine Entlassung und du kannst hingehen, verrecken, wo es dir beliebt; das kümmert mich nicht."

Claude Tillier

———

„Und ich begreife die Disziplin, daß nämlich der Korporal immer Recht hat, wenn er mit dem gemeinen Soldaten spricht, der Sergeant, wenn er mit dem Korporal spricht, der Unteroffizier, wenn er mit dem Sergeanten spricht und so weiter bis zum Feldmarschall, und sollten sie auch sagen: zweimal zwei ist — fünf! Anfangs begreift man das schwer, aber das Verständnis wird dadurch erleichtert, daß in jeder Kaserne eine Tafel hängt, die man von Zeit zu Zeit liest, um seine Gedanken zu klären. Auf dieser Tafel ist all das notiert, was ein Soldat Lust haben könnte zu tun, z. B. in sein Heimatsdorf zurückzugehen, die Erfüllung der Dienstpflichten gegen seine Vorgesetzten, die Behörden verletzen und dergleichen mehr, und für alle diese Dinge sind Strafen bestimmt: die Todesstrafe oder fünf Jahre Zwangsarbeit."

Erckmann-Chatrian

———

„Ich habe mir einen Neger gekauft, er ist mein Eigentum. Er arbeitet wie ein Pferd, ich füttere ihn schlecht, kleide ihn schlecht und schlage ihn, wenn er mir nicht gehorcht. Ist darin etwas Verwunderliches? Gehen wir besser um mit unseren Soldaten? Haben sie nicht ebenso ihre Freiheit eingebüßt wie der Neger? Der Unterschied ist nur, daß der Soldat weitaus billiger ist. Ein guter Neger kostet jetzt mindestens 500 Taler, ein guter Soldat kaum 50. Weder der eine noch der andere darf den Ort verlassen, an dem man ihn festhält. Der eine wie der andere wird geschlagen um den kleinsten Irrtum, die Entlohnung ist beinahe die gleiche, aber der Neger hat vor dem Soldaten das voraus, daß er sein Leben nicht der Gefahr aussetzt, und daß er es mit seiner Negerfrau und seinen Kindern verbringt." (Questions sull' Encyclopédie par des amateurs IV. 1775, Articles l'Esclavage.)

Zitiert bei Jean Grave

———

Es ist, als hätte es nie einen Voltaire, Montaigne, Pascal, Swift, Kant, Spinoza, nie die hundert anderen Schriftsteller gegeben, die mit außerordentlicher Kraft die Sinnlosigkeit, die Zwecklosigkeit des Kriegs, seine Grausamkeit, seine Unsittlichkeit, seine Wildheit geschildert haben! Als hätte es nie einen Christus gegeben und seine Lehre von der Brüderlichkeit der Menschen, der Liebe zu Gott und den Menschen.

Wer nachdenklich um sich sieht und betrachtet, was jetzt geschieht, wird von einem Entsetzen gepackt; nicht vor den Schrecken des Krieges, sondern vor dem, was schrecklicher als alle Schrecken ist: vor dem Bewußtsein der Machtlosigkeit menschlicher Vernunft. Was den Menschen einzig und allein vom Tier unterscheidet, was ihm die Würde verleiht, seine Vernunft, erweist sich als eine überflüssige und unnütze, nein, geradezu schädliche Zugabe, die jede Tätigkeit erschwert, wie die Zügel eines Pferdes, die von seinem Kopf herabgeglitten sind und sich um seine Füße geschlungen haben, und das Tier nur erregen.

Man versteht, daß der heidnische Grieche und Römer, ja, der Christ des Mittelalters, der das Evangelium nicht kannte und blind an alle Vorschriften der Kirche glaubte, Krieg führen konnte und auf seinen .Kriegerberuf stolz war. Wie aber kann der gläubige Christ, wie auch nur der ungläubige, der doch von den christlichen Idealen der Brüderlichkeit und Liebe aus den Werken der Philosophen, Moralisten, Künstler vernommen hat, wie kann ein solcher Mensch ein Gewehr tragen oder an die Kanone herantreten und auf eine Schar seiner Mitmenschen zielen, um möglichst viele von ihnen zu töten?

Die Assyrer, die Griechen, die Römer konnten, wenn sie in den Krieg zogen, überzeugt sein, daß sie nicht nur in Übereinstimmung mit ihrem Gewissen handelten, sondern sogar ein gutes Werk taten. Anders aber steht es um uns Christen, ob wir wollen oder nicht. Unser Christentum mag noch so verstümmelt sein: der Geist des Christentums hat uns doch auf die höhere Stufe der Vernunft gehoben, auf der wir mit unserem ganzen Sein nicht nur die Sinnlosigkeit, die Grausamkeit des Krieges empfinden, sondern den vollkommenen Widerspruch zu allem, was uns als gut und sittlich bindet. Und darum können wir nicht dasselbe tun, wie Assyrer, Griechen und Römer, nicht mit derselben Zuversicht, Bestimmtheit und Ruhe; wir haben vielmehr das Bewußtsein unserer verbrecherischen Tat und das Gefühl des verzweifelnden Mörders, der sein Opfer zu peinigen beginnt und, weil er im tiefsten Herzen das Verbrecherische seiner Tat fühlt, sich zu betäuben, zu erregen versucht, damit er imstande sei, das entsetzliche Werk zu vollenden.

All diese unnatürliche, fieberhafte, hitzige, sinnlose Erregung, die jetzt die mäßigen oberen Schichten der russischen Gesellschaft erfaßt hat, ist nur ein Symptom des Verbrecherbewußtseins. All diese frechen, verlogenen Reden von der Hingebung an den Monarchen, von der Verehrung des Fürsten, von der Bereitwilligkeit, das Leben für ihn zu opfern (man müßte sagen: das fremde, nicht das eigene Leben), all diese Verheißungen, diese sinnlosen Segenssprüche vor den abscheulichen Heiligenbildern, all diese Gebete, alle diese Betten und Binden, diese Barmherzigen Schwestern, diese Opfer für die Flotte und das Rote Kreuz, die der Regierung dargebracht werden, all das sklavische, hochtrabende, inhaltlose, lästerliche Gerede, von dem die Zeitungen aus allen Städten, wie über eine wichtige Neuigkeit, berichten, all diese Umzüge, Volkshymnen, Hurrarufe, diese grausigen Zeitungslügen, die keiner entlarvte, weil alle mitlügen, die Betäubung und Vertierung, die wir schaudernd in der russischen Gesellschaft erblicken, und die allmählich sich den Massen mitteilt: jedes und alles ist nur ein Zeichen dafür, daß der verbrecherischere Charakter des begonnenen entsetzlichen Werkes mehr und mehr ins Bewußtsein tritt.

Das unmittelbare Gefühl sagt dem Menschen, das, was sie tun, dürfte nicht geschehen. Doch wie der Mörder, der sein Opfer zu schlachten begonnen hat, nicht einhalten kann, so erscheint auch den Russen heute als ein unwiderleglicher Beweis für die Notwendigkeit des Krieges die Tatsache, daß er begonnen hat. Weil er begann, muß er zu Ende geführt werden. So stellt sich die Sache den einfachsten, verirrten, ungebildeten Menschen dar, die von kleinen Leidenschaften betäubt sind und blind handeln; und eben so urteilen die Gelehrtesten unserer Zeit. Sie beweisen, daß der Mensch keinen freien Willen hat und daß er deshalb, wenn er auch begreift, daß ein begonnenes Werk schlecht ist, es nicht aufgeben kann. Und die vom Wahn betörten, vertierten Menschen setzen ihr Schreckenswerk fort.

IV.

„Es ist erstaunlich zu beobachten, in welchem Grade sich, dank der Diplomatie und der Presse, das unbedeutendste Mißverständnis in einen heiligen Krieg umwandeln kann. Als England und Frankreich im Jahre 1856 Rußland den Krieg erklärten, geschah das aus so geringfügiger Veranlassung, daß man lange in den diplomatischen Archiven suchen muß, wenn man seine Ursache entdecken will. Und die Folgen dieses nichtigen Zwists war der Tod von 500.000 braven Menschen und der Verlust von 5-6 Milliarden.

Im Grunde hatte der Krieg freilich seine Ursachen. Aber die durfte man nicht eingestehen. Napoleon III. wollte durch das Bündnis mit England und durch einen glücklichen Krieg seine Dynastie befestigen und seine Herrschaft, die er durch ein Verbrechen begründet hatte; die Russen hofften, Konstantinopel zu erobern, die Engländer strebten danach, die Übermacht ihres Handels zu begründen und dem russischen Einfluß im Orient entgegenzutreten. Unter dem einen oder dem anderen Vorwand, es bleibt immer der gleiche Geist der Eroberungssucht oder der Gewalt."

Charles Richet

———

„Kann es etwas Törichteres geben, als daß ein Mensch ein Recht hat, mich totzuschlagen, weil er am anderen Ufer des Flusses wohnt, und weil sein Herrscher im Streit ist mit dem meinigen, während wir beide nie einen Streit miteinander gehabt haben?"

Pascal

———

„Die Bewohner unseres Planeten leben noch in einem solchen Zustand der Dummheit, der Vernunftlosigkeit, der Stumpfheit, daß wir tagtäglich in der Presse der zivilisiertesten Länder Betrachtungen finden über diplomatische Verhandlungen zwischen Staatsoberhäuptern, deren Zweck Bündnisse gegen einen vermeintlichen Feind sind, Kriegsrüstungen, bei denen die Völker ihren Leitern erlauben, über sie zu verfügen, als wären sie Vieh, das man zur Schlachtbank führt, ohne daß ihnen auch nur der Gedanke kommt, daß das Leben jedes Menschen sein persönliches Eigentum ist.

Die Bewohner dieses sonderbaren Planeten sind alle erzogen in der Überzeugung, daß es Nationen, Grenzen, Feldzeichen gibt; sie alle haben ein so schwaches Empfinden der Menschheit, daß dieses Gefühl vor dem Begriff des Vaterlands vollkommen verschwindet …

Gewiß, wenn die denkenden Menschen sich verständigen wollten, würde dieser Zustand sich verändern, denn persönlich wünscht niemand den Krieg … die Politik aber schafft Verhältnisse und Verkettungen, die Millionen Parasiten die Existenz ermöglichen."

Flammarion

―――――

„Betrachtet man, nicht oberflächlich, sondern mit aller Gründlichkeit die verschiedenen Berufe, in denen sich die Tätigkeit der Menschen entfaltet, so wird man die betrübende Beobachtung nicht abweisen können: wieviel Menschenleben geopfert werden, um das Reich des Bösen auf Erden zu verlängern, und in welchem Grade dieses Böse vor allem durch die Einrichtung der stehenden Heere gefördert wird.

Unser Erstaunen und unsere Betrübnis wachsen noch bei dem Gedanken, daß all dies nicht nötig ist, und daß das Übel, das von der ungeheuren Mehrzahl der Menschen so ruhig hingenommen wird, nur von ihrer Dummheit kommt, nur daher, daß sie von einer verhältnismäßig kleinen Zahl von verderbten Menschen sich ausbeuten lassen."

Patrice Larroque

―――――

Fraget doch einmal den gemeinen Soldaten, den Gefreiten, den Unteroffizier, der die alten Eltern, die Frau, die Kinder verlassen hat, warum er sich rüstet, um Menschen zu erschlagen, die er nicht kennt. Er wird zunächst über Eure Frage staunen. Er hat ja geschworen und muß dem Befehl der Vorgesetzten gehorchen. Wenn Ihr ihm aber saget, der Krieg, der Totschlag von Menschen lasse sich nicht vereinigen mit dem Gebot: Du sollst nicht töten, – so wird er antworten: [„]Da man uns aber überfallen hat? Für den Zaren! Für unseren rechten Glauben!" Einer hat mir einmal auf meine Frage geantwortet: „Wenn man aber unser Heiligtum überfällt?" Welches Heiligtum? „Die Fahne." Wenn Ihr Euch nun bemüht, diesem Soldaten zu erklären, daß das Gebot Gottes wichtiger ist – nicht nur als das Feldzeichen, sondern – als Alles in der Welt, so wird er verstummen oder ärgerlich werden und es dem Vorgesetzten hinterbringen.

Fragt den General, warum er in den Krieg zieht. Er wird antworten, er sei ein Krieger und die Krieger seien zur Verteidigung des Vaterlandes notwendig. Daß der Totschlag sich nicht mit dem Christengebot vereinen läßt, das stört ihn nicht; denn entweder glaubt er nicht an das Gesetz Christi, oder wenn er dran glaubt, dann ist es nicht das Gesetz selbst, sondern die Auslegung, die man ihm gegeben hat. Die Hauptsache aber ist, daß der General wie der gemeine Soldat an die Stelle der persönlichen Frage, was er tun solle, immer die allgemeine Frage des Staates, des Vaterlandes setzt. Wenn das Vaterland in Gefahr ist, muß man handeln und nicht überlegen, wird er Euch sagen.

Fragt die Diplomaten, warum sie durch ihre Lügen die Kriege vorbereiten. Sie werden antworten, das Ziel ihrer Tätigkeit sei die Erhaltung des Friedens; dieses Ziel werde nicht durch idealistische, nie zu verwirklichende Theorien erreicht, sondern durch Diplomatie und durch die Bereitschaft zum Krieg. Auch sie ersetzen die persönliche durch die allgemeine Frage und sprechen von den Interessen Russlands, von der Unzuverlässigkeit der anderen Staaten, von europäischem Gleichgewicht; doch ja kein Wort über ihr eigenes Leben und Treiben.

Fragt die Journalisten, warum sie mit ihren Schreibereien die Menschen zum Kriege aufreizen. Sie werden Euch sagen, die Kriege seien im Allgemeinen nötig und nützlich, und der jetzige

Krieg sei es ganz besonders. Diese Meinung werden sie auf unklare patriotische Phrasen stützen. Wie die Soldaten und Diplomaten, wird auch der Journalist auf die Frage, warum er, eine ganz bestimmte Persönlichkeit, ein lebender Mensch, handle wie er handelt, mit einer Rederei antworten, die von den allgemeinen Interessen der Nation, vom Staat, von der Zivilisation, von der weißen Rasse spricht.

Ebenso erklären Alle, die an der Vorbereitung der Kriege mitarbeiten, ihren Anteil am Wert des Krieges. Alle stimmen freilich darin überein, daß es wünschenswert wäre, den Krieg aus der Welt zu schaffen. Das sei aber jetzt nicht möglich. Jetzt sind sie, als Russen und Menschen, die ganz bestimmte Stellungen – eines Adelsmarschalls, eines Arztes, eines Mitgliedes des Roten Kreuzes einnehmen, berufen, zu handeln und nicht zu überlegen. Jetzt ist nicht Zeit, zu überlegen und an sich zu denken, sagen sie, denn jetzt handelt sich's um ein großes Werk im Dienst der Allgemeinheit.

Und genau dasselbe sagt der Zar, der der Anstifter des Ganzen zu sein scheint. Auch er staunt, wie der gemeine Soldat, über die Frage, ob der Krieg jetzt nötig sei. Er wehrt mit aller Gewalt den Gedanken ab, es könnte möglich sein, dem Kriege jetzt ein Ende zu machen. Er sagt, er müsse ausführen, was die ganze Nation von ihm fordert, müsse, obwohl er den Krieg als ein großes Übel betrachtet, zu dessen Bekämpfung er stets alle Mittel angewandt hat und auch in Zukunft anzuwenden bereit ist, in dem gegebenen Fall, nachdem er ihn einmal erklärt hat, ihn auch fortführen. Das ist notwendig für das Glück und die Größe Rußlands.

All diese .Menschen, diese Bekenner des christlichen Friedensgesetzes, antworten auf die Frage, warum jeder von ihnen, der Iwan, der Peter, der Nikolaus, sich das Recht nimmt, am Krieg, also an Gewalt, Raub und Totschlag mitzuwirken, – Alle antworten einmütig mit der Berufung auf das Vaterland, den Glauben, den geleisteten Eid. Alle reden von Ehre, von Zivilisation, vom künftigen Glück der ganzen Menschheit. Und Alle sind obendrein mit den Vorbereitungen zum Krieg, mit Verordnungen oder Betrachtungen der Kriegslage von früh bis spät so beschäftigt, daß sie in der freien Zeit nur von ihrer Arbeit ausruhen können und keine Zeit haben, Betrachtungen über ihr Leben anzustellen, die sie für müßig halten.

––––––

V.

„Der Gedanke steht entsetzt still vor der unvermeidlichen Katastrophe, die uns am Ende des Jahrhunderts bevorsteht, und wir müssen uns auf sie vorbereiten. Zwanzig Jahre hindurch (jetzt sind es schon mehr als vierzig) sind alle Kräfte menschlichen Könnens darauf gerichtet, Werkzeuge der Zerstörung zu erfinden und in nicht ferner Zeit werden einige Kanonenschüsse genügen, ein ganzes Heer zu vernichten; unter der Waffe stehen jetzt nicht, wie früher, Tausende armer Söldner – die Völker, ganze Völker stehen bereit, einander zu erdrosseln. Um sie zu dem gegenseitigen Morden vorzubereiten, schürt man ihren Haß, indem man ihnen einredet, sie werden gehaßt, und gutmütige Menschen glauben das, und Scharen friedlicher Bürger, die den törichten Befehl bekommen haben, einander zu töten, Gott weiß, um welches lächerlichen Grenzstreites willen, oder um welcher Handels- und Kolonialinteressen willen, fallen über einander her mit der Grausamkeit wilder Bestien.
Und wie Hammel gehen sie zur Schlachtbank! Sie aber wissen doch, wohin sie gehen, sie wissen doch, daß sie ihre Frauen verlassen, daß ihre Kinder hungern werden. Und doch gehen sie hin; in solchem Grade sind sie berauscht durch volltönende, lügenhafte Worte, in solchem Grade betrogen, daß sie glauben, Schlachten sei ihre Pflicht, und Gott bitten, er möge ihr blutiges Werk segnen. Und sie gehen dahin und zertreten die Ernten, die sie ausgesät haben, stecken die Städte in Brand, die sie erbaut haben, singen dabei begeisterte Lieder

und jubeln laut und machen festliche Musik; und sie ziehen dahin ohne Widerspruch, geduldig und ergeben, sie, die doch die Menge sind und die Kraft, und die, wenn sie sich zu vereinigen verständen, den gesunden Menschenverstand und die Brüderlichkeit sehen könnten an die Stelle der todbringenden Künste der Diplomatie."

E. Rod

―――――

„Ein Augenzeuge erzählt, was er in dem gegenwärtigen russisch-japanischen Krieg aus dem Verdeck des ‚Warjag' gesehen hat. Es war ein entsetzliches Schauspiel. Überall Blut, Stücke Menschenfleisch, Rumpfe ohne Köpfe, abgerissene Arme und ein Geruch von dem Blute, der selbst denen Übelkeiten verursachte, die an ihn gewöhnt waren. Am meisten hatte der befestigte Turm gelitten. An seiner Spitze war eine Granate krepiert und hatte den jungen Offizier getötet, der das Geschützfeuer befehligte. Von dem Unglücklichen war nur die zusammengeballte Hand zurückgeblieben, in der er ein Instrument hielt; von den vier Mann, die zur Umgebung des Kommandierenden gehörten, waren zwei in kleine Stücke zerrissen, die anderen beiden schwer verwundet (es sind dieselben, von denen ich erzählt habe, man hatte ihnen beide Beine abgenommen und mußte sie ihnen nachher noch einmal abnehmen); der Kommandeur war mit einem Streifschuß an der Schläfe davongekommen.
Und das ist nicht alles. Neutrale Schiffe können die Verwundeten nicht auf ihren Schiffen aufnehmen, denn Brand und Fieber sind ansteckende Krankheiten.
Brand und einige Ansteckungen im Lazarett bilden mit dem Hunger, den Feuersbrünsten, der Zerstörung, den Krankheiten, Typhus und Pocken auch einen Bestandteil des Kriegsruhms – das ist der Krieg.
Und trotzdem hat Joseph de Maistre die Wohltaten des Kriegs gepriesen: ‚Wenn der menschliche Geist durch Verzär-

telung die Tatkraft einbüßt, den Glauben an sich selbst verliert und in Fäulnis und Lasterhastigkeit versinkt, den Folgen der Hyperkultur, kann er nur durch Blut wieder aufgerichtet werden.'

Herr Vogüé, Mitglied der Akademie, und Herr Brunètiere sagen fast das Gleiche.

Aber die armen Menschen, die das Kanonenfutter bilden, haben ein Recht, anders zu denken.

Leider haben sie nicht den Mut ihrer Überzeugung.

Daher kommt das ganze Übel. Sie sind von altersher gewohnt, sich töten zu lassen für Dinge, die sie nicht verstehen, und leben so fort, in dem Glauben, es stehe alles ganz vortrefflich.

Das ist der Grund, weshalb jetzt dort die Leichen liegen, die tief unten im Meere den Fischen zur Speise dienen.

Wohl gar noch in dem Augenblick, da die Kartätsche alles um sie her totschlug, waren sie geneigt, zu denken, es geschehe das alles nur zu ihrem Heile, um den Geist ihrer Zeitgenossen aufzurichten, der durch die Hyperkultur seine Tatkraft eingebüßt hat.

Die Unglückseligen haben wahrscheinlich Joseph de Maistre nicht gelesen. Ich rate den Verwundeten, ihn zwischen einem und dem anderen Verband zu lesen.

Dann werden sie wissen, daß der Krieg so notwendig ist, wie der Henker, weil er, wie dieser, eine Erscheinungsform der göttlichen Gerechtigkeit ist.

Und dieser große Gedanke wird ihnen ein Trost sein in dem Augenblick, wo das Messer des Wundarztes in ihren Wunden wühlt."

Hardouin

———

„In den ‚Russischen Nachrichten' las ich: Rußlands Vorteil besteht darin, daß es ein unerschöpfliches Menschenmaterial besitzt.

Für Kinder, denen man den Vater tötet, für Frauen, deren Gatten, für Mütter, deren Söhne man tötet, ist dieses Material schnell erschöpft."

Aus einem Privatbriefe einer russischen Mutter

„März 1904.

Ihr fraget: Ist der Krieg zwischen zivilisierten Völkern noch eine Notwendigkeit? Ich antworte: Er ist nicht nur jetzt nicht notwendig, er war niemals notwendig, niemals, niemals. Er hat zu allen Zeiten die geschichtliche Entwickelung der Menschheit gehemmt, das Recht verletzt, den Fortschritt aufgehalten.

Wenn auch manche Kriege nützliche Folgen für die allgemeine Zivilisation hatten, so hatten sie doch noch weit mehr schädliche Folgen. Wir täuschen uns darüber, weil nur ein Teil der schädlichen Folgen sofort in die Erscheinung tritt. Der größere Teil und zugleich der bedeutendere ist für uns nicht wahrnehmbar. Wir können darum das Wort ‚noch' nicht gelten lassen. Lassen wir das kleine Wörtchen ‚noch' gelten, so geben wir den Verteidigern des Kriegs das Recht zu behaupten, daß unsere Meinungsverschiedenheit nur in der Frage bestehe, ob der Krieg noch der Zeit entspricht, und das wäre eine Sache der persönlichen Beurteilung. Die Verschiedenheit unserer Anschauungen würde dann darin bestehen, daß wir den Krieg für unnütz halten, während er ihnen nützlich erscheint. Sie werden gern einer solchen Fragestellung zustimmen und sagen, der Krieg könne wirklich unnützlich, ja sogar schädlich werden, aber erst morgen, nicht heute. Heute halten sie für notwendig, diese schrecklichen Aderlässe über die Völker zu bringen, die man Krieg nennt, und die nur den einen Zweck haben, den persönlichen Ehrgeiz einer ganz geringfügigen Minderheit zu befriedigen.

Denn das war von jeher und ist auch jetzt die einzige Ursache der Kriege: einer kleinen Zahl von Menschen Macht, Ehre,

Reichtum zu verschaffen auf Kosten der Massen, deren natürliche Leichtgläubigkeit und deren Vorurteile, die von dieser Minderheit hervorgerufen und genährt sind, ein solches Verfahren ermöglichen."

Kapitän Gaston Moch

––––––

Die Menschen unserer christlichen Welt und unserer Zeit gleichen dem Manne, der den richtigen Weg verfehlt und je weiter er fährt, um so klarer und klarer darüber wird, daß er nicht dahin fährt, wohin er wollte. Und je mehr er an der Richtigkeit des Weges zweifelt, desto schneller und verzweifelter jagt er dahin und tröstet sich mit dem Gedanken, daß er doch irgend ein Ziel erreichen wird. Aber die Zeit kommt, wo ihm ganz klar wird, daß der Weg, den er eingeschlagen hat, nur an den Abgrund führt, den er schon vor seinen Augen sieht. In solcher Lage ist jetzt die christliche Menschheit unserer Zeit. Wenn wir fortfahren, so zu leben, wie wir jetzt leben, wenn wir im Leben der Individuen wie in dem der Staaten uns nur durch das Trachten nach Glück für uns und unseren Staat leiten lassen, wenn wir, wie jetzt, dieses Glück zu befestigen glauben durch Gewalt, so werden wir – das ist sicher – die Mittel der Gewalt, Mensch gegen Mensch und Staat gegen Staat, vergrößern und erstens uns mehr und mehr dadurch ruinieren, daß wir den größten Teil unserer Produktion auf die Rüstungen verwenden, und zweitens mehr und mehr entarten, sittlich verfallen und verderben, indem wir in den Kriegen die in physischer Beziehung wertvollsten Menschen töten.

Daß es so kommen muß, wenn wir unser Leben nicht ändern, ist so wahr, wie es mathematisch wahr ist, daß zwei nicht parallele Linien einander treffen müssen. Aber nicht nur theoretisch ist es wahr; in unserer Zeit erscheint es schon nicht dem Verstand allein, sondern auch dem Gefühle wahr. Der Abgrund, auf den wir zusteuern, wird unseren Augen schon sichtbar, und selbst ganz schlichte Menschen, die nicht gewohnt sind zu philosophieren, sehen klar, daß wir mit unseren steigenden Rüstungen gegen einander und mit der gegen einander gerichteten Vernichtungswut in den Kriegen wie die Spinnen in den Mauern eines Bankhauses zu nichts anderem kommen können, als zur gegenseitigen Vertilgung.

Ein aufrichtiger, ernster, vernünftiger Mensch kann sich nicht mehr, wie das früher möglich war, mit dem Gedanken trösten, das Übel könne gut gemacht werden durch eine römische Universal-Monarchie, durch Karls des Großen Weltreich, durch das Reich Napoleons, durch die mittelalterliche Macht des Papstes oder durch heilige Alliancen oder durch das politische Gleichgewicht des europäischen Konzerts oder durch die internationalen Schiedsgerichte oder, wie manche meinen, durch die Vergrößerung der Kriegsmacht und durch die neu erfundenen gewaltigen Zerstörungswerkzeuge.

Eine Weltmonarchie oder eine Weltrepublik aus den europäischen Staaten zu bilden, ist unmöglich, weil die verschiedenen Nationen nie und nimmer sich zu einem Reiche vereinigen werden. Internationale Schiedsgerichte zur Entscheidung nationaler Zwistigkeiten? Wer wird sich der Entscheidung dieser Gerichte unterwerfen, wenn er Millionen unter Waffen hat? Allgemeine Entwaffnung? Niemand will, niemand kann beginnen. Noch schrecklichere Zerstörungsmittel ersinnen: Ballons mit tödlichen Gasen, Bomben, mit denen die Menschen einander überschütten sollen? Was auch immer ersonnen wird, alle Reiche versehen sich mit diesen Mitteln der Zerstörung, und das Kanonenfutter wird, wie es sich früher der kalten Waffe und später den Kugeln ausgesetzt hat, und nach den Kugeln willenlos den Granaten und Bomben, den weitdringenden Geschützen, Kartätschen und Minen ausgesetzt hat, sich ebenso den bombenschüttenden Ballons aussetzen und den tödlichen Gasen.

Nichts zeigt uns klarer, als die Reden des Herrn Murawjew und des Herrn Professor Martens, die da sagen, der Japanische Krieg widerspreche nicht der Haager Friedenskonferenz, – nichts zeigt uns klarer, als diese Reden, bis zu welchem Grade in unserer Welt das Werkzeug der Gedankenübermittlung, das

Wort, verderbt ist, und wie völlig zerstört die Fähigkeit klaren, vernünftigen Denkens ist. Gedanken und Wort werden nicht gebraucht, um die menschliche Tätigkeit zu leiten, sondern um jede Tätigkeit, so verbrecherisch sie auch sei, zu rechtfertigen. Der letzte Burenkrieg und der Japanische, der jetzt geführt wird, der jeden Augenblick übergehen kann in ein allgemeines Gemetzel, haben das unzweifelhaft bewiesen. Alle Reden und Schriften gegen den Militarismus können sein Ende eben so wenig herbeiführen wie die beredtesten Ermahnungen, die wir an Hunde richten würden, die ineinander verbissen sind, um sie zu überzeugen, daß es vorteilhafter für sie ist, das Stück Fleisch zu teilen, um das sie sich beißen, als einander wegzureißen und das Stück Fleisch zu verlieren, das dann ein anderer Hund fortschleppt, der zufällig des Weges kommt. Wir sind einem Abgrund zugeeilt und können nicht Halt machen; wir stürzen hinein.

Jeden vernünftigen Menschen, der über die Lage nachdenkt, in der sich die Menschheit jetzt befindet, der darüber nachdenkt, welchem Ziel er entgegengeht, muß es klar werden, daß es einen Ausweg nicht gibt, und daß sich keine Ordnung der Dinge, keine Institution denken läßt, die uns von dem Verderben, dem wir unaufhaltsam entgegensteuern, retten könnte.

Abgesehen von den wirtschaftlichen Gefahren, die ungelöst sind und immer verwickelter und verwickelter werden, weisen auch die Beziehungen der wetteifernd gegen einander rüstenden Staaten deutlich auf den unvermeidlichen Untergang hin, dem die ganze sogenannte zivilisierte Menschheit entgegeneilt.

———

VI.

„Mit der Erfüllung seiner Mission legte Jesus die Grundlagen einer neuen Gesellschaft. Vor seinem Auftreten gehörten die Völker einem oder vielen Herren, wie Herden ihren Besitzern gehören … Die Fürsten und die Mächtigen drückten das Volk mit dem ganzen Gewicht ihres Stolzes und ihres Eigennutzes. Jesus macht diesem Mißverhältnis ein Ende, richtet die gebeugten Häupter empor, befreit die Knechte. Er lehrt sie, daß die Menschen, die gleich sind vor Gott, nicht abhängig seien einer von dem andern, daß Niemand aus sich selbst Macht haben könne über seine Brüder, daß Gleichheit und Freiheit unantastbare göttliche Gesetze des Menschengeschlechts sind, daß die Macht nicht ein Recht sein könne, daß sie in der Staats- und Gesellschaftsordnung eine Pflicht, ein Dienst ist, eine Art Knechtschaft, die man freiwillig auf sich genommen hat um der allgemeinen Wohlfahrt willen. Dies ist die Gesellschaftsordnung, die Jesus begründet. Sehen wir diese in der Welt? Herrscht diese Lehre auf Erden? Sind die Fürsten in unserer Welt der Völker Diener oder Herren? Achtzehn Jahrhunderte hindurch hat ein Geschlecht dem anderen die Lehre Christi überliefert, und Alle haben behauptet, an sie zu glauben, und was hat sich in der Welt verändert? Die Völker, die unter der Bedrückung leiden, harren alle noch auf die verheißene Befreiung, und nicht etwa, weil das Wort Christi unwahr oder unwirksam wäre, sondern weil die Völker entweder nicht begriffen haben, daß die Lehre verwirklicht werden müsse durch ihre eigenen Anstrengungen und ihren festen Willen, oder weil sie, eingeschläfert in ihre Erniedrigung, das Einzige nicht getan haben, was den Sieg verleiht – weil sie nicht bereit waren, für die Wahrheit ihr Leben einzusetzen. Aber sie werden erwachen. Schon läßt sich etwas vernehmen aus ihrer Mitte, schon hören sie eine Stimme, die ihnen zuruft: die Erlösung ist nahe!"

Lamenais

„Es muß zur Ehre der Menschheit gesagt werden: das neunzehnte Jahrhundert strebt dahin, einen neuen Weg zu betreten; es hat begriffen, daß es Gesetze und Gerichtshöfe auch für die Völker geben müsse, und daß Verbrechen eines Volkes gegen das andere, sei ihr Maßstab auch noch so groß, nicht weniger hassenswert sind, als Verbrechen eines Menschen gegen den anderen."

Quételet

―――――

„Alle Menschen sind gleicher Abstammung und stehen unter dem gleichen Gesetz und der gleichen Bestimmung. Darum müßt ihr alle einen Glauben haben, ein Ziel eurer Taten, ein Zeichen, in dem ihr alle kämpfen müßt. Taten, Tränen und Märtyrertum sind eine der gesamten Menschheit gemeinsame Sprache, die alle verstehen."

Giuseppe Mazzini

―――――

„… Nein! ich rufe die Empörung des Gewissens eines jeden Menschen, der mitangesehen hat, wie das Blut seiner Mitbürger geflossen ist, oder der selbst daran schuld war, zum Zeugen dafür auf, daß eines Menschen Kopf nicht genügt, das drückende Gewicht vieler Morde zu ertragen. Dazu braucht es so vieler Köpfe, als es Kämpfende gibt. Um die Verantwortung für dies Blutgesetz zu tragen, das man geschaffen hat, muß man es zum mindesten gut verstehen. Aber die besten Einrichtungen, von denen hier die Rede ist, werden nur vorübergehende sein, denn, ich wiederhole es noch einmal: Die Heere und die Kriege haben ihre Zeit. Trotz der Worte eines Sophisten, den ich an anderer Stelle widerlegt habe, ist es nicht wahr, daß der Krieg gegen einen Fremden ein ‚heiliger' sei; ist es ebenso wenig wahr, daß die Erde ‚nach Blut dürste'. Der Krieg ist verflucht von Gott, ja, sogar von den Menschen, die ihn führen, und die ein geheimes Grauen vor ihm empfinden. Die Erde aber dürstet nach nichts anderem, als nach frischem Regen für ihre Flüsse und nach reinem Tau für ihre Blumen."

Alfred de Vigny

———

„Der Mensch ist ebenso wenig geschaffen, Gewalt auszuüben, wie zu erdulden. Durch diese beiden Gewohnheiten zerstören die Menschen einander. Aus der einen Seite Verdummung, auf der anderen Frechheit, auf keiner echte Menschenwürde."

Confidérant

———

„Wenn meine Soldaten anfangen zu denken, bliebe nicht einer in den Reihen."

Friedrich II

———

Vor zweitausend Jahren hat Johannes der Täufer, und nach ihm Christus, den Menschen gesagt: Die Zeit ist erfüllet und das Reich Gottes ist zu Euch gekommen. Tut Buße (μετανοεῖτε)[2] und glaubet an das Evangelium (Markus I, 15).·Und wenn Ihr nicht Buße tut, werdet Ihr Alle umkommen (Lukas XIII, 5). Aber die Menschen hörten nicht, und das Verderben, das sie herabgelockt haben, ist ganz nah. Wir müssen sehen, wir Menschen unserer Zeit. Wir verderben schon; und darum können wir dieses der Zeit nach alte, für uns aber neue Mittel der Erlösung nicht an unserem Ohr vorübergehen lassen. Wir müssen erkennen, daß außer all den anderen Nöten, die unser schlechtes, unvernünftiges Leben uns schafft, schon die Kriegsrüstungen allein und die durch diese Rüstungen unvermeidlich gewordenen Kriege uns zu Grunde richten müssen. Wir müssen erkennen, daß alle von den Menschen ersonnenen praktischen Mittel der Erlösung von

---

[2] Der russische Bibeltext gibt μετανοεῖτε durch das Wort wieder, das den Titel dieser Schrift bildet: *„Odumajtes*, Besinnet Euch". Luther übersetzt stärker: „Tut Buße".

diesem Übel sich kraftlos erweisen und kraftlos erweisen müssen, und daß die Notlage der Völker, die sich gegen einander waffnen, nicht steigend fortschreiten kann. Und darum gelten die Worte Christi mehr als je und mehr als irgend Einem uns in unserer Zeit.

Christus hat gesagt: Besinnet Euch. Das heißt: jeder Mensch halte still in seiner Tätigkeit und frage sich: Wer bist Du, woher kommst Du, was ist Deine Bestimmung? Und hast Du auf diese Frage geantwortet, dann mache Dir nach dieser Antwort klar, ob Das, was Du tust, Deiner Bestimmung entspricht. Und jeder Mensch unserer Welt und unserer Zeit, jeder also, der das Wesen der christlichen Lehre kennt, braucht nur einen Augenblick still zu halten in seiner Tätigkeit und zu vergessen, wofür ihn die Menschen halten – für einen Kaiser, für einen gemeinen Soldaten, für einen Minister, für einen Journalisten – und sich ernsthaft zu fragen, wer er ist und was seine Bestimmung ist, um an der Nützlichkeit, der Berechtigung, der Vernünftigkeit seiner Tätigkeit zu zweifeln. Ehe ich Kaiser, Soldat, Minister, Journalist bin, bin ich, so muß sich jeder Mensch unserer Zeit und der christlichen Welt antworten, ein Mensch, ein beschränktes Wesen, durch einen höheren Willen in diese Welt gesandt, die nach Zeit und Raum unendlich ist, um, nachdem ich einen Augenblick hier geweilt, zu sterben, also aus ihr zu verschwinden. Darum sind auch all die persönlichen und staatlichen, ja, sogar die allgemein menschlichen Ziele, die ich mir setzen kann und die mir die Menschen setzen, wegen der Kürze meines Lebens und der Unendlichkeit des Lebens der Welt nichtig; sie müssen sich dem höheren Ziele unterordnen, das zu erreichen ich in die Welt gesandt bin. Dieses endliche Ziel ist mir, infolge meiner Beschränktheit, unerreichbar, aber es *ist* (wie alles Seiende ein Ziel haben muß); und meine Aufgabe besteht darin, ein Werkzeug zu sein, meine Bestimmung ist, ein Arbeiter Gottes zu sein, Gottes Werk zu erfüllen. Und hat jeder Mensch unserer Welt und Zeit, vom Kaiser bis herunter zum gemeinen Soldaten, seine Bestimmung so begriffen, dann kann er die Pflichten, die er selbst oder die Menschen ihm auferlegt haben, nicht anders ansehen.

Ehe ich gekrönt und als Kaiser anerkannt wurde, so muß sich der Kaiser sagen, ehe ich die Pflichten des Staatsoberhaupts auf mich nahm, habe ich mich allein dadurch, daß ich lebe, verpflichtet, Das zu tun, was von mir der höhere Wille fordert, der mich ins Leben gesandt hat. Diese Forderungen kenne ich, fühle ich in meinem Herzen. Sie bestehen, wie es in dem christlichen Gesetz, das ich bekenne, ausgedrückt ist, darin, daß ich mich dem Willen Gottes unterordne und erfülle, was er von mir will, daß ich den Nächsten liebe, ihm diene und gegen ihn so handle, wie ich wünsche, daß er gegen mich handle. Tue ich Das auch, wenn ich die Menschen regiere, ihnen Gewalt, Todesstrafen und noch Schrecklicheres anbefehle, den Krieg? Die Menschen sagen immer, sie müßten Das tun. Gott aber sagt, sie müßten etwas ganz Anderes tun. Trotzdem man mir also sagt, als Staatsoberhaupt müsse ich Gewalt, Eintreibung von Steuern, Todesstrafen und vor Allem den Krieg, den Totschlag des Nebenmenschen befehlen: ich will es nicht tun, ich kann es nicht tun.

Und dasselbe muß sich der Soldat sagen, dem man eingeschärft hat, daß er Menschen töten muß, und der Minister, der es für seine Pflicht hält, den Krieg vorzubereiten, und der Journalist, der zum Krieg aufreizt, und jeder Mensch, der sich die Frage vorgelegt hat, was er ist, was seine Bestimmung im Leben ist. Und sobald das Staatsoberhaupt nicht mehr den Krieg anordnen, der Soldat aufhören wird, Krieg zu führen, der Minister, die Mittel zum Kriege vorzubereiten, der Journalist, zu ihm aufzureizen, wird auch ohne alle neuen Institutionen, ohne Vorbereitungen, ohne Gleichgewicht, ohne Schiedsgericht, ganz von selbst diese hoffnungslose Lage aufhören, in die sich die Menschen selbst gebracht haben, nicht nur durch den Krieg, sondern durch alle die Nöte, die sie sich selbst schaffen.

So sonderbar es scheinen mag: die sicherste Erlösung der Menschen von allen Nöten, die sie sich selbst bereitet haben, und von der schrecklichsten Not, dem Kriege, wird nicht erreicht werden durch äußere, allgemein vereinbarte Mittel, sondern nur dadurch, daß jedem einzelnen Menschen einfach die Erkenntnis, die vor neunzehnhundert Jahren Christus gelehrt hat, zum

Bewußtsein gebracht wird – dadurch, daß jeder Mensch sich besinnet und sich fragt wer er ist, wozu er lebt und was er tun und was er nicht tun soll.

VII.

„Es ist eine weitverbreitete Anschauung, die Religion sei kein unlösbares Element der menschlichen Natur. Viele meinen, sie sei nur eine Phase des Denkens und Fühlens in einer frühen und verhältnismäßig unkultivierten Periode des Menschheit-Lebens; sie sei etwas, dem der Mensch allmählich entwächst und das er überwunden hinter sich läßt.

Wir können diese Frage mit Ruhe betrachten. Denn ist die Religion ein Aberglaube, so müssen wir ihr entwachsen, das ist einleuchtend. Ist aber die Religion eine Eigentümlichkeit höheren und besseren menschlichen Lebens, so muß die christliche Erforschung dieser Frage das ergeben. Wenn wir auf jeder Münze eine Prägung finden und diese Prägung ist immer die gleiche, so müssen wir die Überzeugung gewinnen, die unumstößliche Überzeugung, daß das, was jeder Münze die Prägung aufdrückt, etwas wirklich Seiendes ist. So können wir überall da, wo wir eine gemeinsame und stetige charakteristische Eigentümlichkeit in der Natur des Menschen oder eines anderen Wesens finden, vollkommen überzeugt sein, daß in der Welt etwas vorhanden ist, was dem entspricht, das diese Eigentümlichkeit hervorgebracht hat. Wir finden den Menschen überall und zu allen Zeiten als ein religiöses Wesen. Überall sehen wir ihn daran glauben, daß ihn eine unsichtbare Welt umgibt. Auf Grund welcher Theorie wir auch immer die Welt betrachten, die Welt hat uns zu dem gemacht, was wir sind; und ist die Welt keine Täuschung, so ist auch das, was dieser Welt in unserem Innern entspricht, Wirklichkeit, weil die wirkliche Welt diese Eigentümlichkeiten in uns hervorgerufen hat."

Savage

„Die Religion ist der höchste und edelste Faktor in der Erziehung des Menschen, die höchste Kraft der Zivilisation, während die äußeren Erscheinungsformen des Glaubens und die eigensüchtige Tätigkeit der Politik die Haupthemmnisse des menschlichen Fortschritts sind. Die Tätigkeit der Geistlichkeit und des Staates widerspricht der Religion. Unsere Untersuchung hat gezeigt, daß das Grundwesen der Religion, das ewig und göttlich ist, das Herz des Menschen überall, wo es fühlt und schlägt, in gleicher Weise erfüllt. Das logische Ergebnis unserer Untersuchungen weist uns auf eine einzige Grundlage aller großen Religionen hin, auf eine einzige Lehre, die sich von Anbeginn des Lebens der Menschheit bis auf den heutigen Tag entwickelt …

In der Tiefe aller Glaubenslehren fließt der Strom einer einzigen, ewigen Offenbarung, der *einzigen* Religion des göttlichen Wortes, das an den Menschen gerichtet ist.

Mögen die Parsen ihre Topis tragen, die Hebräer ihre Gebetriemen, die Christen ihr Kreuz, die Muselmänner ihren Halbmond, aber mögen sie alle dessen eingedenk sein, daß dies nur Formen und Bilder sind, während das Grundwesen aller Religionen – die Menschenliebe – in gleicher Weise gefordert wird von Manu, Zoroaster, Buddha, Moses, Sokrates, Hillel, Jesus, Paulus, Mohammed."

Moritz Flügel

„Keine echte Gemeinschaft kann leben ohne den gemeinschaftlichen Glauben und ohne ein gemeinschaftliches Ziel; die politische Tätigkeit ist die Anwendung, die Religion gibt das Prinzip. Wo dieser gemeinsame Glaube fehlt, bringt der bloße Wille der Mehrheit beständige Veränderlichkeit und Bedrückung der übrigen mit sich. Ohne Gott kann man die Menschen zwingen, aber nicht überzeugen. Ohne Gott wird die Mehrheit der Tyrann, nicht der Erzieher der Menschheit sein ....

Was uns not tut, was dem Volke not tut, was unsere Zeit verlangt, um einen Ausweg zu finden aus dem Schlamm der Ichsucht, des Zweifels und der Verneinung, in die sie versunken ist, das ist ein Glaube, in dem unsere Seelen aufhören könnten umherzuirren nach persönlichen Zwecken, und wir alle uns zusammenfinden könnten in der Erkenntnis des gleichen Ursprungs, des gleichen Gesetzes, des gleichen Zieles. Jeder starke Glaube, der aus den Ruinen veralteter, überlebter Glaubenslehren emporwächst, verändert die bestehende Gesellschaftsordnung, wie jeder starke Glaube auch unbedingt jedes Gebiet menschlicher Tätigkeit beeinflußt ... Die Menschheit wiederholt in verschiedenen Formeln und in verschiedenen Graden die Worte des Gebets des Herrn: ‚Dein Reich komme, wie im Himmel, also auch auf Erden'."

Mazzini

„Der Mensch kann sich als ein Tier unter Tieren betrachten, die den heutigen Tag leben, er kann sich auch als das Glied einer Familie und als das Glied einer Gesellschaft, eines Volkes betrachten, das Jahrhunderte lebt, er kann, ja er muß sich sogar (weil ihn seine Vernunft unwiderstehlich dazu drängt) als einen Teil des unendlichen Universums betrachten, das eine unendliche Zeit lebt. Der vernunftbegabte Mensch bestimmt daher stets neben seinem Verhältnis zu den nächsten Erscheinungen des Lebens sein Verhältnis zu der gesamten, nach Zeit und Raum unendlichen und darum für ihn unerreichbaren Welt, indem er sie als ein einheitliches Ganzes begreift. Und eben diese Bestimmung des Verhältnisses des

Menschen zu diesem unerreichbaren Ganzen, als dessen Teil er sich fühlt, und aus dem er eine Richtschnur für seine Taten ableitet, ist das, was man Religion genannt hat und noch nennt. Und darum war die Religion stets eine Notwendigkeit und eine unentbehrliche Vorbedingung des Lebens des vernunftbegabten Menschen und der vernunftbegabten Menschheit und wird es immer bleiben.

Die wahre Religion ist das so von dem Menschen bestimmte Verhältnis zu dem ihn umgebenden unendlichen Leben, das sein eigenes Leben mit dieser Unendlichkeit verbindet und seinen Handlungen die Richtschnur gibt."

Leo Tolstoi

―――――

„Die Religion (objektiv betrachtet) ist die Anerkennung aller unserer Pflichten als Gebote Gottes.

Es gibt nur eine wahre Religion, wenn es auch viele verschiedene Bekenntnisse geben kann."

Kant (Rückübersetzung)

―――――

Das Übel, an dem die Menschen unserer Zeit leiden, kommt daher, daß die Mehrheit von ihnen lebt ohne das, was einzig und allein eine vernünftige Richtschnur menschlichen Handelns sein kann – ohne Religion; nicht die Religion, die in dem Glauben an Dogmen besteht, in der Erfüllung von Zeremonien, die eine angenehme Zerstreuung, einen Trost, eine Anregung bilden, sondern der Religion, die das Verhältnis des Menschen zum Universum, zu Gott bestimmt und daher der gesamten menschlichen Tätigkeit eine höhere Richtung gibt, ohne die die Menschen auf das Niveau des Tieres, ja unter das Tier herabsinken. Dieses Übel, das die Menschen zum unausbleiblichen Verderben führt, tritt mit ganz besonderer Kraft in unserer Zeit in die Erscheinung, weil die Menschen unserer Zeit die Richtschnur der Vernunft für das Leben verloren, alle ihre Bemühungen auf Entdeckungen und Vervollkommnungen in der Sphäre der angewandten Wissenschaften richten und sich so eine ungeheure Macht über die Kräfte der Natur erobert haben. Es fehlt ihnen aber die Richtschnur für eine vernünftige Anwendung dieser Macht, und sie sind natürlich dazu gekommen, sie zur Befriedigung ihrer niedrigsten, tierischsten Triebe zu verwenden.

Der Religion beraubt und im Besitze einer ungeheuren Macht über die Kräfte der Natur, gleichen die Menschen den Kindern, denen man zum Spiel Pulver oder gefährliche Gase geben wollte. Betrachtet man die Macht, die die Menschen unserer Zeit inne haben, und fragt man sich, wie sie sie benutzen, dann fühlt man, daß die Menschen nach dem Grade ihrer sittlichen Entwicklung nicht das Recht haben, Eisenbahnen, Dampf, elektrische Kraft, Telephone, die Photographie, die drahtlose Telegraphie zu benutzen, ja nicht einmal die einfache Kunst der Bearbeitung von Eisen und Stahl, denn aller dieser Vervollkommnungen und Kunstfertigkeiten bedienen sie sich nur zur Befriedigung ihrer Leidenschaften, zum Zeitvertreibe, zum moralischen Verderben und zur gegenseitigen Vernichtung.

Was sollen wir also tun? Auf alle diese Vervollkommnungen unseres Lebens, all diese Macht, die die Menschheit errungen hat, verzichten? Vergessen, was sie an Kenntnissen errungen hat? Das ist unmöglich, so verderbenbringend auch diese geistigen Errungenschaften angewandt werden, es sind doch Errungenschaften, und die Menschen können sie nicht vergessen. Die Völkervereinigungen, die in Jahrhunderten geworden sind, umgestalten und neue schaffen, neue Institutionen ersinnen, die die Minderheit verhinderten, die Mehrheit zu betrügen und auszubeuten? Die Kenntnisse verbreiten? All das ist versucht worden und geschieht fortwährend mit großem Eifer. Alle diese vermeintlichen Methoden der Besserung bilden ein Hauptmittel der Selbsttäuschung, der Verschleierung des Bewußtseins von dem unausbleiblichen Verderben. Grenzen der Staaten verändern sich, Verfassungen verändern sich, Wissen wird verbreitet, aber die Menschen bleiben in veränderten Landesgrenzen mit anderen Verfassungen, mit gesteigerten Kenntnissen dieselben Bestien, die jeden Augenblick bereit sind, einander zu zerreißen, oder dieselben Knechte, die sie stets waren und sein werden, solange sie sich leiten lassen nicht vom religiösen Bewußtsein, sondern von Leidenschaften, Überlegungen und äußeren Einflüssen.

Dem Menschen bleibt keine Wahl: er muß der Knecht des gewissenlosesten und frechsten Knechtes sein oder Gottes Knecht. Denn für den Menschen gibt es nur ein Mittel, frei zu sein: die Übereinstimmung seines Willens mit dem Willen Gottes. Menschen ohne Religion, solche, die die Religion selber leugnen, oder solche, die die Religion sehen in den äußeren, häßlichen Formen, die an ihre Stelle getreten sind, und die sich nur leiten lassen von ihren persönlichen Leidenschaften, von der Angst vor den menschlichen Gesetzen und, vor allem, durch die gegenseitige Hypnose, können nicht aufhören, Bestien oder Knechte zu sein, und keine äußere Gewalt kann sie aus diesem Zustande herausführen, denn nur die Religion macht den Menschen frei.

Und die Mehrzahl der Menschen unserer Zeit hat keine Religion.

––––

VIII.

„Tue nicht, was dein Gewissen verurteilt, und sprich nicht, was mit der Wahrheit nicht übereinstimmt. Beobachte diese allerwichtigste Regel, und du hast die ganze Aufgabe deines Lebens erfüllt …

Niemand kann deinem Willen Gewalt antun, gegen ihn vermag kein Dieb und kein Räuber etwas; wolle nicht das Unvernünftige, wolle das allgemeine Wohl, nicht das persönliche, wie der größere Teil der Menschen. Die Aufgabe des Lebens besteht nicht darin, auf der Seite der Mehrheit zu sein, sondern darin, nicht in die Reihe der Übeltäter zu geraten ... Gedenke, daß es einen Gott gibt, der nicht Lob und Preis will von den Menschen, die er nach seinem Ebenbilde geschaffen hat, der nur will, daß sie geleitet von der Vernunft, die er ihnen verliehen hat, durch ihre Handlungen ihm ähnlich werden. Ist nicht der Feigenbaum treu seinem Werk, und ebenso der Hund und die Biene? und sollte der Mensch seinen Beruf nicht erfüllen? Aber wehe, diese großen heiligen Wahrheiten schwinden aus deinem Gedächtnis; die Sorge des täglichen Lebens, der Krieg, die unvernünftige Angst, die Schwäche des Geistes und die Gewohnheit des Sklaventums verdrängen sie ...

Ein Zweig, der von dem Ast getrennt ist, ist damit auch losgelöst vom ganzen Baum. Der Mensch reißt sich durch die Trennung vom Nebenmenschen von der ganzen Menschheit los. Der Zweig aber wird von fremder Hand abgehauen, der Mensch dagegen entfremdet sich selbst seinem Nächsten durch Haß und Zorn und merkt es wahrlich nicht, daß er sich damit von der ganzen Menschheit losreißt. Die Gottheit aber, die die Menschen als Brüder zu gemeinsamem Leben ausgerufen hat, hat sie begabt mit der Freiheit, nach der Trennung wieder die Vereinigung zu suchen."

Marc Aurel

———

„Bildung ist die Befreiung des Menschen aus seiner eigenen von ihm selbst geschaffenen Knechtschaft. Die Knechtschaft besteht in seiner Unfähigkeit, seine eigene Vernunft ohne Hilfe einer anderen zu gebrauchen. Er selbst aber erhält diese Knechtschaft, wenn ihre Ursache nicht in dem Mangel an Vernunft, sondern im Mangel an Entschiedenheit liegt und im Mangel an dem Mut sie zu brauchen ohne die Leitung eines anderen. *Sapere aude.*

Habe den Mut, deine eigene Vernunft zu gebrauchen, das ist das Merkmal der Bildung."

Kant (Rückübersetzung)

„Wir müssen die Religion, die Jesus verkündet hat, befreien von der Religion, deren Gegenstand Jesus ist, und haben wir den Stand der Erkenntnis erlangt, die der Ursprungskeim und der Anfang des ewigen Evangeliums ist, dann müssen wir ihn festhalten.

Wie die dürftigen Lämpchen einer Dorffestlichkeit oder die winzigen Lichtchen einer Prozession vor dem großen Wunder des Sonnenlichts verlöschen, so werden die nichtigen, örtlichen, zufälligen und zweifelhaften Wunder verlöschen vor dem Lebensgesetze des Geistes, vor dem unvergleichlichen Schauspiel der menschlichen Geschichte, das der allmächtige Dramaturg leitet, den man Gott nennt."

Amiel

_____

„Ich bekenne mich zu der folgenden These, die keines Beweises bedarf: Alles, was der Mensch Gottgefälliges zu tun gedenkt, außer einem guten Leben, ist nur religiöse Verirrung und Aberglaube."

Kant (Rückübersetzung)

_____

„Es gibt schlechterdings keine andere Art Gott zu verehren, als die Erfüllung seiner Pflichten und Handeln nach Gesetzen, die die Vernunft gegeben hat."

Lichtenberg

_____

Die Menschen, die von so mannigfachen Lebenstätigkeiten abgezogen werden, sagen nun: Soll das Übel ausgerottet werden, so ist es notwendig, daß nicht etliche, sondern alle Menschen sich besinnen, und daß sie alle den Zweck ihres Lebens in der Erfüllung des göttlichen Willens und in tätiger Nächstenliebe erkennen lernen.

Ist Das möglich?

Es ist nicht nur möglich, – antworte ich, – es ist unmöglich, daß es anders sei.

Es ist unmöglich, daß die Menschheit sich nicht besinnen, nicht jeder Mensch sich die Frage stellen sollte, wer er ist und wozu er lebt; denn der Mensch, als ein mit Vernunft begabtes Wesen, kann nicht leben, ohne zu wissen, wozu er lebt. Er hat sich auch immer diese Frage gestellt und hat stets nach dem Maße seiner Entwickelung die Frage durch eine religiöse Lehre beantwortet; in unserer Zeit aber ruft der innere Widerspruch, den die Menschen empfinden, mit ganz besonderer Aufdringlichkeit diese Frage hervor und heischt ihre Beantwortung. Und die Menschen unserer Zeit können diese Frage unmöglich anders beantworten, als daß sie in der Liebe zu den Menschen und in der Tätigkeit für sie das Gesetz des Lebens anerkennen. Denn Dies ist die für unsere Zeit einzig vernünftige Beantwortung der Frage nach dem Sinne des menschlichen Lebens; und diese Antwort hat vor neunzehnhundert Jahren in der christlichen Religion ihren Ausdruck gefunden und ist der großen Mehrzahl der gesamten Menschheit also bekannt.

Diese Antwort lebt geheimnisvoll im Bewußtsein aller Menschen der christlichen Welt unserer Zeit, offen aber wird sie nur darum nicht ausgesprochen und dient sie nur darum nicht unserem Leben zur Richtschnur, weil die Menschen, die die höchste Autorität genießen, die sogenannten Gelehrten, in dem groben Irrtum leben, die Religion sei nur eine vorübergehende Phase in der Entwickelung der Menschheit, die sie schon durchlebt hat, und die Menschen könnten ohne Religion leben, und weil sie diesen Irrtum den Menschen aus der Volksmasse einflößen, die sich Bildung anzueignen beginnen. Auf der anderen Seite sind die Menschen, die die Macht haben, bewußt, oft auch unbewußt (weil sie selbst in dem Irrtum leben, der kirchliche Glaube sei die christliche Religion) bemüht, im Volk den rohen Aberglauben aufrecht zu erhalten und zu verbreiten, der für die christliche Religion ausgegeben wird.

Wir brauchten nur diese beiden Täuschungen zu vernichten; und die wahre Religion, die schlummernd schon in den Menschen unserer Zeit lebt, würde offenkundig und bindend.

Damit Das geschehe, müssen erstens die gelehrten Menschen begreifen, daß der Satz von der Brüderlichkeit aller Menschen und das Gesetz: „Tue dem Anderen nicht, was Du nicht willst, daß man Dir tue" nicht eine von den vielen Ergebnissen menschlichen Denkens ist, die man beliebigen anderen Vorstellungen unterordnen kann, sondern eine unerschütterliche, über alle anderen Vorstellungen erhabene These, die aus dem unveränderlichen Verhältnis des Menschen zum Unendlichen, zu Gott hervorgeht, daß sie die Religion ist, die ganze Religion, und darum für alle Zeiten bindend.

Dazu kommt ein zweites. Damit die Menschen, die bewußt oder unbewußt unter dem Schein des Christentums rohen Aberglauben predigen, begreifen, daß all die Dogmen, Sakramente, Zeremonien, die sie aufrecht erhalten und verkünden, nicht nur nicht gleichgültig sind, wie sie glauben, sondern im höchsten Grade schädlich, da sie den Menschen die einzige religiöse Wahrheit verhüllen, die sich in der Erfüllung des göttlichen Willens, in der Brüderlichkeit der Menschen, in werktätiger Nächstenliebe ausspricht, und daß die Lehre „Handle gegen Andere, wie Du willst, daß sie gegen Dich handeln" nicht eine von den Vorschriften der christlichen Religion, sondern die gesamte praktische Religion ist, wie das auch im Evangelium gesagt wird.

Damit die Menschen unserer Zeit in derselben Weise sich die Frage über den Sinn des Lebens stellen und in derselben Weise beantworten, ist nur nötig, daß die Menschen, die sich als die Gebildeten betrachten, aufhören, zu denken und den kommenden Geschlechtern einzuprägen, die Religion sei ein Atavismus, ein Überbleibsel vergangener wilder Zustände, und zu einem guten Leben der Menschen genüge die Verbreitung von Bildung, d. h. der verschiedenartigsten Kenntnisse, die die Menschen zur Gerechtigkeit und zu einem sittlichen Leben führen werden. Sie sollten vielmehr begreifen, daß zu einem guten Leben der Menschen die Religion unentbehrlich ist, und daß diese Religion schon da ist, und daß sie lebt in dem Bewußtsein der Menschen unserer Zeit. Und die Menschen, die absichtlich oder unabsichtlich das Volk mit kirchlichem Aberglauben verblöden, sollten nur aufhören Das zu tun und anerkennen, daß wichtig und bindend im Christentum nicht das Bekreuzigen, das Abendmahl, das Bekenntnis der Dogmen und Ähnliches ist, sondern nur die Liebe zu Gott und zu den Nebenmenschen und die Erfüllung des Gebotes, „gegen Andere zu handeln, wie wir wollen, daß sie gegen uns handeln."

Wenn das sowohl Pseudochristen wie die Männer der Wissenschaft begreifen und ihren Kindern und den Ungelehrten diese einfachen, klaren und notwendigen Wahrheiten so eifrig verkünden wollten, wie sie jetzt ihre komplizierten, verworrenen und zwecklosen Lehrsätze verkünden, dann würden alle Menschen in gleicher Weise den Sinn ihres Lebens begreifen und Alle gleichen Pflichten anerkennen, die sich aus ihm ergeben.

———

IX.

Aus den Briefen eines Landmanns, der sich geweigert hat,
den Militärdienst zu leisten.

Am fünfzehnten Oktober 1895 wurde ich zur Ausübung meiner Militärpflicht aufgefordert. Als an mich die Reihe kam das Los zu ziehen, erklärte ich, ich würde nicht losen. Die Beamten sahen mich an. Dann wechselten sie einige Worte miteinander und fragten mich, warum ich das Los nicht ziehen wolle.

Ich antwortete, weil ich weder schwören noch eine Waffe tragen würde.

Sie sagten, das komme erst nachher; jetzt solle ich nur das Los ziehen.

Ich lehnte es wieder ab. Darauf befahlen sie dem Schulzen, das Los zu ziehen. Der Schulze zog das Los, es war Nummer 674. Sie trugen die Zahl ein.

Da tritt der Befehlshaber ein, ruft mich in die Kanzlei und fragt: „Wer hat Dich das Alles gelehrt, daß Du nicht schwören willst?"

Ich antwortete: „Ich selbst, als ich das Evangelium las."

Er: „Ich glaube nicht, daß Du selbst das Evangelium so verstanden hast; da ist ja Alles unverständlich. Um es zu verstehen, muß man viel gelernt haben."

Darauf ich: „Christus hat keine Weisheiten gelehrt, denn die einfachsten Menschen, die weder lesen noch schreiben konnten, haben seine Lehre verstanden."

Darauf befahl er einem Soldaten, mich in die Kommandatur zu bringen. Ich ging mit dem Soldaten in die Küche, und dort aßen wir Mittag.

Nach dem Mittagessen fragten mich die Leute, warum ich nicht geschworen habe.

Ich sagte: „Weil es im Evangelium heißt: Du sollst nicht schwören."

Sie wunderten sich; dann fragten sie: „Steht das wirklich im Evangelium? So zeig's uns doch."

Ich suchte es, las es vor und sie hörten zu.

„Wenn es auch da steht: man muß doch schwören, sonst quälen sie Einen zu Tode."

Darauf antwortete ich: „Wer das irdische Leben verliert, der erbt das ewige Leben."

Am Zwanzigsten wurde ich eingereiht mit den anderen Rekruten und man verlas uns die Instruktion. Ich sagte ihnen, ich würde von Alledem nichts tun. „Warum?" fragten sie.

Ich sagte: „Ich werde als Christ keine Waffen tragen und mich gegen Feinde nicht verteidigen, denn Christus hat befohlen, daß wir die Feinde lieben. Sie sagten: „Bist denn Du allein ein Christ? Wir sind doch Alle Christen." Ich sagte: „Von den

Anderen weiß ich nichts; was mich betrifft, so weiß ich nur, Christus hat befohlen, so zu handeln, wie ich handle."

Der Vorgesetzte sagte: „Wenn Du nicht mitmachen wirst, stecke ich Dich ins Loch."

Darauf ich: „Machen Sie mit mir was Sie wollen, dienen werde ich nicht."

Heute war eine Kommission zur Besichtigung hier.

Der General sagte zu den Offizieren: „Was für Überzeugungen hat denn dieser Grünschnabel, daß er den Dienst verweigert? Millionen Menschen dienen und er allein will nicht. Verarbeitet ihn tüchtig mit Ruten, dann wird er schon seine Überzeugungen aufgeben ..."

Olchowik wurde nach dem Amur gebracht. Auf dem Dampfer nahmen Alle das Abendmahl; er tat es nicht. Die Soldaten fragten ihn nach dem Grunde; er nannte ihn. Da mischte sich ein Soldat Cyrill Sereda ins Gespräch; er schlug das Evangelium auf und las das fünfte Kapitel aus Matthäus. Als er fertig war, begann er: „Seht, Christus verbietet den Eid, das Gericht und den Krieg, und bei uns geschieht das Alles und wird als eine gerechte Tat angesehen." Die Soldaten standen in dichten Haufen um ihn und bemerkten, daß Sereda kein Kreuz um den Hals trug. Und sie fragten ihn: „Wo ist Dein Kreuz?"

„Im Koffer", sagte er.

Und sie fragten wieder: „Warum trägst Du es nicht um den Hals?"

Und er sagte: „Weil ich Christus liebe und weil ich darum das Werkzeug nicht tragen kann, an dem man ihn gekreuzigt hat."

Dann traten zwei Gefreite ein und begannen mit Sereda ein Gespräch. Sie sagten ihm: „Warum hast Du neulich das Abendmahl genommen und trägst jetzt kein Kreuz?" Er antwortete: „Damals war ich blind und hatte das Licht nicht gesehen; jetzt aber habe ich angefangen, das Evangelium zu lesen, und habe erkannt, das all dies kein christliches Tun ist."

Und wieder fragten sie: „So wirst auch Du den Dienst verweigern wie Olchowik?"

„Ich werde nicht dienen", sagte er.

„Warum?" fragten sie.

„Weil ich ein Christ bin", sagte er, „und weil Christen keine Waffen führen dürfen gegen Menschen."

Dann wurde Sereda eingesperrt und mit Olchowik zusammen in die Gegend von Jakutsk geschickt, wo sie beide jetzt leben.

Aus der Schrift „P. W. Olchowiks Briefe"
(Verlag des „Freien Worts")

———

„Am siebenundzwanzigsten Januar 1894 starb im Krankenhaus des Gefängnisses zu Woronjesch an Lungenentzündung ein gewisser Drožin, ein Dorfschullehrer aus dem Gouvernement Kursk. Sein Leichnam wurde auf dem Gefängnisfriedhof verscharrt, wie man mit den Leichen aller Verbrecher, die im Gefängnis sterben, tut.·Und dieser Mensch war einer der heiligsten, reinsten und wahrhaftigsten Menschen, die die Welt gesehen hat.

Im August 1891 wurde er zur Ausübung seiner Militärpflicht einberufen. Da er aber alle Menschen als Brüder ansah und Mord und Gewalt als die größte Sünde betrachtete, die dem Gewissen und dem göttlichen Willen zuwider ist, verweigerte er den Militärdienst und die Führung von Waffen. Eben so verweigerte er den Eid; denn er hielt es für eine Sünde, seinen Willen in die Macht anderer Menschen zu geben, die von ihm die schlechtesten Handlungen verlangen konnten. Menschen, deren Leben auf Gewalt und Totschlag gegründet ist, sperrten ihn zunächst auf ein Jahr in ein Einzelgefängnis in Charkow. Dann brachten sie ihn in das Strafbataillon zu Woronjesch, wo sie ihn fünfzehn Monate lang durch Kälte, Hunger und Einzelhaft peinigten. Als er schließlich durch diese ununterbrochenen Leiden und Entbehrungen die Schwindsucht bekam und zum Militärdienst untauglich geworden war, brachte man ihn in ein Zivilgefängnis, wo er noch neun Jahre absitzen mußte. Bei dieser Überführung aus dem Bataillon ins Gefängnis hatten ihn an einem furchtbar kalten Tag die Polizisten aus Unachtsamkeit ohne warme Kleidung gelassen. Und da sie lange auf der Straße vor dem Polizeigebäude standen, zog er sich eine so schwere Erkältung zu, daß er eine Lungenentzündung bekam und binnen zweiundzwanzig Tagen starb. Einen Tag vor seinem Tode sagte Drožin zu seinem Arzte: ‚Ich habe zwar nicht lange gelebt, aber ich sterbe in dem Bewußtsein, daß ich nach meiner Überzeugung gehandelt habe, in Übereinstimmung mit meinem Gewissen. Andere werden das sicherlich besser beurteilen können. Vielleicht … Nein, ich denke, ich habe Recht', sagte er im Tone der Bekräftigung.“

Aus: *Drožins Leben und Tod* (*Verlag des „Freien Worts"*)

―――

„Ziehet an den Harnisch Gottes, daß ihr bestehen könnt gegen die listigen Anläufe des Teufels. Denn wir haben nicht mit Fleisch und Blut zu kämpfen, sondern mit Fürsten und Gewaltigen, nämlich mit den Herren der Welt, die in der Finsternis dieser Welt herrschen, mit den bösen Geistern unter dem Himmel.

Um deswillen, so ergreifet den Harnisch Gottes, auf daß ihr an dem bösen Tage Widerstand tun und alles wohl ausrichten und das Feld behalten möget.

So stehet nun, umgürtet eure Lenden mit Wahrheit und angezogen mit dem Panzer der Gerechtigkeit."

Der Brief des Paulus an die Epheser

―――

Wie aber, – wird man mir sagen, – sollen wir jetzt bei uns in Russland verfahren, in der Stunde, da die Feinde uns schon überfallen haben, die Unseren töten, uns bedrohen? Wie soll der russische Soldat, der Offizier, der General, der Zar, der Mensch aus der Gesellschaft, der Mann aus dem Volke handeln? Sollen wir dulden, daß die Feinde unseren Besitz zerstören, die Erzeugnisse unserer Arbeit vernichten, Gefangene fortschleppen, unsere Landsleute töten? Was soll jetzt geschehen, da der Krieg doch schon begonnen hat"?

Bevor der Krieg begonnen hatte, wer ihn auch begonnen haben mag, wir oder die Anderen, bevor – so sollte jeder überlegende Mensch antworten – irgend Etwas begonnen hat, hat mein Leben begonnen. Und das Werk meines Lebens hat nichts gemein mit der Anerkennung von Rechten der Chinesen, Japaner oder Russen auf Port Arthur. Das Werk meines Lebens besteht darin, den Willen Dessen zu erfüllen, der mich in dieses Leben gesandt hat. Und dieser Wille ist mir bekannt. Dieser Wille fordert, daß ich den Nächsten liebe und ihm diene. Warum aber weiche ich unter dem Eindruck vorübergehender, zufälliger, noch dazu unvernünftiger und grausamer Forderungen ab von dem mir bekannten ewigen und unveränderlichen Gesetz meines ganzen Lebens? Wenn es einen Gott gibt, so wird er mich, wenn ich einst sterbe (was jeden Augenblick geschehen kann), nicht fragen, ob ich Yunampo mit seinen Holzlagern oder Port Arthur oder die Ländermasse, die sich russischer Staat nennt und die er nicht meiner Obhut anvertraut hat, verlassen habe. Er wird mich fragen, was ich mit dem Leben gemacht habe, das er mir gegeben hat, auf daß ich es gut verwende; ob ich es verwendet habe zur Erfüllung seines Zwecks und unter der Bedingung, unter der es mir anvertraut war. Ob ich sein Gebot erfüllt habe.

Darum kann es auf die Frage, was jetzt geschehen muß, nachdem der Krieg einmal begonnen hat, für mich, einen Menschen, der seine Bestimmung begreift, welche Stellung ich auch einnehme, keine andere Antwort geben als die: Wie es im Augenblick auch stehen mag, ob der Krieg begonnen hat oder nicht, ob Tausende von Japanern oder Russen getötet sind, ob nicht nur Port Arthur, sondern auch Petersburg und Moskau erobert ist –, ich kann nicht anders handeln als so, wie es Gott von mir fordert. Und darum kann ich als ein Mensch weder unmittelbar noch mittelbar, weder durch Befehle noch durch Hilfstätigkeit, noch durch Aufreizung an dem Kriege mitwirken; *ich kann es nicht, ich will es nicht und ich werde es nicht tun.* Was sofort oder in naher Zukunft daraus folgen wird, daß ich nicht tun werde, was dem Willen Gottes widerspricht, das weiß ich nicht und kann ich nicht wissen. Ich glaube aber fest, daß aus der Erfüllung des göttlichen Willens nichts Anderes hervorgehen kann als Gutes. Gutes für mich und für alle Menschen.

Mit Schaudern sprecht Ihr Alle von Dem, was geschehen könnte, wenn wir Russen jetzt zu kämpfen aufhörten und den Japanern all das überließen, was sie von uns haben wollen.

Wenn es aber richtig ist, das die Erlösung der Menschen von der Vertierung, der Selbstvernichtung nur in dem Einen besteht: in der Begründung der wahrhaften Religion, die die Liebe zu dem Nebenmenschen und das Handeln für sein Wohl fordert (was Niemand bestreiten kann), dann macht jeder Krieg, jede Stunde des Krieges und meine Teilnahme am Kriege diese einzig mögliche Erlösung des Menschen nur immer schwieriger und rückt sie in immer weitere Ferne. Wenn ich mich selbst auf den schwankenden Boden Eurer Anschauung stellte, die die Handlungen nach ihren vermutlichen Folgen beurteilt, auch dann wäre die freiwillige Hingabe alles Dessen, was die Japaner von uns fordern, noch ein Glück, denn sie würde erstens der Zerstörung und dem Totschlag ein Ende machen und zweitens uns dem einzigen Mittel zur Erlösung der Menschheit von ihrer Vernichtung näher bringen. Die Fortsetzung des Krieges aber, wie er auch enden möge, entfernt uns noch weiter von diesem einzigen Mittel.

Das mag sein, wird man mir sagen; und doch können die Kriege erst dann aufhören, wenn alle oder die meisten Menschen die Teilnahme am Kriege verweigern. Die Weigerung eines Einzelnen, er sei der Zar oder ein gemeiner Soldat, ist ganz vergeblich und wird, ohne den geringsten Nutzen für irgend Jemand, nur diesen Einen das Leben kosten. Wollte der russische Zar jetzt den Krieg aufgeben, man würde ihn vom Throne stürzen, man würde ihn vielleicht ermorden, um sich von ihm zu befreien.

Wollte ein gewöhnlicher Mensch den Kriegsdienst verweigern, so würde man ihn in ein Strafbataillon stecken oder füsilieren. Wozu ohne jeglichen Nutzen sein Leben zerstören, das der Gesellschaft nützlich sein kann? so sprechen oft die Menschen, die über die Bestimmung ihres ganzen Lebens nie nachgedacht und sie darum nicht begriffen haben.

Anders aber empfindet und spricht der Mensch, der die Bestimmung seines Lebens begriffen hat, der religiöse Mensch. Ein solcher Mensch wird in seiner Wirksamkeit nicht von den vermutlichen Folgen seiner Handlungen geleitet, sondern von der Erkenntnis seiner Bestimmung im Leben. Der Fabrikarbeiter geht in die Fabrik und macht dort die vorgeschriebene Arbeit, ohne darüber nachzudenken, welche Folgen seine Tätigkeit haben wird. Eben so handelt der Soldat, der den Willen seiner Vorgesetzten erfüllt, und eben so handelt der religiöse Mensch, indem er das Werk vollbringt, das ihm von Gott vorgeschrieben ist, ohne darüber nachzudenken, was aus seiner Arbeit wohl folgen wird. Darum gibt es auch für den religiösen Menschen die Frage nicht, ob Viele oder Wenige eben so handeln wie er und was mit ihm geschehen könnte, wenn er tut, was er tun muß. Er weiß, daß es außer dem Leben und dem Tode nichts gibt und daß Leben und Tod in den Händen Gottes sind, dem er Gehorsam schuldet.

Der religiöse Mensch handelt so und nicht anders. Nicht, weil er so handeln will oder weil es für ihn oder die anderen Menschen vorteilhaft ist, sondern, weil er in der Überzeugung, daß sein Leben in dem Willen Gottes ist, nicht anders handeln kann.

Darin besteht die Eigenart des Handelns religiöser Menschen.

Darum wird sich auch die Erlösung der Menschen von den Nöten, die sie sich selbst bereiten, nur in dem Maße vollziehen, in dem sie sich in ihrem Leben von dem religiösen Bewußtsein leiten lassen, nicht vom Vorteil, auch nicht von Verstandeserwägungen.

———

Russisch-japanischer Krieg, Juli 1904: Der japanische General und
Oberbefehlshaber Kuroki Tamemoto auf dem Schlachtfeld
(The Topeka state journal, July 27, 1904, Last Edition, Page 3)

X.

„… Die Gottesmenschen sind das geheimnisvolle Salz, das die Welt erhält, sodaß die Dinge der Welt nur in dem Maße erhalten werden, in dem das göttliche Salz seine Kraft behält. ‚Wenn das Salz seine Kraft verliert, womit soll man salzen? Es kann weder für die Erde noch für den Dünger dienen. Man wirft es hinaus. Wer Ohren hat zu hören, der höre.‘ Was uns betrifft, so werden wir verfolgt, wenn Gott dem Erlöser die Macht gibt, uns zu verfolgen. Wenn aber Gott uns nicht mit Leiden peinigen will, genießen wir wunderbare Ruhe auch inmitten dieser Welt, die uns haßt und stützen uns auf den Schutz dessen, der gesagt hat: vertrauet, ich habe die Welt überwunden.

Celsius sagt noch: es ist unmöglich, daß alle Bewohner Asiens, Europas und Libyens, Griechen und Barbaren einmütig einem und demselben Gesetz folgen sollten. So denken, sagt er, heißt nichts verstehen. Wir aber sagen, es ist nicht nur möglich, sondern es kommt dereinst der Tag, da alle vernünftigen Wesen sich in einem Gesetze vereinigen werden. Denn das Wort oder die Vernunft werden sich alle vernünftigen Menschen unterwerfen und sie umbilden zu ihrer eigenen Vollkommenheit.

Es gibt körperliche Krankheiten und Wunden, die kein ärztliches Tun heilen kann; anders aber steht es mit der Ohnmacht der Seele: es gibt kein Übel, dessen Heilung unmöglich wäre für die höchste Vernunft, die da ist Gott.“

Origenes

———

„Ich fühle in mir eine Kraft, die mit der Zeit die Welt umgestalten wird. Sie stößt nicht, sie drängt nicht, aber ich fühle, wie sie allmählich und unwiderstehlich mich mit sich zieht. Und ich sehe, daß mich etwas ebenso anzieht, wie ich unbewußt die andern anziehe.

Ich nähere mich ihnen, und sie nähern sich mir, und wir empfinden ein Streben zu neuer Vereinigung. Tritt in Berührung mit dem Zentralmagneten, und du wirst selbst ein Magnet; und je mehr wir alle unsere Bestimmungen und unsere Kräfte in uns empfinden, desto sicherer für uns bildet sich die neue Welt. Wir werden Gesetzgeber des göttlichen Gesetzes, indem wir es von Gott selber empfangen, und die menschlichen Gesetze welken hin und verdauen vor unseren Augen.
Und ich frage die Kraft in mir, wer bist Du?
Und sie antwortet: ich bin die Liebe, die Beherrscherin des Himmels, und ich will sein die Liebe, die Beherrscherin der Erde.
Ich bin die mächtigste von allen Himmelskräften, und ich bin gekommen, um das Reich der Zukunft zu begründen."

Crosby

––––––

„Man kann mit vollem Rechte sagen, das Reich Gottes ist in der Stunde zu uns gekommen, da irgendwo das Prinzip entdeckt worden ist, durch das der Kirchenglaube sich allmählich umgewandelt hat in die allgemeine Vernunftreligion. Auch wenn die vollkommene Verwirklichung dieses Reiches in unendlicher Ferne läge, denn in diesem Prinzip ist, wie in einem Keime, der sich entwickelt und vermehrt, schon all das enthalten, was die Welt erleuchten und sie erobern muß.
In dem Leben der Welt sind tausend Jahre wie ein Tag. Wir müssen geduldig arbeiten an dieser Verwirklichung und ihrer harren."

Kant

––––––

„Wenn ich dir von Gott spreche, so darfst du nicht glauben, ich spräche von einem Gegenstand aus Gold oder Silber. Der Gott, von dem ich dir spreche, den fühlst du in deiner Seele.

Du trägst ihn in dir selber und befleckest mit deinen unreinen Gedanken und häßlichen Handlungen sein Bild in deiner Seele. Vor dem goldenen Götzenbilde, das du für Gott hältst, hütest du dich, etwas Unziemliches zu tun, vor dem Antlitz des Gottes aber, der in dir selber alles sieht und hört, errötest du nicht einmal, wenn du deinen niedrigen Gedanken und Handlungen nachgibst.

Wenn wir doch beständig des gedächten, daß der Gott in uns Zeuge ist aller unserer Handlungen und Gedanken, wir würden aufhören zu sündigen, und Gott wohnte für immer in uns. Laßt uns Gottes gedenken, ihn betrachten und von ihm sprechen, so häufig als möglich."

Epiktet

Wie aber sollen wir handeln gegen die Feinde, die uns überfallen?

Liebet Eure Feinde und Ihr werdet keinen Feind haben, heißt es in der Lehre der zwölf Apostel, und diese Antwort sind nicht etwa leere Worte, wie die Menschen glauben könnten, die gewohnt sind zu denken, die Vorschrift: Liebet Eure Feinde sei mehr ein Gleichnis und bedeute nicht das, was gesagt ist, sondern etwas anderes. Diese Antwort ist die Bezeichnung eines völlig klaren und bestimmten Handelns und seiner Folgen.

Die Feinde lieben, die Japaner, Chinesen, die Menschen der gelben Rasse lieben, gegen die die irregeleiteten Menschen jetzt unsern Haß erregen möchten, heißt, sie nicht töten, um das Recht zu haben, sie durch Opium zu vergiften, wie es die Engländer getan haben, sie nicht töten, um ihnen ihr Land zu nehmen, wie das Franzosen, Russen, Deutsche getan haben, sie nicht lebendig in die Erde graben zur Strafe für die Zerstörung von Wegen, sie nicht mit den Zöpfen binden und in dem Amur ersäufen, wie das die Russen getan haben.

„Der Schüler ist nicht höher als der Lehrer ... es ist genug für den Schüler, daß er sei wie sein Lehrer."

Die Menschen der gelben Rasse, die wir unsere Feinde nennen, lieben, heißt nicht ihnen unter dem Namen des Christentums den törichten Aberglauben vom Sündenfall, von der Erlösung und der Auferstehung und dergleichen beibringen, ihnen die Kunst des Betrügens und des Menschentötens beibringen, sondern sie Gerechtigkeit, Uneigennützigkeit, Mitleid, Liebe lehren und nicht durch Worte, sondern durch das Beispiel unserer eigenen guten Lebensführung.

Was aber haben wir getan, was tun wir noch mit ihnen? ...

Würden wir wirklich unsere Feinde lieben, würden wir selbst jetzt anfangen, unsere Feinde, die Japaner, so zu lieben, wir hätten keinen Feind.

So sonderbar es vielleicht den Leuten erscheinen mag, die mit Kriegsplänen, Rüstungen, diplomatischen Verhandlungen, mit Verwaltungsmitteln, mit Finanzkünsten und wirtschaftlichen Maßregeln, mit revolutionärer und sozialistischer Propaganda und mit allerlei unnützen Wissenschaften die Menschen von ihren Nöten zu erlösen gedenken – die Erlösung der Menschen, nicht allein von den Nöten des Krieges, sondern von all den Nöten, die sich die Menschen selbst bereiten, wird nicht von den Kaisern und Königen kommen, die Weltbündnisse schließen; nicht von den Menschen, die die Kaiser und Könige von den Thronen stützen, sie durch Konstitutionen einschränken oder Monarchien in Republiken verwandeln, nicht durch die Friedenskonferenzen, nicht durch die Verwirklichung sozialistischer Pläne, nicht durch Siege und Eroberungen zu Lande und zu Wasser, nicht durch Büchersammlungen und Hochschulen, nicht durch die unnütze geistige Betätigung, die man jetzt Wissenschaft nennt, sondern nur dadurch, daß die Zahl der schlichten Menschen stetig sich mehrt, die, wie die Duchoborzen, die Drožins, die Olchowiks in Rußland, die Nazarener in Osterreich, Gontodier in Frankreich, Tervey in Holland und Andere, das Ziel nicht in der äußeren Umgestaltung des Lebens sehen, sondern in der pünktlichsten Erfüllung des Willens Dessen, der sie ins Leben gesandt hat. Nur diese Menschen, die das Reich Gottes in sich, in ihrem Innern verwirklichen, werden, ohne daß sie unmittelbar diesem Ziele zustreben, das äußerliche Reich Gottes begründen, das jegliche Menschenseele erwünscht.

Die Erlösung ist nur auf diesem einen und auf keinem anderen Wege möglich. Und darum entfernt Das, was die Menschen jetzt tun, sowohl die Menschen, die die anderen leiten und ihnen religiösen und patriotischen Aberglauben einimpfen, sie zur Ausschließlichkeit, zum Haß und zum Mord des Nebenmenschen aufreizen, oder die Menschen, die zur Befreiung der Unterdrückten von Knechtung und Bedrückung sie zu gewaltsamen äußerlichen Umwälzungen aufrufen oder vermeinen, daß die Erwerbung vieler, meist unnötiger Kenntnisse an sich den Weg bahne zu einem guten Leben – darum entfernt all dies die Menschen von der Möglichkeit der Erlösung, indem es sie abzieht von dem, was sie einzig und allein brauchen.

Das Übel, an dem die Menschen der christlichen Welt leiden, besteht darin, daß sie die Religion verloren haben.

Die Einen haben die Überzeugung gewonnen, daß die bestehende Religion dem Grade der geistigen und wissenschaftlichen Entwickelung der Menschen unserer Zeit nicht mehr entspricht, und sind zu dem Ergebnis gelangt, daß es überhaupt einer Religion nicht bedarf. Sie leben ohne Religion und predigen die Nutzlosigkeit jeglicher Religion. Die Anderen halten an der verstümmelten Form fest, in der die christliche Religion jetzt gelehrt wird, und leben daher eben so ohne Religion; denn sie bekennen sich zu leeren Formen, die nicht die Kraft haben dem menschlichen Leben als Richtschnur zu dienen.

Und doch gibt es die Religion, die den Bedürfnissen unserer Zeit entspricht; ja, sie ist allen Menschen bekannt und lebt im Geheimen in den Herzen der Menschen der christlichen Welt. Damit diese Religion offenbar werde und bindend für alle Menschen, ist nur nötig, daß die Gelehrten, die Lenker der Massen, begreifen: die Menschen brauchen die Religion, die Menschen können ohne Religion ein gutes Leben nicht führen und Das, was wir die Wissenschaften nennen, kann uns die Religion nicht ersetzen. Die Menschen aber, die die Macht haben und die alte, leere Form der Religion aufrecht erhalten, müssen begreifen, daß, was sie unter dem Schein der Religion aufrecht erhalten und lehren, nicht nur keine Religion ist, sondern ein Haupthindernis für die Aneignung der wahren Religion, die die Menschen schon kennen Und die einzig und allein sie von ihren Nöten erlösen kann.

Und so besteht denn das einzige wahre Mittel der Erlösung der Menschen eben nur darin, daß wir aufhören, zu tun, was die Menschen verhindert, ihr ganzes Leben mit der wahren Religion zu erfüllen, die in ihrem Bewußtsein lebt.

———

XI.

„Es stehet greulich und scheußlich im Lande, die Propheten lehren falsch, und die Priester herrschen in ihrem Amt, und mein Volk hat es gern also. Wie will es Euch zuletzt darob gehen!"

Jeremia V. 30,31

———

„Er hat ihre Augen verblendet und ihr Herz verstockt, daß sie mit den Augen nicht sehen, noch mit den Herzen vernehmen und sich bekehren, und ich ihnen hälfe."

Joh. XII. 40

———

„Die schönste Waffe bleibt stets die nicht gesegnete. Und darum stützt sich der vernünftige Mensch nicht auf sie. Er schätzt den Frieden am höchsten. Er siegt, aber er jubelt nicht.

Über den Sieg jubeln heißt jubeln über den Mord von Menschen. Wer über den Mord von Menschen jubelt, kann das Ziel nicht erreichen."

Lao-tse

„Wenn der Wanderer aus einer fernen Insel Menschen sähe, deren Häuser umstellt wären von geladenen Geschützen, und vor denen Tag und Nacht Wächter auf und nieder gingen, er müßte meinen, auf der Insel leben nur Räuber. Sieht es anders aus in unseren europäischen Staaten?
Wie gering ist der Einfluß, den die Religion aus die Menschen hat, oder wie fern sind wir noch von der wahren Religion!"

Lichtenberg

Ich wollte diese Arbeit gerade abschließen, als die Vernichtung von sechshundert unschuldigen Menschenleben aus Port Arthur gemeldet wurde. Man sollte meinen, die nutzlosen Leiden und der Tod der unglücklichen, betrogenen, um ein Nichts in einen schrecklichen Tod getriebenen Menschen sollten Die zur Besinnung bringen, die diese Vernichtung bewirkt haben. Ich spreche nicht von Makarow und den anderen Offizieren. Diese Menschen wußten, was sie tun und wofür sie es tun. Sie handelten freiwillig, um gewisser Vorteile willen, aus Ehrgeiz und eingehüllt in den Deckmantel der Lüge des Patriotismus, einer Lüge, die so leicht erkennbar ist und die nur darum nicht entlarvt wird, weil sie so allgemein ist. Ich spreche von den Unglücklichen, die man aus ganz Rußland zusammengetrieben hat, die man mit Hilfe des religiösen Betruges und unter Androhung von Strafe von ihrem ehrenhaften, vernünftigen, Nutzen dringenden, arbeitsreichen Familienleben losgerissen, die man bis ans andere Ende der Welt gejagt, auf eine grausame, läppische Mordmaschine gesetzt und mit dieser dummen Maschine zusammen im fernen Ozean ertränkt hat, ohne einen zwingenden Grund, ohne jede Möglichkeit eines Nutzens für all diese Entbehrungen, Anstrengungen, Leiden und den Tod, der über sie gekommen ist.

Im Jahr 1830, während des polnischen Krieges, hat der Adjutant Wyleżinski, den Chlopitzkij nach Petersburg gesandt hatte, in einem Gespräch mit Dibitsch, das sie in französischer Sprache führten, auf die von Dibitsch gestellte Bedingung, die russischen Heere sollten in Polen eindringen, geantwortet:

„Herr Marschall, unter solchen Bedingungen kann die polnische Nation dieses Manifest unmöglich annehmen."

„Glauben Sie mir, der Kaiser wird keine Zugeständnisse mehr machen."

„Dann sehe ich voraus, daß es einen Krieg geben wird; leider! Viel Blut wird fließen, viele unglückliche Opfer werden fallen."

„Glauben Sie Das nicht! Auf beiden Seiten werden höchstens zehntausend Menschen fallen, *et foilà dout*", sagte Dibitsch, der das Französische mit deutschem Akzent sprach. Er war überzeugt, daß er und ein anderer Mensch, der eben so grausam war wie er, der dem russischen und polnischen Leben eben so fern stand wie er, Nikolaus Pawlowitsch[3], das volle Recht haben, zehntausend oder hunderttausend Russen und Polen das Todesurteil zu sprechen.

Man sollte es für unmöglich halten, so töricht, so entsetzlich ist es; und doch ist es geschehen. Sechzigtausend Menschen, Erhalter ihrer Familien, gingen nach dem Willen dieser beiden Männer zu Grunde. Und das Gleiche geschieht jetzt.

Um die Japaner nicht in die Mandschurei hineinzulassen und um sie aus Korea zu verjagen, werden aller Wahrscheinlichkeit nach nicht zehn-, sondern fünfzigtausend Menschenleben nötig sein; vielleicht mehr. Ich weiß nicht, ob Nikolaus II. und Kuropatkin, wie Dibitsch in Worten aussprechen, daß zu diesem Zweck „nicht mehr als fünfzigtausend Menschenleben von russischer Seite nötig sind". Sie denken es aber, müssen es ja den-

---

3 [der damalige Zar, *pb*]

ken; denn das Werk, das sie tun, spricht für sich. Dieser ununterbrochene Strom unglücklicher, betrogener russischer Bauern, die man nach dem fernen Osten bringt, diese „nur" fünfzigtausend lebenden Russen, die Nikolaj Romanow und Alexej Kuropatkin zu töten beschlossen haben und töten werden, um die Dummheiten, Räubereien und allerlei Scheußlichseiten zu erhalten, die in China und Korea unsittliche, ehrgeizige Menschen angerichtet haben, Menschen, die jetzt ruhig in ihren Palästen sitzen und neuen Ruhm, neue Vorteile und neuen Profit von der Hinschlachtung dieser fünfzigtausend ganz unschuldigen, durch ihre Leiden und durch ihren Tod nicht das Geringste gewinnenden, betrogenen russischen Arbeiter erwarten. Um eines fremden Landes willen, auf das die Russen kein Anrecht haben, und das man den berechtigten Besitzern geraubt hat, um eines Landes willen, das die Russen in Wirklichkeit gar nicht brauchen, wegen gewisser dunkler Geschäfte von Abenteurern, die in Korea aus fremden Wäldern Geld schlagen möchten, werden ungeheure Millionen vergeudet. Das heißt: man wandelt den größten Teil der Arbeit des gesamten russischen Volkes in Schulden der künftigen Kinder dieses Volkes um, entreißt die besten Arbeiter der Arbeit und schickt erbarmungslos Tausende seiner Söhne in den Tod. Und die Vernichtung dieser Unglücklichen beginnt schon. Und noch mehr: der Krieg wird von Denen, die ihn angezettelt haben, so schlecht, so nachlässig geführt, Alles ist so wenig vorhergesehen, so wenig vorbereitet, daß, wie eine Zeitung sagt, die Haupterfolgschance Russlands darin besteht, daß es ein unerschöpfliches Menschenmaterial hat. Darauf bauen denn auch Die, die Zehntausende russischer Menschen in den Tod schicken.

Die Leute sagen: Die betrübenden Mißerfolge unserer Flotte müssen auf dem Lande gerächt werden. Das heißt: da die Führung auf dem Meer schlecht war, und durch ihre Nachlässigkeit nicht nur Millionen des Volksvermögens, sondern auch Tausende von Menschenleben vernichtet hat, so entschädigen wir uns dadurch, daß wir noch etliche Zehntausende zum Tod auf dem Lande verurteilen. Die kriechende Heuschrecke hilft sich beim Überschreiten von Flüssen dadurch, daß sie die unteren Schichten ertrinken läßt, und aus den Leichen eine Brücke bildet, über die die oberen Schichten hinwegschreiten. So geht es jetzt dem russischen Volk. Und die erste untere Schicht beginnt schon, zu ertrinken, und bahnt den Weg für die anderen Tausende, die eben so zugrunde gehen werden.

Glaubt man nun etwa, daß die Anstifter, die Anordner dieses entsetzlichen Werkes ihre Sünde, ihr Verbrechen zu begreifen anfangen? Ganz und gar nicht. Sie sind fest überzeugt, daß sie ihre Pflicht erfüllt haben und erfüllen, und sind stolz auf ihre Tätigkeit. Sehen etwa die unglücklichen, der Vernichtung geweihten Tausende den Betrug, der an ihnen begangen wird? Noch weniger. Sie sind überzeugt, daß, was an ihnen getan wird, nicht das Werk schlechter oder verirrter Menschen ist, sondern die Erscheinung einer Elementarkraft, gegen die der Mensch nicht ankämpfen kann.

Man spricht von dem Untergang des tapferen Makarow, der, nach allgemeinem Urteil, besonders gut Menschen töten konnte. Man beklagt die versunkene treffliche Mordmaschine, die viele Millionen gekostet hat. Man überlegt, wo man einen zweiten, eben so guten Totschläger finden und den armen, verirrten Makarow ersetzen kann. Man sinnt auf neue, noch wirksamere Mordwerkzeuge. Und all die Menschen, die an diesem schrecklichen Werke die Schuld tragen, vom Zaren bis zum letzten Zeitungsschreiber, sie Alle rufen einstimmig auf zu neuen Verrücktheiten, zu neuen Grausamkeiten, zur Steigerung der Vertierung und des Menschenhasses. „Makarow war nicht der einzige Mann in Rußland. Jeder Admiral, der an seine Stelle tritt, wird in seinen Spuren wandeln und den Plan und die Idee des ehrenvoll auf der Walstatt gebliebenen Makarow ausführen", schreibt „Nowoje Wremja".

„Wir wollen inbrünstig zu Gott beten für die Seelen aller, die ihr Leben geopfert haben dem heiligen Vaterlande, und zweifeln keinen Augenblick, daß eben dies Vaterland uns neue, ebenso heldenmütige Söhne für den weiteren Kampf schenken, und in ihnen einen unerschöpflichen Vorrat an Kräften zu einer würdigen Beendigung des Werks finden wird", schreiben die „Petersburger Nachrichten".

„Ein reifes Volk zieht aus einer Niederlage, und sei sie noch so vernichtend, keinen andern Schluß, als daß man den Kampf fortsetzen, ausdehnen, zu Ende führen muß. Wir werden neue Kräfte in uns finden; neue Geisteskämpen werden uns erstehen", schreibt die „Ruß". U[nd]. d[er]gl[eichen].m[ehr].

Und mit gesteigerter Wut werden Mord und Greuel aller Art fortgesetzt. Begeisterung herrscht ob des kriegerischen Geistes der Freiwilligen, die unerwartet auf fünfzig ihrer Nebenmenschen stoßen und sie niedermetzeln bis auf den letzten Mann, oder die ein Dorf erstürmen und alle Einwohner niedermachen, oder Menschen erhängen und niederschießen, die man beschuldigt, Spionendienste zu leisten, d. h. Dienste, die wir selber für unentbehrlich halten und unaufhörlich selber ausüben. Und solche Verbrechen werden in feierlichen Telegrammen ihrem Hauptanstifter, dem Zaren, gemeldet, und dieser schickt seinen heldenmütigen Kriegern seinen Segen zur Fortführung solcher Werke.

Leuchtet nicht Jedem ein, das; es nur eine Erlösung aus dieser Lage gibt: die von Christus verkündete? Suchet das Reich Gottes und seine Wahrheit (die, die in Euch ist); und alles Andere, d. h. all das praktische Glück, das der Mensch erstreben kann, wird sich von selbst verwirklichen. Das ist das Gesetz des Lebens. Das praktische Glück erreicht der Mensch nicht, wenn er diesem Glücke nachstrebt; ein solches Streben entfernt vielmehr den Menschen meist von Dem, was er sucht. Nur wenn der Mensch gar nicht daran denkt, dieses Glück zu erreichen, und der vollkommensten Erfüllung Dessen zustrebt, was er für seine Pflicht vor Gott, vor dem Urquell alles Seins und dem Gesetz seines Lebens ansieht, nur dann erreicht er nebenbei auch das praktische Glück.

Und so können wir denn nur erlöst werden durch die Erfüllung des göttlichen Willens; jeder einzelne Mensch muß ihn in sich selbst erfüllen, d. h. in dem Teil der Welt, der allein seiner Macht unterliegt. Das ist die wesentlichste, die einzige Bestimmung jedes einzelnen Menschen; und sie ist zugleich das einzige Mittel, durch das jeder einzelne Mensch auf seine Nebenmenschen einwirken kann. Darauf – und darauf allein – muß deshalb alle Anstrengung jedes Menschen gerichtet sein.

17. April 1904

––––––

XII.

Ich hatte gerade die letzten Seiten dieses Aufsatzes über den Krieg fortgeschickt, als die entsetzliche Nachricht von dem neuen Verbrechen eintraf, das diese leichtfertigen, von der Macht berauschten Menschen, die sich das Recht angemaßt, über das russische Volk zu verfügen, an diesem Volke verübt haben. Wieder haben diese knechtseeligen Generale, die rohen Knechte von Knechten, geschmückt mit ihren bunten Röcken, aus der Sucht sich auszuzeichnen oder einer den andern auszustechen, oder das Recht zu erlangen, ihr buntes Narrenkleid mit noch einem Sternchen, einem klappernden Anhängsel oder einem Ordensbändchen zu schmücken, – wieder haben diese unnützen, kläglichen Menschen in ihrer Dummheit oder Trottelhaftigkeit viele Tausende von den ehrenhaften, guten, fleißigen Arbeitern, von denen sie erhalten werden, unter schrecklichen Leiden in den Tod geschickt. Und auch dieses neue Verbrechen weckt in den Anstiftern dieses Werks nicht die Überlegung oder Reue. Nein, man hört und liest nur davon, wie man's anstellen sollte, schleunigst möglichst viel Menschen zu verwunden und zu töten und möglichst viel Familien – russische und japanische – zu Grunde zu richten.

Mehr noch: um die Menschen zu neuen Verbrechen gleicher Art vorzubereiten, gestehen die Anstifter dieser Greuel nicht nur nicht ein, was doch jedermann deutlich sieht, daß es für die Russen – von ihrem patriotischen, militärischen Gesichtspunkt aus betrachtet, eine schmachvolle Niederlage war, sie geben sich sogar alle Mühe der leichtgläubigen Menge einzureden, daß diese unglücklichen Russen, die wie das Vieh zur Schlachtbank geführt und in eine Falle gelockt worden sind, von denen einige Tausende getötet und verstümmelt wurden, nur, weil der eine General nicht verstanden hatte, was der andere gesagt hat – daß diese Unglücklichen eine Heldentat vollbracht haben, weil die einen, die nicht entfliehen konnten, getötet wurden, und die andern, die entflohen, am Leben geblieben sind. Und daß einer von diesen entsetztlichen, unmoralischen, grausamen Menschen, von diesen gepriesenen Generalen und Admiralen eine Menge friedlicher Japaner ins Wasser gestürzt hat, auch das wird als eine große, glänzende Tat ausposaunt, über die die Russen jubeln müßten. Und in allen Zeitungen wird der entsetzliche Aufruf zum Morde abgedruckt:

„Die zwei Tausende russischer Soldaten, die am Yalu hingemordet sind und die auf dem ‚Netwisan' Verstümmelten, ihre Schicksalsgenossen, und unsere vernichteten Torpedos mögen unsern Kriegsschiffen sagen, mit welcher Zerstörungswut sie über die Küsten des niedrigen Japan herzufallen die Pflicht haben. Japan hat seine Heere ausgeschickt, russisches Blut zu vergießen, und es verdient keine Schonung. Nun ist nicht die Zeit, nun wäre es Sünde, der Sentimentalität Raum zu geben, nun heißt es Kampf, heißt es so schwere Schläge zu versetzen, daß die Erinnerung an sie die ränkevollen Herzen der Japaner zu Eis erstarren macht.·Nun ist die Zeit gekommen, wo unsere Kriegsschiffe hinaus müssen aufs hohe Meer, um die Städte Japans in Asche zu legen, um Schrecken und Unheil zu bringen über seine schönen Ufer."

„Es ist nicht Zeit, der Sentimentalität Raum zu geben."

Und das grauenvolle Werk wird fortgesetzt. Fortgesetzt Plünderung, Gewalttat, Mord, Heuchelei, Raub und vor allem die entsetzliche Lüge: die Verdrehung der religiösen Lehren, der christlichen, wie der buddhistischen.

Der Zar, der Mann, der vor allen die Verantwortung trägt, hält ununterbrochen Paraden ab, teilt Dank und Belohnungen aus, feuert an und gibt Befehle, die Reserven einzuziehen. Die treuen Untertanen legen immer wieder und wieder ihr Hab und Gut und ihr Leben zu den Füßen des vergötterten Monarchen, wie sie ihn nennen, nieder, aber nur mit dem Munde. Da aber einer den andern übertreffen will durch die Tat, und nicht bloß in Worten, reißen sie Väter, Ernährer von den verwaisten Familien los und rüsten sie aus zu ihrem Auszug zur Schlachtbank. Die Zeitungsschreiber lügen, je schlimmer die Lage der Russen ist, um so gewissenloser, und machen aus schmachvollen Niederlagen Siege; sie wissen, daß sie niemand widerlegen wird und stecken ruhig das Geld ein, das ihnen die wachsende Zahl ihrer Leser und der vermehrte Verkauf in den Straßen hereinbringt. Je mehr Geld und Volks-Arbeit der Krieg erfordert, um so mehr stehlen Befehlshaber und Geschäftemacher jeder Art; sie wissen, daß niemand sie entlarven wird, weil alles stiehlt. Die Militärs, die zum Morden herangebildet sind, die Jahrzehnte lang die Schule der Unmenschlichkeit, der Roheit und des Müßiggangs durchgemacht haben, jubeln, die Unglückseligen, denn sie sehen, neben der Erhöhung der Gehälter, durch den Tod der Kameraden den Weg zu höheren Stellungen geöffnet. Christliche Seelenhirten rufen ununterbrochen die Menschen zu dem furchtbarsten Verbrechen auf, lästern immer und immer, indem sie Gott um Hilfe anrufen in dem Werk des Kriegs. Kein Wort des Tadels, Anerkennung, ja hohes Lob haben sie für *den* Seelenhirten, der mit erhobenem Kreuz die Menge an der Stätte des Verbrechens zu Mord und Totschlag anfeuert. Und ganz dasselbe geschieht in Japan. Mit noch glühenderem Feuer stürzen sich, ermutigt durch ihre Siege, die irregeführten Japaner, die alles Schlechte in Europa nachahmen, in Mord und Totschlag. Der Mikado hält ebensolche Paraden ab, teilt die gleichen Belohnungen aus. Die Generale brüsten sich ganz wie ihre russischen Kameraden und meinen, weil sie morden gelernt haben, hätten sie Zivilisation gelernt. Ganz so jammert das unglückliche arbeitende Volk, das man von nützlichem Schaffen und von den Familien losgerissen hat. Ganz so lügen die Zeitungsschreiber und freuen sich über die wachsende Zahl ihrer Leser, und ganz so, vermutlich (denn wo der Mord zur Heldentat erhoben wird, müssen alle

Laster aufblühen), ganz so, vermutlich, scharren Befehlshaber und Geschäftemacher aller Art Geld zusammen, und ganz so verdrehen japanische Priester und Religionslehrer, die den Europäern in der Technik des religiösen Betrugs und der Lästerung so wenig nachstehen, wie ihre Militärs in der Technik der Kriegskunst, die großartige Lehre Buddhas, indem sie den Mord, den Buddha verboten hat, nicht bloß dulden, sondern rechtfertigen.

Der buddhistische Gelehrte Soyen Shaku, das Oberhaupt von 800 Klöstern, lehrt: obgleich Buddha den Totschlag verboten hat, hat er doch gesagt, er würde keine Ruhe finden, ehe alle Wesen vereint seien in einem unendlichen liebenden Herzen; darum müssen wir, um die in Unordnung befindlichen Dinge in Ordnung zu bringen, Krieg führen und Menschen töten.[4]

Als ob es nie eine christliche oder buddhistische Lehre von der Einheit des menschlichen Geistes, von der Brüderlichkeit der Menschen, von der Liebe, dem Mitleid, der Unantastbarkeit des Menschenlebens gegeben hätte! Menschen, die schon von dem Licht der Wahrheit erleuchtet sind, Japaner und Russen, fallen wie wilde Tiere, schlimmer als wilde Tiere übereinander her, von

---

[4] Es heißt in dem Aufsatz: „Die dreigestaltige Welt gehört mir. Alle Dinge in ihr sind meine Kinder ... Alle sind nur das Ebenbild meines Ichs. Alle entstammen einem Ursprung ... Alle sind Teile meines Leibes. Deshalb kann ich nicht Ruhe finden, so lange noch der kleinste Teil alles Seienden seine Bestimmung nicht erreicht hat ... / Dies ist das Verhältnis Buddhas zur Welt, und wir, seine demütigen Nachfolger, müssen in seinen Wegen wandeln. Warum also kämpfen wir? / Weil die Welt nicht so ist, wie sie sein soll, weil die Wesen verderbt sind, die Gedanken verlogen, die Herzen auf das Böse gerichtet, und alles aus unwissender Subjektivität. Und darum werden die Buddhisten nie aufhören, mit allen Erzeugnissen der Unwissenheit Krieg zu führen, und ihr Krieg wird fortdauern bis zum bittern Ende (*to the bitter end*). Sie werden keinen Pardon geben (*They will show no quarter*). Sie werden die Wurzeln vertilgen, denen alles Unglück des Lebens entspricht. / Um dies Ziel zu erreichen, werden sie ihr Leben nicht schonen." / Dann kommen, ganz wie bei uns, wirre Betrachtungen über Selbstverleugnung und Sanftmut, über die Seelenwanderung und vieles andere, und alles das nur, um das einfache und klare Gebot Buddhas: Du sollst nicht töten, zu verdunkeln. / Weiter heißt es: „Die Hand, die zum Schlag erhoben ist, und das Auge, das auf das Ziel gerichtet ist, gehören nicht der Person, sie sind Werkzeuge, deren sich der Urquell bedient, der höher steht, als das vergängliche Leben" usw. („The Open Court", May 1904. Buddhist Views of War. The Right Rev. Soyen Shaku).

dem einen Verlangen beseelt, so viel Menschenleben als möglich zu vernichten. Tausende von Unglücklichen stöhnen und krümmen sich unter grausamen Leiden und sterben unter Qualen in japanischen und russischen Lazaretten. Und sie fragen sich verwundert, warum so Entsetzliches mit ihnen geschieht. Andere Tausende faulen in der Erde und über der Erde oder treiben auf den Wellen, quellen auf und zerfallen. Und zehntausende Frauen, Väter, Mütter, Kinder, beklagen ihre Ernährer, die um ein Nichts ihr Leben gelassen haben. Das Alles aber ist nicht genug, immer neue, immer neue Opfer bereiten sich vor. Die Hauptsorge der Anführer des Mordens besteht darin, daß von russischer Seite der Strom des Kanonenfutters – 3000 Mann täglich, die dem Untergange geweiht sind – nicht einen Augenblick stocke. Und die gleiche Sorge beschäftigt die Japaner. Die kriechende Heuschrecke wird ununterbrochen in den Fluß gejagt, damit die folgenden Reihen hinwegschreiten über die Brücke, die die Ertrunkenen gebildet haben …

Wann aber wird das enden? Wann endlich werden die betrogenen Menschen zur Besinnung kommen und sagen: „So geht doch Ihr, Ihr erbarmungslosen Zaren, Mikados, Minister, Bischöfe, Geistliche, Generale, Zeitungsschreiber, Geschäftemacher, und wie Ihr sonst heißen möget, geht doch Ihr in den Regen der Kugeln und Granaten! Wir wollen nicht, wir gehen nicht. Lasset uns in Ruhe, damit wir ackern, säen, bauen und Euch Müßiggänger füttern." Solche Rede wäre so natürlich jetzt, wo bei uns in Rußland Klagen und Heulen von Hunderttausenden von Müttern, Frauen, Kindern durchs Land geht, denen man ihre Ernährer nimmt, die sogenannten Reservisten. Diese Reservisten, oder doch die meisten von ihnen, können doch lesen und schreiben. Sie wissen, was das sagen will, der ferne Osten; sie wissen, daß der Krieg geführt wird, nicht um eine Sache, die dem russischen Volke im mindesten nötig wäre, sondern um ein fremdes Stück Land, „Pachtland", wie sie sagen, in dem gewisse Geschäftemacher zu ihrem persönlichen Vorteil Wege gebaut und Unternehmungen ins Werk gesetzt haben; sie wissen auch, oder können doch wissen daß man sie abschlachten wird wie Schafe auf der Schlachtbank, weil die Japaner die vollkommensten Mordwerkzeuge besitzen, wir aber nicht; denn die russische Regierung, die sie in den Tod schickt, hat nicht zur rechten Zeit daran gedacht, solche Mordwerkzeuge einzuführen, wie sie die Japaner haben. Es wäre nur natürlich, wenn Leute, die das Alles wissen, sagten: „Geht Ihr hin, Ihr, die Ihr dies Werk angestiftet habt, Ihr Alle, die Ihr den Krieg braucht und ihn berechtigt findet, stellet Euch den Kugeln und Minen der Japaner. Wir gehen nicht hin. Uns nützt es zu nichts, und wir begreifen nicht einmal, wem in der Welt das nützen kann."

Aber nein, sie sagen das nicht, sie gehen hin, sie werden hingehen, so lange sie sich vor dem fürchten werden, was den Körper vernichtet, und nicht vor dem, was Körper und Seele vernichtet.

„Ob man uns tötet oder verwundet in irgend einem fernen Yunampo, nach dem man uns hinschickt – so denken sie – das ist noch ungewiß. Vielleicht kommen wir auch heil nach Hause, bekommen Auszeichnungen und werden bejubelt, wie die Matrosen, die man jetzt in ganz Russland so feiert, weil die Bomben und Granaten der Japaner nicht sie getroffen haben, sondern ihre Kameraden. Weigern wir uns aber, so wirft man uns bestimmt ins Gefängnis, läßt uns hungern und peitschen, schickt uns nach Sibirien oder schlägt uns auf der Stelle tot." Und so ziehen sie hin, Verzweiflung im Herzen, und verlassen ihr gutes, vernünftiges Leben, ihre Weiber, ihre Kinder.

Gestern begegnete ich einem Reservisten, dem seine Mutter und seine Frau das Geleit gaben. Sie fuhren alle drei in ihrem Leiterwagen an mir vorüber. Er hatte ein wenig getrunken, das Gesicht seiner Frau war vom Weinen geschwollen, er rief mir zu:

Lebt wohl, Ljew Nikolajewitsch, es geht zum fernen Osten.

Wie, Krieg willst du führen?

Der Mensch muß sich doch schlagen.

Kein Mensch muß sich schlagen.

Er wurde nachdenklich. – Wie denn? *wo soll man denn hin?*

Ich sah, er hatte mich verstanden. Er hatte verstanden, daß die Sache, zu der man ihn hinausschickt, eine schlechte Sache ist.

„Wo soll man denn hin?" Das ist der rechte Ausdruck für die Seelenstimmung, die in der offiziellen Welt und in der Presse durch die Worte wiedergegeben wird: „Mit Gott für König und Vaterland." Die Leute, die ihre hungrigen Familien zurücklassen und in Leiden und Tod hinausziehen, drücken das, was sie fühlen, so aus: „Wo soll man denn hin?" Die aber, die in Sicherheit in ihren prächtigen Palastes! wohnen, sagen: Alle Russen sind bereit, ihr Leben hinzuopfern für ihren vergötterten Monarchen, für den Ruhm und die Größe des russischen Reiches.

Gestern bekam ich von einem bekannten Landmann zwei Briefe, einen nach dem anderen.

Der erste lautet:

„Teurer Ljew Nikolajewitsch! Soeben habe ich die Gestellungsordre bekommen, morgen muß ich mich am Sammelpunkt einstellen. Dann geht's weiter in den fernen Osten unter die japanischen Granaten.

Von meinem Leid und dem Leid meiner Familie will ich Ihnen nicht erzählen. Sie verstehen das ganze Entsetzen meiner Lage und die Schrecken des Krieges. Sie haben Alles das schon vor langen Jahren durchlitten und verstehen Alles. Wie gerne wäre ich bei Ihnen, um mich über Alles mit Ihnen zu unterhalten. Ich hatte gerade einen langen Brief an Sie geschrieben, in dem ich die Qualen meiner Seele geschildert habe. Ich war aber mit der Reinschrift noch nicht fertig, als die Gestellungsordre kam. Was soll meine Frau jetzt beginnen mit ihren vier Kindern? Sie sind ein alter Mann und können sich natürlich um das Schicksal meiner Familie nicht bekümmern. Sie können aber einen Ihrer Freunde bitten, bei Gelegenheit meine verwaiste Familie einmal zu besuchen. Ich bitte Sie von Herzen, wenn meine Frau die Qualen ihrer Verlassenheit mit ihrem Häuflein Kinder nicht ertragen wird und zu Ihnen kommen wird nach Rat und Hilfe, nehmen Sie sie auf und trösten Sie sie. Wenn sie Sie auch nicht persönlich kennt, so glaubt sie doch an Ihr Wort, und das bedeutet viel.

Der Gestellungsordre widersetzen konnte ich mich nicht. Aber ich sage es vorher, durch meine Schuld wird auch nicht eine japanische Familie verwaist werden. Gott, wie entsetzlich ist das Alles. Wie schwer und schmerzlich ist es, Alles zu verlassen, was unser Leben und unsere Sorge ist."

Der zweite Brief lautet:

„Lieber Ljew Nikolajewitsch, es ist erst ein Tag wirklichen Dienstes vorüber, und ich habe schon eine Ewigkeit verzweifelte Qualen durchlebt. Von acht Uhr morgens bis neun Uhr abends hat man uns auf dem Kasernenhofe wie eine Herde Vieh herumgestoßen und herumgezerrt. Dreimal hat man die Komödie der körperlichen Besichtigung wiederholt, und alle, die sich krank meldeten, hat man nach einer Prüfung von kaum zehn Minuten ‚tauglich' befunden. Als man uns, diese Tauglichen, 2000 Mann, von dem Höchstkommandierenden wegschickte und in die Kaserne trieb, standen auf der Straße, eine Werst lang, eine Menge Verwandte, Mütter, Frauen mit Kindern auf den Armen. Wenn Sie gehört und gesehen hätten, wie sie sich ihren Vätern, Männern und Söhnen um den Hals warfen und verzweifelt schluchzten! Ich kann mich sonst überwinden und beherrsche meine Gefühle, aber ich konnt's nicht aushalten und mußte auch weinen." (In der Sprache unserer Zeitungen heißt so etwas: Aufflammen des patriotischen Gefühls.) „Wo ist ein Maß, dies Riesenleid zu messen, das sich jetzt wohl über ein Drittel des Erdballs ausbreiten wird ? Und wir, wir sind jetzt das Kanonenfutter, das in naher Zukunft dem Gott der Rache und des Entsetzens hingeopfert wird …

Es ist mir ganz unmöglich, das seelische Gleichgewicht zu finden. O, wie ich diese Zwiespältigkeit hasse, die mir nicht erlaubt, dem einen Herrn und Gott zu dienen …"

Dieser Mensch ist noch nicht genügend von dem Glauben erfüllt, daß nicht das schrecklich ist, was den Körper verdirbt, sondern das, was Körper und Seele verdirbt, darum hat er nicht die Kraft gehabt, den Dienst zu verweigern; wohl aber versichert er in dem Augenblick, da er seine Familie verläßt, im vorhinein, daß durch seine Schuld auch nicht eine japanische Familie verwaisen solle. Er glaubt an das oberste Gesetz Gottes, das Gesetz aller Religionen: handle gegen deine Nebenmenschen, wie du willst, daß sie gegen dich handeln. Und solcher Menschen, die mehr oder weniger bewußt dies Gesetz bekennen, gibt es in unsrer Zeit nicht allein in der christlichen, sondern auch in der buddhistischen, mohammedanischen, confucianischen, brahminischen Welt Tausende, ja Millionen.

Es gibt echte Helden, – nicht die, die jetzt gefeiert werden dafür, daß sie auszogen, andere zu töten und selber nicht getötet worden sind; die echten Helden sind die, die jetzt in den Gefängnissen und in Sibirien schmachten, weil sie rundheraus erklärten, daß sie nicht in die Reihen der Mörder eintreten, und das Martyrium dem Abfall von dem Gesetze Christi vorzogen. Es gibt auch solche, wie der Mann, der mir schreibt; sie gehen zwar mit, werden aber niemanden töten. Aber auch die Mehrheit, die mitgeht, ohne nachzudenken, die mit voller Absicht über das, was sie tut, nicht nachdenkt, fühlt jetzt schon im tiefsten Herzen, daß sie ein schlechtes Werk betreibt, wenn sie sich gehorsam den Gewalten fügt, die sie von der Arbeit und der Familie losreißen und sie hinausschicken in ein unnützes, ihrer Seele und ihrem Glauben widerstrebendes Menschenmorden; sie gehen aber mit, weil sie von allen Seiten so eingeengt sind, daß sie nicht wissen, „wo soll man denn hin?"

Die aber, die daheim bleiben, fühlen das nicht bloß, sie wissen es und sprechen es aus. Gestern traf ich auf der großen Fahrstraße Landleute, die aus Tula ohne Frucht heimkehrten. Einer von ihnen schritt neben dem Wagen her und las ein Blatt.

Ich fragte ihn: ‚Was ist das, ein Telegramm?'

Er blieb stehen. ‚Es ist von gestern, aber es gibt auch eins von heute.'

Er zog das neue aus der Tasche. Wir blieben beide stehen. Ich las.

Was es gestern auf dem Bahnhof gegeben hat – fing er an – entsetzlich! Frauen, Kinder, über tausend; alle schreien, stellen sich um den Zug herum und wollen ihn nicht fahren lassen. Fremde Menschen, die dabei waren, weinten. Eine Frau aus Tula, die schluchzte nur auf und war auf der Stelle tot. Fünf Kinder. Die haben sie in die Asyle gesteckt, ihn aber haben sie doch fortgeschickt ... Was soll uns denn die Mandschurei dahinten? Wir haben Land genug. Und wie viel Menschen hat man totgeschlagen und wie viel Geld hat das gekostet ...

Ja, die Menschen stehen zu dem Kriege heute ganz anders, als früher, als noch vor kurzer Zeit, im Jahre [18]77. Nie hat man gehört, was man jetzt hört.

Die Zeitungen sprechen von der unbeschreiblichen Begeisterung, mit der der Zar empfangen wird, der im ganzen Lande umherreist, um die Menschen, die zum Morden ausgeschickt werden, zu hypnotisieren. In Wirklichkeit sieht es ganz anders aus. Von allen Seiten kommen Berichte: da haben sich drei neu einberufene Reservisten aufgehängt, dort noch zwei, dort hat eine Frau, deren Mann ins Feld gezogen ist, ihre Kinder auf die Kommandantur gebracht und dagelassen, eine andere hat sich auf dem Hofe des Kommandanturgebäudes erhängt. Alle Menschen sind unzufrieden, mürrisch, empört. Die Worte „Mit Gott für König und Vaterland", die Volkshymne, die Hurrarufe machen keinen Eindruck mehr auf die Menschen. Ein anderer Krieg, der diesem ganz entgegengesetzt ist, der Krieg, den die Erkenntnis der Unwahrheit und Sündhaftigkeit des Werkes, zu dem die Menschen herangezogen werden, zu führen beginnt, ergreift immer mehr und mehr die Seelen der Menschen.

Ja, der große Kampf unserer Zeit ist nicht der, der jetzt zwischen Japanern und Russen gekämpft wird, oder der, der zwischen der weißen und gelben Rasse entbrennen kann, nicht der Kampf, der mit Minen, Bomben und Granaten geführt wird, sondern der geistige Kampf, der von Alters her geführt wurde und noch heute geführt wird, der Kampf zwischen dem zur Klarheit erwachenden Menschheitsbewußtsein und dem Dunkel und dem Drucke, die von allen Seiten auf uns lasten.

Christus harrte schon damals sehnsuchtsvoll der Erfüllung entgegen und sagte: Ich bin gekommen, daß ich ein Feuer anzünde auf Erden, was wollte ich lieber, denn es brennte schon? (Luc. 12, 49)

Was Christus ersehnt hat, vollzieht sich. Das Feuer brennt. Wir wollen ihm nicht entgegenwirken, wir wollen ihm dienen.

30. April 1904

———

Ich würde diese Arbeit über den Krieg nie zu Ende führen, wollt' ich weiter alles in sie aufnehmen, was ihren Grundgedanken bestätigt. Gestern kam die Nachricht von der Versenkung der japanischen Panzerschiffe, und in den sogenannten höheren Kreisen der angesehenen, reichen, intelligenten russischen Gesellschaft jubelt man, ohne die geringste Beunruhigung des Gewissens, über den Untergang tausender Menschenleben. Ich aber habe heute von einem einfachen Matrosen, einem Menschen, der auf der untersten Sprosse der gesellschaftlichen Stufenleiter steht, folgenden Brief bekommen:

„Brief des Matrosen (hier folgt der volle Name des Absenders[5]).

Dem hochverehrten Ljew Nikolajewitsch meinen Gruß, meinen tiefen Gruß voller Liebe. Ljew Nikolajewitsch, ich habe Ihre Werke gelesen, sie haben mir viel Vergnügen gemacht, und ich habe Ihre Werke sehr gern gelesen. Wir haben jetzt Krieg, Ljew Nikolajewitsch, und da bitte ich, schreiben Sie mir gütigst, ob es Gott gefällig ist, daß die Regierung uns zwingt, Menschen zu töten? Ich bitte Sie, Ljew Nikolajewitsch, schreiben Sie mit gütigst, gibt es jetzt Wahrheit in der Welt oder nicht? Bei uns in der Kirche werden Gebete abgehalten, der Priester spricht von einem christlichen Krieg. Ist es wahr oder nicht, daß Gott den Krieg liebt? Ich bitte Sie, Ljew Nikolajewitsch, teilen Sie mir mit, ob Sie nicht solche Bücher haben, aus denen ich lesen kann, ob es auf der Welt Wahrheit gibt oder nicht. Schicken Sie mir, bitte, solche Bücher. Was das kosten wird, werde ich bezahlen. Ich bitte Sie, Ljew Nikolajewitsch, erfüllen Sie meine Bitte. Wenn es solche

---

[5] Im Original ist der Brief ganz treu, auch mit den orthographischen Fehlern, abgedruckt.

Bücher nicht gibt, so schicken Sie mir einen Brief, er wird mir eine große Freude machen. Mit Ungeduld werde ich Ihren Brief erwarten. Jetzt auf Wiedersehen. Ich bin lebendig und gesund und wünsche auch Ihnen das Gleiche von Gott dem Herrn, und wünsche Ihnen gute Gesundheit und guten Erfolg in allen Dingen."

Dann folgt die Adresse: Port Arthur, der Name des Schiffs, auf dem der Schreiber dient, Stand, Vorname, Vatersname und Familienname.

Mit Worten und persönlich kann ich diesem lieben, ernsten und wahrhaft aufgeklärten Manne nicht antworten. Er ist in Port Arthur, und dahin gibt es keine Verbindung mehr, weder brieflich noch telegraphisch. Und doch gibt es zwischen uns eine Verbindung: diese Verbindung ist der Gott, an den wir beide glauben und von dem wir beide wissen, daß er an kriegerischen „Taten" kein Wohlgefallen hat. Der Zweifel der sich in seiner Seele regt, enthält zugleich schon seine eigene Lösung.

Und dieser Zweifel regt sich und lebt jetzt nicht bloß in den Seelen Tausender und Abertausender Russen und Japaner, sondern all der unglücklichen Menschen, die mit Gewalt gezwungen werden zur Vollbringung eines Werks, das, wie kein anderes, der menschlichen Natur widerstrebt.

Die Hypnose, mit der man die Menschen betäubt hat und immer noch zu betäuben sucht, wird bald vorüber sein. Ihre Wirkung wird immer schwächer und schwächer; der Zweifel aber, „ob es Gott gefällig ist, daß die Regierung uns zwingt, Menschen zu töten", wird immer mächtiger und mächtiger; er kann durch nichts erstickt werden und breitet sich immer mehr und mehr aus.

Der Zweifel, ob es Gott gefällig ist, daß uns die Regierung zwingt, Menschen zu töten? – Das ist der Funke jenes Feuers, das Christus auf dieser Erde angezündet hat und das aufzulodern beginnt. Das zu wissen und zu fühlen, ist eine große Freude.

Jasnaja Poljana, den 8. Mai 1904

V.
Aus dem Lesezyklus für alle Tage

(Krug čtenija, 1904-1906)

Von Leo Tolstoi ausgewählte und
selbst verfasste Texte

A.
DER KRIEG IST KEINE ELEMENTAR-,
SONDERN EINE REIN MENSCHLICHE ERSCHEINUNG[1]
(Lesetexte für den 9. März)

1.

Es gibt keine solche Greuel, welche ein Mensch nicht verüben könnte, der in seiner Seele beschlossen hat, daß dasjenige, was er tut, eine von ihm unabhängige Elementarerscheinung sei. Ein solcher Mensch ist krank: vor ihm muß man sich hüten, einen solchen muß man als Kranken behandeln. Ebenso hat man sich auch vor denen zu hüten und auch die muß man als Kranke behandeln, die vom Kriege behaupten, daß er eine Elementarerscheinung sei.

2.

Unlängst kam aus Amerika, um seiner Dienstpflicht nachzukommen, der Soldat Gontodier. Augenscheinlich ist derselbe ein guter Staatsbürger, weil er sich den Gesetzen seines Vaterlandes unterwirft. Er erwies sich jedoch sofort als ein schlechter Soldat, denn er erklärte, daß ihm sein Gewissen die Waffenübung zwecks der Tötung seines Nächsten nicht gestatte. Er wurde

---

[1] Textquelle | Leo TOLSTOI: Für alle Tage. Ein Lebensbuch. Band I. Erste vollständig autorisierte Übersetzung. Herausgegeben v. Dr. E[ugen]. H[einrich]. Schmitt und Dr. A[lbert]. Skarvan. Dresden: Verlag von Carl Reißner 1906, S. 178-181.

deshalb zu drei Jahren Gefängnis verurteilt, worauf er auch ferner bei seinem Entschluß beharrte. Er wurde dann der Sanitätsabteilung zugeteilt. Ein ähnlicher Fall ereignete sich in Belfort (in allen Armeen wiederholen sich von Zeit zu Zeit ganz die nämlichen Fälle). Als der Kommandierende diesen Soldaten in Belfort aufforderte, Gehorsam zu leisten, indem er sagte, in ganz Frankreich verweigere nur er allein den Dienst, antwortete derselbe: „Wenn ihr ein Weizenkorn säet, so werden im nächsten Jahre zwanzig daraus ..."

Wenn der bewaffnete Friede und der Krieg jemals vernichtet werden, so wird dies nicht durch Bestrebungen von oben geschehen. Der Krieg ist für gar viele vorteilhaft. Das gewünschte Ideal wird nur dann erreicht werden, wenn alle diejenigen, die am meisten vom Kriege zu leiden haben, begreifen, daß ihr Los in ihren eigenen Händen ruht, und wenn sie zu ihrer Befreiung die Kraft des Beharrungsvermögens anwenden.

[Jean] Hardouin, [französischer Korrespondent im russisch-japanischen Krieg 1904/1905]

3.

Daß ganz Europa, ungeachtet des Fortschrittes der Zivilisation, gegenwärtig ein riesiges Militärlager vorstellt, und daß die Kräfte des am meisten entwickelten Teiles der Menschheit auf Krieg und Vorbereitungen zu Kriegen verschwendet werden, dies haben wir zwei großen Erfindungen zu verdanken: der Erfindung indirekter Steuern und der Staatsanleihen.

Henry George [1839-1897, amerikanischer Ökonom]

4.

Dadurch, daß wir durch unser Gebet die Teufel, welche zum Krieg aufstacheln, besiegen, daß wir die Völker aufmuntern, die Verträge nicht zu brechen, die Friedensbedingungen nicht zu übertreten, sind wir den Herrschern viel nützlicher, als ihre Krieger. Wir nehmen einen tätigen Anteil an der Hebung des allgemeinen Wohls, indem wir zu unsern Gebeten und Ermahnungen noch Betrachtungen und Exerzitien hinzufügen, durch die wir

die Menschen lehren, sich von der Sinnenlust zu befreien. Ja, wir kämpfen solchergestalt mehr als irgend jemand für das Wohl des Kaisers. Es ist wahr, wir dienen nicht unter seinen Fahnen und werden auch nicht dienen, auch wenn er uns dazu zwingen sollte; wir streiten aber für ihn mit guten Werken.
Origines contra Celsum [*Apologie, um 245 n. Chr.*]

5.

Durch die Erfüllung seiner Mission gründete Jesus eine neue Gesellschaft. Bis zu Christi Geburt gehörten die Völker einem oder mehreren Herren an, ganz so wie Viehherden ihren Besitzern angehören. Fürsten und Machthaber unterdrückten das Volk mit dem ganzen Gewicht ihres Stolzes und ihrer Habsucht. Jesus machte diesen traurigen Zuständen ein Ende, richtete die gebeugten Häupter empor und befreit die Sklaven. Er belehrt die Menschen, daß sie frei seien, weil sie gleich sind vor Gott, sowie daß einer von dem andern unabhängig sei, daß Niemand aus sich selbst an und für sich Macht über seine Brüder habe, daß Freiheit und Gleichheit als göttliche Gesetze des Menschengeschlechtes unantastbar seien; daß Macht kein Recht sein könne; daß dieselbe in gesellschaftlicher Beziehung eine Pflicht, eine Art Dienstleistung sei, die man im Interesse der allgemeinen Wohlfahrt freiwillig auf sich nehme. So ist die Gesellschaft beschaffen, welche Jesus gründete. Was aber sehen wir in der Welt? Ist es diese Lehre, die in derselben herrscht? Was sind die Fürsten der Erde – der Völker, Diener oder Herren? Achtzehn Jahrhunderte hindurch hat ein Geschlecht dem andern die Lehre Christi überliefert und alle behaupten, sie glaubten an diese Lehre, was aber hat sich in der Welt geändert? Die unterdrückten und leidenden Völker harren noch immer auf die verheißene Befreiung, und zwar nicht etwa deshalb, weil das Wort Christi unwahr oder ohnmächtig wäre, sondern weil die Völker entweder nicht begriffen haben, daß die Verwirklichung der Lehre durch ihre eigene Anstrengung und durch festen Willen verwirklicht werden müsse, oder weil sie, eingeschläfert in ihrer Erniedrigung, das Einzige nicht getan haben, was zum Siege führt, – nämlich bereit zu sein für die Wahrheit zu sterben. Sie werden aber erwachen. Schon rührt sich etwas in ihrer Mitte: sie vernehmen schon die Stimme, die zu ihnen spricht: die Errettung ist nahe.

[*Hugues Félicité-Robert de*] *Lamennais*
[*1782-1854, französischer kath. Theologe*]

––––––

Der Mensch im allgemeinen, und besonders der Christ, ist verpflichtet am Krieg und an den Vorbereitungen dazu nicht teilzunehmen, weder persönlich, noch mit Geld, noch mit Erörterungen über den Krieg.

B.
KRIEG IST EIN VON MENSCHEN GENEHMIGTES VERBRECHEN[2]
(Lesetexte für den 8. April)

1.

Nein, ich rufe zum Zeugen das empörte Gewissen eines jeden Menschen an, der es gesehen hat, wie das Blut seiner Mitbürger strömte, oder der selbst daran schuld war, daß ein Kopf dazu nicht genügt, um die Last so vieler Morde zu tragen. Dazu gehörten so viele Köpfe, als es Streitende gibt. Um für die Blutgesetze, welche sie anordnen, verantwortlich zu sein, müßten die Urheber derselben diese ihre Gesetze zum mindesten verstehen. Aber die besten Institutionen, von denen hier die Rede ist, werden nur von vorübergehender Bedeutung sein, weil, wie ich nochmals wiederhole, Armeen und Kriege aufhören müssen, und zwar trotz der Worte eines Sophisten, den ich anderwärts widerlegt habe. Unwahr ist es, daß der Krieg selbst gegen einen Fremden geheiligt wäre; unwahr ist es, daß die Erde nach Blut lechze. Der Krieg ist verflucht von Gott, ja, sogar von denjenigen,

––––––

[2] Textquelle | Leo TOLSTOI: Für alle Tage. Ein Lebensbuch. Band I. Dresden 1906, S. 282-285.

die daran teilnehmen und doch vor ihm einen geheimen Schauder empfinden. Die Erde bittet vom Himmel Wasser für ihre Flüsse und reinen Tau aus den Wolken.

Alfred de Vigny
[1797-1863, französischer Schriftsteller]

2.

Denen, die unsern Glauben nicht verstehen und die da wünschen, daß wir zu den Waffen greifen und für die gemeinschaftliche Sache Menschen töten sollen, können wir folgendes antworten: „Eure Priester, die bei euren Idolen und Tempeln angestellt sind, bewahren ihre Hände rein, auf daß die Opfer, welche sie euren Göttern darbringen, mit reinen, von Blut und Mord unbefleckten Händen dargebracht werden. Möge welcher Krieg immer ausbrechen, ihr reiht sie niemals ins Heer. Beruht aber dieser Brauch auf Vernunft, ist es da nicht noch viel vernünftiger, daß Christen, die dann, wenn andere am Schlachtfelds kämpfen, als Diener des wahren Gottes zu kämpfen haben, ihre Hände rein und unbefleckt bewahren und mit ihren Gebeten an der Seite desjenigen kämpfen, dessen Waffen rechtmäßig sind und der gerecht regiert, auf daß all das verschwinde, was der rechten Sache widerstrebt.

Wenn wir mit unsern Gebeten die Teufel besiegen, die zum Krieg anstacheln, wenn wir die Nationen die Friedensverträge und Bündnisse zu halten anspornen, sind wir den Herrschern viel nützlicher, als die Krieger; wir nehmen wirklich teil an der Arbeit, welche zum Zweck das Allgemeinwohl hat, wenn wir unsern Gebeten und Mahnungen auch noch unsere Betrachtungen und Geistesübungen, welche die Menschen lehren, wie sie sich von den Lüsten zu befreien haben, anschließen. Ja, wir kämpfen mehr als alle andern für das Wohl des Kaisers. Freilich, wir dienen nicht unter seinen Fahnen und werden nicht dienen, auch wenn er uns dazu zwingen sollte, wir kämpfen jedoch für ihn auf dem Felde der Tugend."
Origines gegen Celsius

3.

Sondern eure Untugenden scheiden euch und euren Gott voneinander, und eure Sünden verbergen das Angesicht von euch,
daß ihr nicht gehöret werdet: denn eure Hände sind mit Blut befleckt, und eure Finger mit Untugend; eure Lippen reden Falsches, eure Zunge dichtet Unrechtes. Es ist niemand, der von Gerechtigkeit predige oder treulich richte. Man vertraut aufs Eitle,
und redet Unwahrheit, mit Unglück sind sie schwanger, und gebären Mühsal. Ihr Werk ist Unrecht und ihre Hände üben Gewalt. Ihre Füße laufen zum Bösen, und sind schnell, unschuldig
Blut zu vergießen. Ihre Gedanken sind Unrecht, ihr Weg ist eitel
Verderben und Schaden; sie kennen den Weg des Friedens nicht
und ist kein Recht in ihren Gängen. Sie sind verkehrt auf ihren
Straßen; wer darauf gehet, der hat nimmer keinen Frieden. Darum ist das Recht ferne von uns, und wir erlangen die Gerechtig-
keit nicht, wir harren aufs Licht, siehe, so wird's finster; auf den
Schein, siehe, so wandeln wir im Dunkeln. Wir tappen nach der
Wand wie die Blinden, und tappen, als die keine Augen haben,
wir stoßen uns im Mittage als in der Dämmerung; wir sind im
Düstern wie die Toten.
Jes. LIX, 2-10.

4.

Es steht greulich und scheußlich im Lande: Die Propheten weis-
sagen falsch und die Priester herrschen in ihrem Amt, und mein
Volk hat's gern also, wie will es euch zuletzt drob gehen?
Jer. V, 30-31.

5.

Und weil der Frevel überhand nimmt, wird bei vielen die Liebe
erkalten.
Math. XXIV, 12.

6.

Aber dies ist eure Stunde, und die Gewalt der Finsternis ist es.
Luk. XXII, 53.

7.

Der Krieg ist ein Vorhang, hinter dem Menschen und Völker geheime Sünden treiben, die sonst die Welt nicht dulden würde.

[*Georg*] *Springfield*

[*geb. 1861; englischer Schriftsteller*]

———

Mordtaten sind immer Freveltaten, wer sie auch genehmigen mag und welcher Art immer ihre Rechtfertigung sein mag. Und darum sind Mörder, die Mordtaten begehen oder sich zu solchen vorbereiten – Verbrecher, bezüglich derer nicht Achtung, Beifall und Bewunderung, sondern Mitleid, Verbesserung und Insgewissenreden am Platze sind.[3]

---

[3] Anmerkung des Herausgebers [E. H. Schmitt; A. Skarvan]. Allerdings muß der Begriff des Mordes (als planmäßiger, vorsätzlicher Tötung) sophistisch grob gefälscht werden, um diesem Satz Tolstois überhaupt entgegentreten zu können. Wieder aber mag darauf hingewiesen werden, daß es sich in dem Fall, als irgendwelche bestehende Gesetze irgend einer staatlichen Organisation die vorsätzliche, planmäßige Tötung von Menschen anordnen, solche Handlungen im Sinne solcher Gesetzgebung und auf dem niedrigen sittlichen Niveau, auf welchem sie sich eben befindet, nicht als Verbrechen, sondern als geheiligte Pflicht betrachtet werden, daß also mit der sittlichen Anklage, die Tolstoi von einem idealen, sittlichen Standpunkte formuliert, ein Verstoß gegen jene *eigentümliche gesetzliche Ehrbarkeit*, bei welcher solche logische und ideale Gesichtspunkte gar nicht in Frage kommen, in keiner Weise behauptet worden ist. Sodaß die persönliche Ehre oder Standesehre in diesem Sinn hier ganz unangetastet bleibt. So gewiß als wenn z. B. in irgendeinem Negerstaat das Menschenopfer oder die Menschenfresserei geheiligte Institution ist, Tolstoi unmöglich gemeint haben kann, daß diese Menschen sich durch Außerachtlassung der Gebote des Bergpredigers eines Verstoßes gegen die dort zulande giltige Ehrbarkeit zu schulden kommen ließen und daß sie nicht im Sinne diese konventionellen Ehrbegriffe sehr ehrbar handelten.

C.
„DIE SINNLOSIGKEIT MODERNER KRIEGE"[4]
(Lesetexte für den 17. Juni)

Die Drangsale des Krieges und der Kriegsvorbereitungen stehen nicht nur in einem Mißverhältnisse zu jenen Ursachen, die zu ihrer Rechtfertigung vorgebracht werden, sondern [jene] sind zumeist so nichtig, daß sie nicht der Erwägung wert sind, und sind gänzlich unbekannt jenen, die in Kriegen zugrunde gehen.

1.

Die Sinnlosigkeit moderner Kriege wird mit dynastischen und nationalen Interessen, mit dem europäischen Gleichgewicht, mit der Ehre gerechtfertigt. Das Rechtfertigen der Kriege mit der Ehre ist das sonderbarste, denn es gibt kein einziges Volk, das sich nicht im Namen der Ehre mit allen Verbrechen und Schändlichkeiten besudelt hätte, kein einziges, das nicht im Namen der Ehre alle möglichen Erniedrigungen erfahren hätte, wenn aber dennoch eine Ehre in den Völkern wohnt, welch sonderbare Art also, sie mit Kriegen zu schützen, d. h. mit allen jenen Missetaten, mit denen sich der einzelne nur entwürdigen kann: mit Brand, Raub, Mordtaten …
Anatole France [1844-1924; französischer Schriftsteller]

2.

Sie fragen, ob der Krieg unter zivilisierten Völkern „noch" notwendig sei. Ich antworte: er ist nicht nur nicht notwendig, sondern ist niemals notwendig gewesen. Und nicht bloß das, der Krieg hat zu allen Zeiten die normale Entwicklung der Menschheit gestört, das Recht verletzt, den Fortschritt gehemmt.

Wenn auch manchmal die Folgen der Kriege für die allgemeine Zivilisation Vorteile brachten, so gab es der schädlichen Folgen um so mehr. Wir täuschen uns nur dadurch, weil nur ein Teil der schädlichen Folgen sofort wahrnehmbar ist. Den größten

---

[4] Textquelle I Leo TOLSTOI: Für alle Tage. Ein Lebensbuch. Band I. Dresden 1906, S. 510-512. (Überschrift redaktionell hinzugesetzt, *pb.*)

Teil dieser Folgen, und zwar den wichtigsten, merken wir nicht. Darum können wir das Wort „noch" nicht gelten lassen. Ein Geltenlassen dieses Wortes gibt den Verteidigern des Krieges das Recht, zu behaupten, daß unser Streit mit ihnen nur eine Frage der Zeit und persönlicher Beurteilung sei, und unsere Kontroverse mit ihnen würde dann auf das Niveau herabsinken, daß wir den Krieg heute „schon" für unnütz, während sie ihn „noch" für nützlich halten. Sie werden gerne auf eine solche Formulierung der Frage eingehen und werden sagen, der Krieg könne wirklich nutzlos und sogar schädlich werden, aber erst morgen, nicht heute. Heute aber halten sie jene schrecklichen Aderlässe an den Völkern, die man Kriege nennt, und die immer nur zur Befriedigung persönlichen Ehrgeizes einer geringen Minderzahl vorgenommen werden, für notwendig.

Denn folgendes war immer und ist auch heute „noch" die einzige Ursache der Kriege: Eine Minderzahl der Menschen will Macht, Ehren, Reichtümer zum Nachteil der Massen erwerben, deren natürlicher Leichtsinn und deren Vorurteile, geweckt und aufrecht erhalten durch eben jene Minderzahl, dieses ermöglicht.
Gaston Moch
[1859-1935; Politiker, Offizier, Schriftsteller]

3.
Es ist zum Staunen, wie dank der Diplomatie und Presse, die nichtigste Uneinigkeit zu einem heiligen Krieg Anlaß geben kann. Als England und Frankreich im Jahre 1854 Rußland den Krieg erklärten, geschah dies aus einer so nichtigen Veranlassung, daß man lange in diplomatischen Protokollen nachsuchen mußte, um die Ursache herauszufinden. Aber die Folgen dieses sonderbaren Mißverständnisses waren der Tod von 500.000 guter Menschen und die Verausgabung von 5–6 Milliarden.

Eigentlich gab es Ursachen zum Kriege, diese aber waren solcher Art, daß man sich zu ihnen nicht bekennen mochte. Napoleon III. wollte mit Hilfe einer Allianz mit England und eines glücklichen Krieges seine ungesetzliche Macht befestigen; die Russen wollten Konstantinopel erobern; die Engländer ihren

Welthandel befestigt wissen und den russischen Einfluß im Orient schwächen. Unter irgendeinem Vorwand, ist es immer der gleiche Geist der Eroberung und Gewalt.

[*Charles*] *Richet*
[*1850-1935; Mediziner, Nobelpreisträger*]

4.
Manchmal überfällt ein Herrscher den andern aus Furcht, damit dieser ihn nicht überfalle. Manchmal wird Krieg begonnen, weil der Feind zu stark ist, ein andermal, weil er zu schwach ist; manchmal möchten unsere Nachbarn das haben, was wir besitzen, oder sie besitzen, was uns abgeht. Dann wird Krieg geführt so lange, bis sie sich des Gewünschten bemächtigt haben, oder uns hergeben, was wir brauchen.

Jonathan Swift [*1667-1745; Ire*]

5.
Bei keiner menschlichen Handlung tritt die Macht der Suggestion mit solcher Klarheit zutage, wie beim Krieg. Menschen, Millionen von Menschen, vollbringen mit Ekstase und Stolz jenes Werk, welches sie für dumm, abscheulich, gefährlich, verheerend, qualvoll, verbrecherisch und unnütz halten, kennen und wiederholen alle Argumente dagegen und fahren fort es zu tun.

6.
Mögen sich noch so viele Menschen versammeln, um Mord zu begehen, und mögen sie heißen, wie sie wollen, der Mord bleibt die abscheulichste Sünde der Welt.

———

Die Vorwände zum Krieg und zur Erhaltung des Heeres, welche die Regierungen vorgeben, sind stets Schirme, hinter denen sich die bösen Antriebe zum Krieg verbergen.

D.

„DAS GEWISSEN DER MENSCHHEIT SPRICHT DEUTLICH, DAß KRIEGE NICHT BESTEHEN DÜRFEN"[5]
(Lesetexte für den 6. Juli)

Weder Schilderungen, noch Erlebnisse von Kriegsgräueln hindern die Menschen an der Teilnahme am Krieg. Eine der Ursachen davon liegt darin, daß jedermann bei Betrachtungen über Kriegsgräuel unwillkürlich zu der unausgesprochenen, unklaren Überlegung kommt, daß wenn so etwas Gräuliches existiert und zugelassen wird, so doch wahrscheinlich auch verborgene Ursachen dazu vorhanden sind. Diese Überlegung macht es, daß die Menschen, häufig nicht schlechte Menschen, den Krieg verteidigen, indem sie nach seinen wohltätigen Seiten suchen, wie nach solchen bei Elementarereignissen gesucht wird.

1.

Es ist entsetzlich, auch nur daran zu denken, welche Katastrophe unserer unvermeidlich am Ende unseres Jahrhunderts harrt, und wir müssen auf sie vorbereitet sein. Im Laufe von zwanzig Jahren (nun sind es bereits mehr denn vierzig) gehen alle Anstrengungen des Wissens darauf hin, neue Zerstörungswerkzeuge zu erfinden, und in kurzer Zeit werden einige Kanonenschüsse genügen, um eine ganze Armee zu vernichten. Jetzt stehen unter Waffen, nicht wie ehemals, einige tausend feiler armer Schlucker, – sondern Völker, ganze Nationen stehen bereit, einander zu morden. Um sie zum Mord vorzubereiten, werden sie zum Haß entflammt, indem man sie versichert, daß sie gehaßt werden, und friedsame Menschen glauben es, und zu jeder Stunde kann es geschehen, daß friedlichen Bürgern der scheußliche

---

[5] Textquelle I Leo TOLSTOI: Für alle Tage. Ein Lebensbuch. Band II. Erste vollständig autorisierte Übersetzung. Herausgegeben von Dr. E. H. Schmitt und Dr. A. Skarvan. Dresden: Verlag von Carl Reißner 1907, S. 13-17. (Überschrift hier redaktionell hinzugesetzt. – Hier und in weiteren Abschnitten der ,Lesetexte' werden Überschneidungen zu anderen Abteilungen des Bandes, besonders zu →IV, nicht weggekürzt, um den Kontext zu erhalten. *pb*)

Befehl, einander zu morden, zugeht, Gott weiß, um welcher lächerlichen Grenzbestimmung willen oder irgendwelcher Handels-, Kolonialinteressen willen, werden sie gleich wilden Tieren grausam über einander herfallen.

Wie Schafe werden sie zur Schlachtbank gehen, werden wissen, wohin sie gehen, daß sie ihre Frauen verlassen, daß ihre Kinder hungern werden, und doch werden sie gehen, und zwar bis zu solchem Grade von wohlklingenden, lügnerischen Reden berauscht, bis zu solchem Grade betrogen, daß sie sich einbilden, das Schlachten sei ihnen zur Pflicht geworden, und zu Gott flehen, er möge ihre blutigen Taten segnen. Sie werden gehen, die Saaten, die sie selbst gesät haben, zertretend, Städte, die sie aufgebaut, in Brand steckend, mit feierlichem Gesang, Freudenrufen und festlichem Musikklang, ohne Widerspruch, ergeben und demütig werden sie gehen, trotzdem sie über die Macht verfügen, falls sie sich zu einigen verständen, der gesunden Menschenvernunft und Brüderlichkeit an der Stelle roher diplomatischer Ränke zur Herrschaft zu verhelfen.

[Edouard] Rod [1857-1919; Schweizer Schriftsteller]

2.

Ein Augenzeuge erzählt, was er im jetzigen russisch-japanischen Kriege auf dem Verdeck des „Warjag" sah. Der Anblick war ein entsetzlicher. Überall Blut, Klumpen Menschenfleisch, Leichen ohne Köpfe, abgerissene Hände, ein Blutgeruch, der selbst bei denen, die daran gewohnt waren, Übelkeit weckte. Der Panzerturm war am meisten beschädigt. Eine Granate war über ihn geplatzt und hatte den jungen Offizier getötet, der das Geschützfeuer leitete, von dem Unglücklichen blieb nur die zusammengekrampfte Hand, die das Instrument hielt, von den vier Mann, die um den Kommandanten waren, wurden zwei in Stücke gerissen, die anderen zwei schwer verwundet (es sind die, von denen ich berichtete, daß ihnen beide Beine amputiert wurden und nachher noch einmal amputiert werden mußten); der Kommandant kam mit einem Splitterschlag auf die Schläfe davon.

Und das ist nicht alles. Die Neutralen können keine Verwundeten auf ihre Schiffe aufnehmen, weil Gangräne und Wundfieber ansteckend sind.

Gangräne und eitrige Wundinfektionen bilden in Gemeinschaft mit Hunger, Feuersbrünsten, Verwüstungen, Krankheiten, Typhus, Pocken auch einen Bestandteil des Kriegsruhmes. So ist der Krieg.

Und dennoch hat Joseph de Maistre die Wohltaten des Krieges gepriesen: „Wenn die Menschenseele infolge von Verwöhnungen ihre Plastizität einbüßt, den Glauben verliert und in Lastern, die mit einer Hyperzivilisation Hand in Hand gehen, fault, dann kann sie nur durch Blut wieder hergestellt werden."

Herr Vogue, Akademiker, ebenso wie Herr Brunetière sagen beinahe dasselbe.

Aber die Armen, die zum Kanonenfutter dienen, haben das Recht, dem nicht beizupflichten.

Leider haben sie nicht den Mut dazu. Daher alles Übel. Von altersher gewohnt, sich hinmorden zu lassen, für Fragen, die sie nicht verstehen, tun sie es weiter und bilden sich ein, alles sei in der besten Ordnung.

Das ist die Ursache, weshalb jetzt dort Leichen liegen, die im Wasser von Krebsen gefressen werden.

Damals, als Kartätschen alles um sie herum vernichteten, waren sie wohl kaum der Meinung, es geschehe all dies zu ihrem Wohle, auf daß die Seele ihrer Zeitgenossen aufgerichtet werde, welche infolge Übermaß an Zivilisation ihre Elastizität eingebüßt hat.

Die Unglückseligen werden halt kaum Joseph de Maistre gelesen haben. Ich rate den Verwundeten, ihn in der Zwischenzeit der Verbandwechsel zu lesen. Dann werden sie es erfahren, daß der Krieg ebenso unentbehrlich ist, wie der Henker, da beide ein Ausdruck göttlicher Gerechtigkeit sind.

Und dieser große Gedanke wird ihnen Trost spenden, wenn der Chirurg mit seiner Säge ihre Knochen sägt.

[Jean] Hardouin [französischer Korrespondent
im russisch-japanischen Krieg 1904/1905]

3.

Der Krieg aber steht mehr in Ehren, denn je. Ein wahrer Meister in dieser Sache, der geniale Mörder Moltke, hat zur Friedensdelegation mit folgenden merkwürdigen Worten gesprochen: „Der Krieg ist ein Element der von Gott eingesetzten Ordnung. Die edelsten Tugenden des Menschen entfalten sich daselbst: der Mut und die Entsagung, die Treue, Pflichterfüllung und der Geist der Aufopferung. Ohne den Krieg würde die Welt in Fäulnis geraten und sich im Materialismus verlieren."

Also die Vereinigung in Herden von vierhunderttausend Mann, tagelanges Marschieren ohne Rast und Ruh', über nichts nachdenken, nichts lernen, nichts lesen, niemandem nützlich sein, in Schmutz verfaulen, im Kot schlafen, wie das Vieh leben, in fortwährender Betäubung Städte plündern, Dörfer in Asche legen, Völker verwüsten, dann auf eine andere ähnliche Masse von Menschenfleisch stoßend, diese angreifen, ganze Ströme von Blut vergießen, die Felder mit zerfetztem Menschenfleisch und mit Leichenhaufen bedecken, verstümmelt, zu Brei geschlagen werden ohne jedweden Nutzen für irgend jemanden und endlich irgendwo auf fremdem Felde verrecken, während eure Eltern, Frau und Kinder daheim Hunger leiden – dies also heißt die Menschen vom abscheulichen Materialismus retten.

Guy de Maupassant
[1850-1893; französischer Schriftsteller]

4.

Die Zeit ist vorbei, um über die Nachteile des Krieges zu raisonnieren. Darüber ist schon alles gesagt worden. Jetzt bleibt nur eines zu tun, das, womit jeder Mensch hätte beginnen sollen: das heißt, n i c h t s zu tun, wozu man nicht sittlich verpflichtet ist.

———

Es ist nicht wahr, daß das Bestehen des Krieges seine Notwendigkeit beweist. Das Gewissen der Menschheit spricht deutlich, daß das nicht wahr ist, und daß Kriege nicht bestehen dürfen.

E.

„DAS MILITÄR VERDIRBT DIE MENSCHEN"[6]
(Lesetexte für den 29. September)

Abgesehen von allen Drangsalen und Schrecknissen des Krieges ist eines seiner größten Übel – die Verderbtheit der Gemüter. Wir haben Militär, Kriegsauslagen; das muß erklärt werden, vernünftig kann man es nicht erklären, deshalb wird die Vernunft korrumpiert.

1.

Und Mikromégas sagte: „O ihr vernünftigen Atome, in denen das ewige Wesen seine Kunst und Macht zum Ausdruck brachte, ihr genießt wohl sicher die reinsten Freuden auf eurem Erdenball, denn da ihr so wenig stofflich und in so bedeutendem Maße geistig entwickelt seid, müßt ihr wohl euer Leben in Liebe und Denken verbringen, denn darin beruht ja das wahre Leben der geistigen Wesen."

Diese Anrede wurde von allen Philosophen mit verneinendem Kopfschütteln ausgenommen, und einer von ihnen, der Aufrichtigste, sagte, die gesamte Bewohnerschaft bestehe mit Ausnahme einiger wenigen geringgeachteten Männer aus lauter Dummköpfen, Missetätern und Unglücklichen.

„Wir haben mehr Leiblichkeit, als notwendig ist, falls das Böse von der Leiblichkeit kommt, und gar zu viel von der Geistigkeit, falls das Böse von der Geistigkeit abstammt," sagte er. „Gegenwärtig, zum Beispiel, töten Tausende bemützter Narren Tausende anderer, die den Turban tragen, oder sie werden von ihnen getötet, und so geht das von undenklichen Zeiten auf der ganzen Erde zu."

„Ja, warum hadern denn diese kleinen Tiere?"

„Um irgend einen kleinen Klumpen Kot, so groß wie eure Fußsohle," antwortete der Philosoph, „und keiner von den Menschen, die sich niedermetzeln, hat auch nur das geringste

---

[6] Textquelle | Leo TOLSTOI: Für alle Tage. Ein Lebensbuch. Band II. Dresden 1907, S. 284-287. (Überschrift hier redaktionell hinzugefügt, *pb*.)

Interesse für diesen Klumpen Kot. Es handelt sich bei ihnen nur darum, ob der, dem dieser Klumpen gehören wird, Sultan oder Kaiser heißt, obzwar weder der eine noch der andere je diesen Klumpen Erde sah. Von den Tieren aber, die einander niedermetzeln, hat beinahe keiner das Tier, dessentwillen sie sich die Hälse abschneiden, jemals gesehen."

„O die Unglückseligen!" rief der Syrier. „Kann man sich eine derartig tolle Raserei vorstellen! wahrlich, es gelüstet mich, drei Schritte zu tun, um den Ameisenhaufen dieser lächerlichen Mörder zu zertreten."

„Mühet euch nicht darum," wurde ihm geantwortet. „Übrigens nicht sie sind zu strafen, sondern jene Barbaren, die in ihren Palästen sitzen, den Menschenmord anordnen und Gott dafür feierlich zu danken befehlen."
Voltaire [1694-1778]

2.

Kann es etwas Widersinnigeres geben, als daß ein Mensch das Recht hat, mich zu töten, weil er jenseits des Wassers wohnt und weil sein Herrscher mit dem meinigen in Streit geraten ist, obzwar ich mit ihm niemals einen Streit gehabt habe?
[Blaise] Pascal [1623-1662]

3.

Es wird die Zeit kommen, wo die Völker den Unsinn des Krieges einsehen werden.

Vor vier Jahrhunderten trennte die Bewohner Nizzas und Luccas ein solch grausamer Haß, daß dieser ewig zu sein schien und daß der erbärmlichste Lastträger aus Nizza es für einen schändlichen Verrat erachtet hätte, irgend etwas vom ersten Bürger aus Lucca anzunehmen. Und was ist nun von diesem Haß geblieben? Was wird vom unsinnigen Haß des Preußen gegen den Franzosen bleiben? Man kann ganz sicher überzeugt sein, daß diese Gefühle unseren Nachkommen so erscheinen werden, wie uns der Haß der Athener gegen die Spartaner oder der Bewohner Luccas gegen die Bewohner Nizzas erscheint. Die Menschen werden begreifen, daß sie viel wichtigere Geschäfte haben, als einander anzugreifen; daß ihre gemeinschaftlichen Feinde – Elend, Unwissenheit, Krankheiten – sind; und daß ihr Mühen gegen diese schrecklichen Drangsale, und nicht gegen ihre Unglücksgenossen gerichtet sein muß.

Charles Richet
[1850-1935; Mediziner, Nobelpreisträger]

4.
Die verschiedenen Staaten Europas haben eine Schuld von 130 Milliarden aufgehäuft, von denen 110 im Laufe eines Jahrhunderts gemacht worden sind. Diese ganze ungeheuere Schuld war ausschließlich zu Kriegszwecken gemacht. Die europäischen Staaten halten in Friedenszeiten eine Armee von mehr denn 4 Millionen Mann instand und können diese Zahl in Kriegszeiten auf 19 Millionen bringen. Zwei Drittel ihrer Budgets werden durch Zinsenzahlen und durch den Unterhalt der Land- und Seearmeen verschlungen.

Gustave de Molinari
[1819-1912; belgischer Wirtschaftswissenschaftler]

5.
Wenn man auf einer entfernten Insel einmal ein Volk anträfe, bei dem alle Häuser mit scharf geladenem Gewehr behängt wären und man beständig des Nachts Wache hielte, was würde ein Reisender anders denken können, als daß die ganze Insel von Räubern bewohnt wäre? Ist es aber mit den europäischen Reichen anders?

Man sieht hieraus von wie wenigem Einfluß die Religion überhaupt auf Menschen ist, oder wenigstens, wie weit wir noch von einer wahren Religion entfernt sind.

[Georg Christoph] Lichtenberg
[1742-1799; deutscher Mathematiker & Schriftsteller]

———

Versuche den Krieg oder das Bestehen des Militärstandes weder zu rechtfertigen, noch zu widerlegen; jedes Anbringen von überflüssigen Argumentationen bei einer ganz offenkundig verworfenen Sache kann nur Kopf und Herz verderben.

F.
„DER KRIEG IST EINE FOLGE DER STAATSMACHT"[7]
(Lesetexte für den 25. November)

Die Menschen beginnen den Betrug, der durch den Krieg an ihnen verübt wird, zu begreifen, nur haben sie nicht Kraft, sich ihm zu widersetzen, weil sie die Mittel zum Widerstand in äußeren Formen, nicht aber in sich suchen.

1.
Man kann es nicht verkennen, daß sich das neunzehnte Jahrhundert einen neuen Weg zu betreten bestrebt. Die Menschen dieses Jahrhunderts fangen an zu begreifen, daß es Gesetze und Gerichtshöfe auch für die Völker geben müsse, und daß die Vergehen eines Volkes gegen das andere, wenn sie auch in noch so großem Maßstab geschehen, nicht weniger hassenswert sind, als die Vergehen eines Menschen gegen den andern.
[Lambert Adolphe Jacques] Quételet
[1796-1874; belgischer Astronom & Statistiker]

2.
Untersucht man die verschiedenen menschlichen Tätigkeiten nicht oberflächlich, sondern gründlich, so kann man sich folgender betrübender Betrachtungen nicht erwehren: wie viel Menschenleben zum Zwecke der Aufrechterhaltung der Herrschaft des Bösen auf Erden geopfert werden, und wie dieses Böse vor allem durch die Einrichtung stehender Heere befestigt wird.

---

[7] Textquelle I Leo TOLSTOI: Für alle Tage. Ein Lebensbuch. Band II. Dresden 1907, S. 538-540. (Überschrift hier redaktionell hinzugefügt, *pb*.)

Und unsere Verwunderung und Betrübnis werden noch größer, wenn wir bedenken, daß all dies unnötig ist, und daß das Übel, welches von der gewaltigen Überzahl der Menschen so gutmütig hingenommen wird, einzig von ihrer Dummheit herrührt, nur davon, daß sie sich von einer verhältnismäßig kleinen Zahl schlauer und verderbter Menschen ausbeuten lassen.
Patrice Larroque [1801-1879; französischer Philosoph]

3.

Die Erdbewohner befinden sich noch in einem solchen Zustande der Dummheit, der Unvernunft und des Stumpfsinnes, daß man alle Tage in den Zeitschriften zivilisierter Länder Betrachtungen über das diplomatische Verhältnis einzelner Staatsoberhäupter lesen kann, die zum Zweck Allianzbildungen gegen einen vermeintlichen Feind haben, Kriegsrüstungen, bei denen die Völker ihren Anführern gestatten, über sich zu verfügen, wie über Vieh, welches man zur Schlachtbank treibt, und als ob sie es gar nicht ahnten, daß das Leben jedes Menschen sein persönliches Eigentum ist.

Die Bewohner dieses sonderbaren Planeten sind in der Überzeugung erzogen worden, daß es Völker, Landesgrenzen, Fahnen gibt, und alle haben ein so schwaches Bewußtsein ihrer Menschlichkeit, daß dieses Gefühl bei der Vorstellung vom Vaterland vollkommen zum Schwinden gelangt. Freilich müßte sich die Lage ändern, wenn die denkenden Menschen sich einigen wollten, denn keiner wünscht persönlich den Krieg. Es gibt jedoch politische Verkettungen, infolge derer Millionen Parasiten existieren können.
[Nicolas Camille] Flammarion
[1842-1925; französischer Astronom & Schriftsteller]

Bären werden auf die Art getötet, daß man über einen Honigtrog an einen Strick einen Block hängt. Der Bär stößt den Block weg, um Honig zu essen. Der Block schwingt zurück und versetzt ihm einen Schlag. Der Bär wird zornig und stößt den Block noch wuchtiger fort, der ihn noch wuchtiger schlägt. Und dies dauert so lange, bis der Block den Bären getötet hat. Können wirklich Menschen nicht vernünftiger sein, als der Bär?

———

Solange die staatliche Macht und ihr Recht, Völker zu regieren, Steuern aufzuerlegen, Gerichtshöfe zu errichten und zu strafen anerkannt wird, wird der Krieg niemals aufhören. Der Krieg ist eine Folge der Staatsmacht.

G.
„PATRIOTISMUS IST BETRUG AN DEN MENSCHEN"[8]
(Lesetexte für den 9. Dezember)

Die Bestimmung des Menschen ist: allen zu dienen, allen Menschen, nicht aber den einen zu dienen und den anderen Böses zu tun.

Für einen Christen bildet die Liebe zum Vaterlande ein Hindernis für die Nächstenliebe. Und wie im Altertum die Liebe zur Familie der Liebe zum Vaterlande geopfert werden mußte, so muß in der christlichen Welt die Liebe zum Vaterlande der Nächstenliebe weichen.

1.
Wenn die Verblendung derjenigen unnatürlich ist, die sich nicht bemühen, den Sinn ihres Lebens zu erkennen, so ist die Verblendung derer noch viel gräßlicher, die an einen Gott glauben und häßlich leben. Beinah alle Menschen befinden sich in der einen oder der anderen Verblendung.

[Blaise] Pascal [1623-1662]

---

[8] Textquelle | Leo TOLSTOI: Für alle Tage. Ein Lebensbuch. Band II. Dresden 1907, S. 593-595. (Überschrift hier redaktionell hinzugefügt, pb.)

2.

Wenn der Mensch seine wahre Natur eingebüßt hat, wird jede beliebige Unnatur zu seiner Natur; ebenso auch, wenn er sein wahres Gut verliert, – da wird auch alles, was man nur will, sein Gut.

3.

Die letzte Zuflucht des Schuften ist – der Patriotismus.
[*Samuel*] *Johnson* [*1709-1784; englischer Schriftsteller*]

4.

Der Patriotismus ist keine Tugend: unser Leben für die rohe Menge, die den Staat bildet, zu opfern, kann unmöglich unsere Pflicht sein.
[*Anagnostes*] *Theodorus*
[*Kirchengeschichtsschreiber, Ende 5. Jh.*]

5.

Der Patriotismus wird heutzutage zur Veranlassung jedes gesellschaftlichen Übels und jeder persönlichen Niederträchtigkeit. Man suggeriert dem Menschen, er müsse zum Heil seines Landes auf alles das verzichten, was sein Land achtungswürdig macht: dem Patriotismus zu lieb muß er sich allerlei Arten von schimpflichen Handlungsweisen unterwerfen, die, weil sie die ehrlichen Leute demoralisieren, den Staat ins Verderben führen.
[*Henry Ward*] *Beecher*
[*1813-1887; amerikanischer Geistlicher & Publizist*]

6.

Viel Übles verüben die Menschen wegen der Eigenliebe, noch mehr um der Familie willen, aber die gräßlichsten Missetaten werden von ihnen um des Patriotismus willen getan. (Diplomatenstreiche, Spionage, Erpressungen des Volkes und ungeheuere Mordtaten, Kriege.) Und diejenigen, welche sie verüben, brüsten sich noch mit diesen Verbrechen.

7.

Heutzutage, zur Zeit des allgemeinen Verkehrs unter den Nationen die ausschließliche Liebe zu seinem Volke und die Bereitschaft zum Angriffe auf ein anderes Volk oder zur Abwehr eines Angriffes zu predigen, wäre dasselbe, wie in unserer Zeit unter friedlichen Leuten die ausschließliche Liebe zur eigenen Gemeinde verkündigen und dabei in jeder Gemeinde Militär häufen und Festungen bauen. Die Liebe zum eigenen ausschließlichen Vaterlande, die in früheren Zeiten die Menschen eines Landes verband, verbindet heutzutage, wo die Menschen durch Kommunikationswege, Handel, Industrie, Wissenschaft, Kunst und hauptsächlich durch das sittliche Bewußtsein verbunden sind, die Menschen durchaus nicht, sondern trennt sie von einander.

8.

Die Liebe zum eigenen Vaterlande ist ebenso wie die Liebe zur eigenen Familie eine natürliche Eigenschaft, kann aber ebenso, wie auch die Liebe zur Familie, zu einem Laster werden, wenn sie die Grenzen, bei denen die Nächstenliebe verletzt wird, überschreitet. Eine solche Liebe kann niemals eine Tugend sein.

————

Der Patriotismus ist den Menschen von heutzutage so fremd, daß er nur durch Suggestion geweckt werden kann.

Das tun auch die Regierungen sowie diejenigen, denen der Patriotismus vorteilhaft ist: sie suggerieren ihn denjenigen, denen er keinen Vorteil bietet. Man muß sich vor diesem Betrug in Obacht nehmen.

H.

1.

Der da gesagt hat: „Kommt her zu mir, alle ihr Geplagten und Bedrückten, ich will euch erquicken," ist selbst durch dieses Wort zum Mittelpunkt der ganzen Menschheit geworden, denn die ganze Menschheit lebt unter dem Joche der Bedrückung und Arbeit.

Zählt sie, die diese Bürde nicht tragen, sondern sie anderen auferlegen, die sich die Mühen und Bedrückung anderer zu Nutzen machen – gibt es solcher viele? Auf einen Herrn fällt eine Million Sklaven, auf ein Glückskind – im Sinne des Satans, eine Million Wesen, zur Erde gebeugt, die sie mit ihrem Schweiße und ihren Tränen benetzen. Diese um ihren Anteil gekommenen Geschöpfe – es sind die Schafe des guten Hirten, die Schafe Gottes, die, für die Er Sein Leben hingab. Er ruft sie zu Sich, und allmählich, in dem Maße als die verheißenen Zeiten nahen, erheben sie ihre Köpfe, hören auf Seine Stimme, erkennen sie und sind bereit, ihr zu folgen. Aus allen Schafhürden, aus der Mitte aller Völker werden diese Schafe herbeilaufen, weil sie alle dem guten Hirten gehören, und Er sie versammeln wird. Verstreut, getrennt, scharen sie sich in trauriger Erwartung dessen, der sie auf Weiden führt, während sie jetzt der Macht eines gemieteten Knechtes anheimgestellt sind, der, wenn er den kommenden Wolf erblickt, seine Schafe in Stich läßt und flieht, oder aber Fremden, die nur um ihren Gewinn, nur um die Befriedigung ihrer Begierden besorgt, sich die Schafe aneignen, sich mit ihrer Wolle bekleiden, mit ihrem Fleische ernähren. Wenn sie aber zum guten Hirten kommen, versammeln sie sich um Ihn herum, und es wird eine Herde und ein Hirte sein.

Der Zweck der Mission Christi auf Erden ist: aus allen

---

[9] Textquelle | Leo TOLSTOI: Für alle Tage. Ein Lebensbuch. Band II. Dresden 1907, S. 666–669.

Menschen ein Volk von Brüdern zu bilden, alle unter einander zu vereinigen, indem Er sie mit Gott vereinigt, sie in ihrer Einigkeit unter den heiligen Gesetzen der Wahrheit, d. h. des unendlichen und grenzenlosen Fortschrittes der Liebe, die das ewige Leben alles Bestehenden ist, zu befestigen.

[*Hugues Félicité-Robert de*] *Lamennais*
[*1782-1854, französischer kath. Theologe*]

2.

Begreifen wir unsere geistige Brüderlichkeit? Begreifen wir unsern Ursprung von einem himmlischen Vater, dessen Bildnis wir in uns tragen und dessen Vollkommenheit wir uns beständig annähern können? Haben wir erkannt, daß ein und dasselbe göttliche Leben in den Seelen aller Menschen, ebenso wie in der unsrigen wohnt? Indes ist dies das einzige, was eine echte freie Gemeinschaft der Menschen unter einander ermöglicht.

Auf daß eine Änderung der Lebenseinrichtung zu Stande komme, ist eine neue Weise der gegenseitigen Achtung der Menschen unter einander notwendig. Solange die Menschen einander so betrachten, wie sie das jetzt tun, beinah wie das Vieh, werden sie nicht aufhören, mit Menschen viehisch umzugehen, werden fortfahren, mit Gewalt oder Schlauheit sie zum Werkzeug der Erreichung ihrer Ziele zu machen. Es kann nicht zu einer Brüderlichkeit unter den Menschen kommen, so lange sie nicht ihre Verwandtschaft und ihr Verhältnis zu Gott, sowie die erhabene Bestimmung, zu der ihnen das Leben gegeben ist, begriffen haben. Jetzt aber werden solche Gedanken für Phantasien angesehen, und ein Lehrer, der in den Menschen den Glauben an ihre Brüderlichkeit und Kinderschaft Gottes zu finden hofft, wird als ein Schwärmer betrachtet. Indes würde die Anerkennung dieser einfachsten Wahrheit des Christentums in der ganzen menschlichen Gesellschaft einer solchen Umwälzung entgegenführen und solche Beziehungen unter den Menschen schaffen, wie wir sie uns jetzt gar nicht vorzustellen vermögen. Niemand von uns kann sich die Änderung in der Weise des gegenseitigen Umganges, die Zärtlichkeit, Achtung, Sanftmütigkeit und jenen Eifer der Anstrengung zu Gunsten einer Besserung gesellschaftlicher Zustände vorstellen, der sich zeigen würde, sobald die Menschen in den geistigen Bereich ihrer Innerlichkeit gegenseitig eindringen und die Bedeutung der Seele eines jeden, selbst des allerunentwickeltsten menschlichen Wesens erfaßt haben würden. Dann würden uns die Beleidigungen, Kränkungen, Bedrückungen, die wir jetzt gar nicht wahrnehmen, mehr empören, als uns jetzt die größten Verbrechen empören. Dann wird ein jeder Mensch geheiligt in den Augen des Menschen sein und eine ihm zugefügte Beleidigung, wird als eine Feindseligkeit gegen Gott erscheinen. Ein Mensch, der diese Wahrheit erkennt, kann nicht seinen Nächsten beschimpfen, weil er in ihm das Göttliche sieht. Man kann sich keine mehr in das Leben eingreifende Wahrheit denken, als diese Lehre ist. Ja, wir bedürfen einer neuen Offenbarung, – nicht vom Paradiese und der Hölle, sondern von dem Geiste, der in uns lebt.

[William Ellery] Channing
[1780-1842; amerikanischer Theologe]

3.
Man kann nicht lieben weder den, den wir fürchten, noch den, der uns fürchtet.

[Marcus Tullius] Cicero [106-43 v. Chr.]

4.
Leute, die Sittlichkeit predigen und euere Pflichten auf die Grenzen eurer Familie und eures Vaterlandes beschränken, predigen euch die Selbstsucht, mehr oder weniger enge Selbstsucht, die aber immerhin euch und den anderen schädlich ist. Familie und Vaterland sind zwei Kreise, die sich in einem viel weiteren Kreis, dem der Menschheit, befinden. Es sind das zwei Stufen, die man passieren muß, auf denen man aber nicht stehen bleiben darf.

[Giuseppe] Mazzini [1805-1872; italienischer Philosoph]

———

Die Erkenntnis der Einheit der Menschen, die sich aus der Erkenntnis des göttlichen Urgrundes in allen ergibt, gewährt den Menschen das höchste und innere, persönliche und das äußere, gesellschaftliche Wohl, und deshalb ist böse alles das, was dieser Einigung im Wege steht, und gut – alles das, was sie fördert. – Am meisten stehen dieser Einigung im Wege der Aberglaube und die Trennung der Menschen; am meisten förderlich sind ihr die Wahrheit und die Liebe.

VI.

Die Annexion Bosniens und der Herzegowina

(O prisojedinenii Bosnii I Gerzogowiny k Awstrii)
1908

Leo N. Tolstoi

Nach dem russischen Manuskript
übersetzt von Edmund Rot[1]

Wollte man sich die psychologische Frage vorlegen, wie man es anstellen soll, um Menschen unseres Zeitalters, Christen, humane, gute Menschen dazu zu bringen, daß sie die fürchterlichsten Verbrechen verüben, ohne sich schuldig zu fühlen, so wäre nur eine Antwort möglich: man tue das, was tatsächlich getan wird, man teile die Menschen in Staaten und Nationen, und man präge ihnen ein, daß diese Teilung für sie so nützlich ist, daß sie ihr Leben und alles, was ihnen heilig ist, opfern müssen, nur, um diese für sie eigentlich doch schädliche und verderbliche Teilung aufrecht zu erhalten.

Wir sind so sehr zu denken gewohnt, daß ein Teil der Menschen dazu berufen ist, das Leben des anderen Teiles zu regeln und einzurichten, daß Verfügungen dieser Menschen darüber, was die anderen glauben und wie sie handeln sollen, uns gar nicht mehr seltsam erscheinen. Wenn Menschen solche Verfügungen erlassen und andere sich ihnen unterordnen können, so kommt das nur daher, weil sie im Menschen nicht das anerkennen, was das Wesen eines jeden Menschen bildet: seine göttliche

[1] Textquelle | Leo N. TOLSTOI: Die Annexion Bosniens und der Herzegowina. Nach dem russischen Manuskript übersetzt von Edmund Rot. 1. - 5. Tausend. Berlin: Hermann Walther Verlagsbuchhandlung G.m.b.H. 1909. [48 Seiten]

Seele, die stets frei ist und die sich niemand unterordnen kann, außer ihrem eigenen Gesetz, das heißt dem Gewissen oder dem göttlichen Gesetz.

I.

Seit der Zeit der Entstehung der geschichtlichen Gesellschaft bis in unsere Tage hat es überall und immer eine Unterdrückung der Völker durch den Staat gegeben. Muß man daraus folgern, daß diese Unterdrückung untrennbar mit der menschlichen Gesellschaft verbunden ist? Selbstverständlich nicht! Ebenso wie der Staat, vom geschichtlichen Standpunkt, in der Vergangenheit ein notwendiges Übel war, ebenso notwendig wird er früher oder später einmal vollständig vernichtet werden.
Bakunin.

Oft halten wir die Gesetze für die Weisheit unserer Väter, doch das ist ein Irrtum. Die Gesetze waren oft nur Resultate der Leidenschaften unserer Voreltern, ihrer Furcht, ihres Neides, ihrer engherzigen Eigenliebe und ihrer Herrschsucht. Unsere Pflicht ist es nicht, ihnen sklavisch zu folgen, sondern sie zu beurteilen und ihre Fehler aufzudecken.
Godwin.

Ich hielt es für angebracht, hier, wo ich meine Gedanken über die Angliederung Bosniens und der Herzegowina aussprechen darf, in der Form von Denksprüchen einiges aus dem von mir neu zusammengestellten „Lesebuch" einzuschalten, was die Grundgedanken über den Staat, über den Patriotismus und über das Gesetz der Liebe, wovon in dieser Schrift die Rede ist, erläutern und bestätigen kann.

Bei den Denksprüchen, die nicht von mir stammen, habe ich mir erlaubt, zum Zweck der sprachlichen Vereinfachung und weil ich sie nicht in dem Zusammenhange zitiere, wie sie in jenen Werken erscheinen, sondern lediglich als einzelne Sentenzen, einige kleine Änderungen vorzunehmen. (Die Denksprüche ohne Unterschrift stammen aus meiner Feder.)

Eine Serbin hat sich an mich mit der Frage gewandt, was ich über die Angliederung Bosniens und der Herzegowina an Österreich denke. Ich antwortete ihr in kurzen Worten, doch bin ich froh über die Gelegenheit, meine Gedanken über diesen Fall für alle, die es interessieren kann, so klar und ausführlich, wie es mir nur möglich ist, auszusprechen.

Ich denke folgendes darüber:

Die österreichische Regierung hat beschlossen, die Völker Bosniens und der Herzegowina, die bis zur letzten Zeit Österreichs Oberherrschaft noch nicht in vollem Maße anerkannten, als ihre Untertanen zu erklären, mit anderen Worten, sie nahm sich das Recht, ohne die Einwilligung dieser Völker, über die Erzeugnisse und über das Leben von einigen hunderttausend Menschen zu verfügen.

Diese Angliederung rief allerhand verwickelte diplomatische Erwägungen bei den anderen Regierungen und eine heftige Erbitterung bei den slavischen Völkern hervor – insbesondere bei den Serben und Montenegrinern, die, um diesem Akt der österreichischen Regierung entgegenzuwirken, sogar zu einem verzweifelten Krieg gegen den unvergleichlich stärkern Feind rüsten.

Im Grunde genommen hat sich da ein ganz gewöhnliches Ereignis abgespielt, das sich bei jeder Gelegenheit wiederholt. Eins von diesen Räubernestern, die man Großmächte nennt, und die durch alle möglichen Arten von Betrug, Lüge, Vergewaltigung und durch alle nur möglichen Verbrechen gegen die elementarsten Forderungen der Moral Millionen und aber Millionen von Menschen berauben und in Furcht und Schrecken halten – eins von diesen Räubernestern, das immer mehr und mehr die Herrschaft über Hunderttausende ihm völlig fremder Menschen slavischen Stammes an sich reißt, hat beschlossen, diese seine Herrschaft offenkundig noch zu festigen und, als es den Augenblick für seine Zwecke passend hielt, erklärt, daß es von nun ab diese Völker zu seinen Untertanen zählt. Dieses Räubernest, das sich österreichische Monarchie nennt, rechnete darauf, daß die andern ähnlichen Räubernester, die in diesem Augenblick mit ihren eigenen Angelegenheiten zu tun hatten, die Okkupation ruhig geschehen lassen würden, ohne ein Recht auf Beteiligung an diesem Raube geltend zu machen. Doch stellte es sich heraus, daß die Leiter anderer ähnlicher Institutionen dennoch an diesem Raub beteiligt sein wollten, und nun reden sie schon seit einigen Wochen, wie Diebe in ihrem Diebesjargon, von allen möglichen Annexionen, Kompensationen, Kongressen, Konferenzen, Deklarationen, Delegationen usw. und können einstweilen zu keinem Resultat kommen.

II.

Gottes Allweisheit hat es in der Welt so eingerichtet, daß die Menschen nicht geknechtet sein können und der Despotismus nicht möglich ist, wenn die Menschen Gottes Allweisheit erkennen.

Doch die Beherrscher der Welt stellen der göttlichen Weisheit die Weisheit des Teufels – des Fürsten dieser Welt – entgegen, und der Teufel lehrte sie höllische Listen, um ihren Despotismus zu festigen.

Er sagte zu ihnen: „Seht, was Ihr tun müßt! Nehmt die kräftigsten Jünglinge aus jeder Familie, gebt ihnen Waffen, lehrt sie mit ihnen umgehen, und sie werden gegen ihre eigenen Brüder und Väter kämpfen, weil ich ihnen den Gedanken eingeben werde, daß sie damit Ruhm ernten werden. Ich errichte ihnen zwei Götzen, die sich Ehre und Treue nennen, und ihr Gesetz wird ‚unbedingter Gehorsam' sein. Sie werden diesen Götzen vergöttern und sich blind·ihrem Gesetz unterordnen, weil ich ihren Verstand verwirren werde, und so werdet Ihr nichts zu fürchten haben".

Und die Bedrücker der Erde taten so, wie ihnen der Teufel geheißen, und der Teufel tat so, wie es den Bedrückern der Völkern versprochen hatte.

Die Leute aus dem Volke aber erhoben ihre Hand gegen die Ihrigen, um die eigenen Brüder umzubringen, die eigenen Väter einzukerkern und sogar die zu vergessen, die sie unter ihrem Herzen getragen hatten. Und als man zu ihnen sprach: „Im Namen aller Heiligen, denkt doch über die Ungerechtigkeit und Grausamkeit der Euch erteilten Befehle nach!", da antworteten sie:

„Wir denken nicht nach, wir gehorchen".

Und als man zu ihnen sprach: „Habt ihr denn keine Liebe zu Euren Vätern, Müttern, Brüdern?", da antworteten sie:

„Wir lieben nicht, wir gehorchen".

Und als man zu ihnen von Gott und Christus sprach, da antworteten sie:

„Unsere Götter sind die Treue und die Ehre!"

Und diese Verwirrung geht ihrem Ende entgegen.

Nicht lange noch, und der Teufel wird samt den Bedrückern der Völker verschwinden.

Lamennais.

Und Mikromegas sprach: „Oh, Ihr vernunftbegabten Atome, in denen der Ewige seine Kunst und seine Macht ausgeprägt hat, Ihr genießet gewiß reine Freuden auf Eurer Erdenkugel, weil Ihr, in so geringem Maße stofflich und geistig entwickelt, Euer Leben in Liebe und im Denken verbringen müßt, denn darin besteht das eigentliche Leben geistesbegabter Geschöpfe!"

Auf diese Rede schüttelten alle Philosophen den Kopf, und einer von ihnen, der am freimütigsten war, sagte, daß die Bevölkerung, mit Ausnahme einer geringen Anzahl wenig geachteter Männer, nur aus Wahnsinnigen, Bösewichtern und Unglücklichen bestehe.

„Wir haben mehr Stoffliches, als nötig ist, wenn das Böse im Stofflichen seinen Ursprung hat, und viel zu viel Geistiges, wenn das Böse vom Geistigen herkommt; so töten zum Beispiel in dieser Minute Tausende von Wahnsinnigen, die mit Hüten bekleidet sind, Tausende von anderen ebensolchen

Tieren, die einen Turban auf dem Kopfe tragen, oder werden von ihnen getötet. Und so geht es seit undenkbaren Zeiten auf der ganzen Erde zu".

„Worüber streiten denn diese kleinen Tiere?"

„Wegen irgend eines kleinen Stückchens Kot, von der Größe Ihrer Ferse – antwortete der Philosoph – und keinem von diesen Leuten, die einander da umbringen, geht dieses Stückchen Erde auch nur im geringsten an. Für sie handelt es sich bloß darum, ob es dem gehören soll, den man Sultan nennt, oder dem, der Kaiser genannt wird, obgleich weder der eine, noch der andere dieses Stückchen Erde je gesehen hat. Von jenen Tieren aber, die sich gegenseitig umbringen, hat fast niemand das Tier gesehen, um dessenwillen sie sich umbringen."

„Unglückliche!" – schrie der Syrier auf – „kann man sich denn so eine wahnsinnige Raserei auch nur vorstellen ? Wahrlich, ich hätte Lust, drei Schritte zu tun, um den ganzen Ameisenhaufen dieser lächerlichen Mörder zu zertreten." –

„Mach' Dir nicht die Mühe, das zu tun", – antwortete man ihm. – „Das besorgen sie schon selber. Übrigens, nicht sie muß man strafen, sondern jene Barbaren, die, auf ihren Schlössern sitzend, diese Morde anordnen und dafür noch feierlichst Gott danken lassen".

Voltaire.

––––––

Dadurch, daß Österreich die Völker Bosniens und der Herzegowina zu seinen Untertanen erklärte, entstanden nicht nur Verwicklungen in den Beziehungen der Mächte untereinander, diese Erklärung rief auch bei den slavischen Völkern eine starke Bewegung hervor, die bei den Serben und Montenegrinern soweit geht, daß sie einen Krieg herbeiwünschen. Das heißt, sie wollen durch Handlungen, die zu den größten Verbrechen der Menschheit gehören, durch Tötung ihrer eigenen und fremden Bürger, der, nach ihrer Ansicht, rechtswidrigen und sie schädigenden Handlung der österreichischen Regierung entgegenwirken. Es ist verständlich, daß der alte Mann mit den verdrehten Begriffen, der sich Kaiser von Österreich nennt, und ebenso einige Dutzende ähnlicher Leute mit den gleichen verdrehten Begriffen, die darin einen Vorteil finden und sich damit einem alten Aberglauben fügen, der Ansicht sind, daß die einen Menschen, das heißt – sie selbst, indem sie sich „Regierung" nennen, das Recht und sogar die Pflicht haben, über das Schicksal von Millionen zu verfügen. Und ebenso, daß sie, wenn sie es für gut und nützlich finden, mehrere hunderttausend Menschen, mit denen sie nichts gemein haben, als ihre Untertanen erklären und diesen Entschluß durch die Drohung unterstützen können, alle zu töten, die ihn nicht anerkennen wollten. Das alles ist durchaus verständlich. Unverständlich wäre es nur, wenn jene hunderttausende Bosnier und Herzegowiner und jene Million Serben und Montenegriner, durch die Angliederung aufgebracht, keine andere Antwort auf diese grobe Vergewaltigung finden sollten, als daß die Bosnier und Herzegowiner sich dem Beschluß der österreichischen Regierung fügen und sich als Sklaven fremder Leute bekennen, oder, daß diese Vergewaltigung mit denselben verbrecherischen und gewalttätigen Handlungen, das heißt mit Gewalt und Totschlag beantwortet werde.

Man kann wohl begreifen, daß die Leute, die jene großen Räubernester bilden, so verdreht und verdorben sind, daß sie, um ihrer eigenen kleinen, ehrgeizigen und habsüchtigen Zwecke willen allerhand schlechte Taten vollbringen und so verblendet sind, ihre verbrecherische Tätigkeit für die Erfüllung ihrer Pflichten zu halten. Man kann es verstehen, daß sie, wenn sie von Kompensationen, Konferenzen u. a. reden, nichts davon fühlen, was für Verbrechen sie begehen, indem sie, um ihr Ziel zu erreichen, ihren Nächsten den Tod und den Krieg herbeiwünschen, den Krieg, zu welchem sie fortwährend rüsten.

Doch wird es einem Menschen unserer Zeit schwer, zu begreifen, warum jene einfachen Männer der Arbeit, die das Volk bilden und die durch ihre Arbeit den über sie Herrschenden die Lebensmöglichkeit gewähren, ob es nun Bosnier, Serben, Montenegriner, Russen, Engländer oder Franzosen sind, – warum diese Menschen, die den Druck der Sklaverei fühlen und überall sich zu befreien streben, dennoch entweder das Joch ihrer durch nichts zu erklärenden und zu rechtfertigenden Sklaverei ruhig ertragen können, oder, um sich zu befreien, zu demselben Mittel greifen, das die Ursache ihrer Sklaverei war und zum großen Teil noch jetzt ist – zur Gewalt, zum Krieg, zum Totschlag.

III.

Wenn man die verschiedenen Tätigkeiten des Menschen von Grund aus und nicht nur oberflächlich studiert, so ist es unmöglich, nicht daran zu denken, wieviel Menschenleben für den Fortbestand des Reiches des Bösen auf der Erde verschwendet werden, und wieviel mehr als alles andere die Existenz des Staates und dadurch auch die Institution der Regierung zu diesem Bösen beiträgt.

Das Erstaunen und das Gefühl der Trauer wird noch größer bei dem Gedanken, daß alles das nicht nötig wäre, und daß dieses Böse, von der ungeheuren Mehrheit der Menschen treuherzig aufgenommen, nur durch ihre Dummheit entsteht, nur deswegen, weil sie einer verhältnismäßig geringen Zahl von geschickten und verdorbenen Leuten gestatten, über sie zu herrschen.

Patris Larroc.

Wenn irgend einmal der Patriotismus nötig gewesen sein sollte, was soll er jetzt noch? Was sollte er für Bewohner eines großen Staates, was sollte er z. B. für mich in Rußland für eine Bedeutung haben?

Der Patriotismus ist für alle Angehörigen eines großen Reiches, etwa für mich als Russen, nur zu dem Zwecke da, damit wir uns nicht nur nicht in Liebe mit Tausenden und Millionen von Polen, Finländern, Juden und Kaukasiern verbinden, sondern ein Gegenstand des Hasses für die Leute werden, denen wir nie Böses zugefügt und zu denen wir keinerlei Beziehungen hatten. Die kleinen, unterjochten Völkerschaften sind noch ärger dran: für sie ist der Patriotismus in geistiger Hinsicht die Ursache eines gerechtfertigten Hasses gegen völlig fremde Menschen und materiell die Ursache einer ganzen Reihe von Unterdrückungen, Entbehrungen und Leiden. Und dieses rückständige, rohe und geistig – wie materiell verderblichste Gefühl wird mit allen Mitteln von den Leuten, die einen Vorteil davon haben, gepredigt und anderen eingeflößt, und dann naiv und dumm wie eine Wohltat oder eine Erlösung von denen entgegengenommen, die offen dadurch geschädigt werden.

———

Vor fünfhundert, hundert, ja noch vor fünfzig Jahren war es noch leicht, von Annexionen, Kompensationen, Konferenzen zu reden und mit Kriegen zu drohen. In jenen Zeiten war es noch möglich, die betäubten, betrogenen Völker wie verkäufliche Sklaven aus einer Hand in die andere gehen zu lassen, von einem Herrn zum andern, von den Türken zu den Russen, von den Russen zu den Deutschen usw. Damals war es wohl leicht, Tausende und Abertausende von Menschen unter dem Einfluß der patriotisch-kriegerischen Hypnose in das unsinnige, vertierende Morden hineinzuziehen, wie es jetzt, durch die Hypnose betäubt, einige Teile des Serbenvolkes tun wollen.

Doch die Zeit steht nicht still, und die Entwicklung der Menschheit, die materielle und, was mehr ist, die geistige Entwicklung steht auch nicht still. Die Heldentaten der tapfern Kara-Georgiewitsch, deren sich die Serben so sehr rühmen, hatten wohl vor vielen hundert Jahren noch einen Sinn, jetzt aber sind solche Heldentaten nicht nur unnötig, sondern schädlich, und sie wären sogar lächerlich, wenn sie nicht so furchtbar verderblich wären!

Und nicht nur deswegen haben solche Heldentaten ihre Bedeutung verloren, weil jetzt an Stelle der früheren Schwerter und Panzer Maschinengewehre, Brownings, Kriegsschiffe aller Art,

Aeroplane und Eisenbahnen getreten sind, sowie der Telegraph und die Presse, durch die der ganzen Welt sofort bekannt wird, was an jedem Ende geschieht; nicht nur deswegen verloren der Patriotismus und die kriegerische Tapferkeit ihre Bedeutung, und andere Eigenschaften erhielten statt dessen einen Wert, weil die materiellen Bedingungen des Lebens sich geändert haben – sie verloren ihre Bedeutung, und etwas anderes wird heute verlangt, weil der geistige Zustand der Menschheit sich geändert hat. In unserer Zeit haben Völker, die so roh vergewaltigt werden, wie jetzt slavische Stämme, nicht Bajonette und Batterien nötig, sie brauchen auch nicht um die Gunst verschiedener Habsburger, Romanofs, Edwards und des Sultans zu buhlen, um die Gunst dieser kläglichen, unglücklichen, verirrten und durch ihre vermeintliche Größe verblödeten Leute, mit ihren Diplomaten, Ministern, Generalen und Armeen. Was sie brauchen, ist etwas ganz Anderes.

Die Menschen müssen sich ihrer Menschenwürde bewußt werden, die für alle die gleiche ist, die nicht zuläßt, daß die einen über das Leben der anderen verfügen, und nicht, daß die einen sich den anderen, wer sie auch seien, unterordnen. Dieses Bewußtsein können nur Menschen haben, welche ihre Bestimmung im Leben kennen und welche ihre Handlungen in Einklang mit ihrer Erkenntnis bringen. Doch nur die Menschen kennen ihre Bestimmung im Leben und bringen ihre Handlungen in Einklang mit ihrer Erkenntnis, die eine Religion haben.

IV.

Ich lebe, heute lebe ich noch; es ist leicht möglich; daß ich morgen nicht mehr da bin, daß ich für immer dahin zurückkehre, woher ich gekommen bin. So lange ich lebe, weiß ich, daß, wenn ich in Liebe mit den Menschen verbunden bin, ich mich wohl, ruhig und froh fühle, und deswegen will ich lieben und geliebt werden, so lange ich lebe. Und plötzlich kommen Leute und sprechen „Komm mit uns plündern, richten, töten, Krieg führen, du wirst es dadurch besser haben, und wenn nicht du, so doch der Staat."

„Was soll das? Was für ein Staat? Was redet Ihr?" – wird jeder vernünftige und nicht in Verwirrung geratene Mensch fragen. – „Laßt mich in Ruhe" – wird er antworten – „und redet doch nicht solche Dummheiten und Schlechtigkeiten."

Für den unerfahrenen Menschen besteht die Staatsgewalt aus einigen geheiligten Institutionen, aus Teilen eines lebenden Körpers, der für die Lebensbedingungen der Menschen notwendig ist. Der Mensch aber, der zur religiösen Erkenntnis des menschlichen Lebens erwacht ist, findet an Stelle der Staatsgewalt nur einzelne Leute, die sich selber, ohne jede vernünftige Rechtfertigung, eine phantastische Bedeutung zuschreiben und durch Gewalt ihre Wünsche in Erfüllung bringen. Für den wachen Menschen sind es verwirrte und zum größten Teil bezahlte Leute, die den anderen Gewalt antun; für ihn sind es Räuber, wie jene, welche Reisende auf der Landstraße anfallen und sie vergewaltigen.

Das Alter dieser Gewalt, ihr Umfang, ihre Organisation – nichts kann das Wesen der Sache ändern. Für den wachenden Menschen existiert nichts von dem, was man Staat nennt; und deswegen findet er keine Rechtfertigung für die im Namen des Staates verübten Gewalttaten. Deswegen ist eine Beteiligung an diesen Gewalttaten für ihn eine Sache der Unmöglichkeit. Die Staatsgewalt wird nicht durch äußere Mittel vernichtet, sondern nur durch die Erkenntnis des zur Wahrheit erwachten Menschen.

–––––

Vor einigen Jahren saß in einem österreichischen Gefängnis unter hundert Angehörigen der Nazarener-Sekte, die sich weigerten, Militärdienste zu leisten, ein junger Mann dieser Sekte. Die Mutter dieses jungen Mannes kam, um ihren Sohn zu besuchen. Die Schildwache, die mit ihr Mitleid hatte, ließ sie ans Fenster treten, sodaß sie ihren Sohn sehen konnte. Doch statt zu weinen und dem Sohn Vorwürfe zu machen, weil er sie hilflos und allein gelassen hatte, rief die Mutter ihm zu: „Nimm kein Gewehr in die Hand, mein lieber Junge, denke an Gott!" Und der Sohn gehorchte seiner Mutter und seiner innern Stimme und saß seine fünfzehn Jahre ab, zu welcher Strafe er von der österreichischen Regierung verurteilt worden war.

Serben! Ihr solltet nicht zum Kriege rüsten, zur Tötung kläglicher, verirrter Menschen, die durch eine lange Reihe von Sünden und Irrungen zu ihrem Zustand der Betäubung gelangt sind, in welchem sie töten und aufs Geratewohl zu töten bereit sind. Ihr solltet auch nicht durch Eure, Gott weiß, zu welchem Zwecke gewählten Beherrscher um Almosen bei jenen Leuten betteln, die selber nicht wissen, wie sie von dem Betrug und von dem Bösen loskommen sollen, in welchem sie stecken. Nichts dergleichen habt Ihr nötig!

Zu Eurer Befreiung, und nicht nur zu Eurer, nicht nur zur Befreiung der Slaven, sondern zur Befreiung aller Völker, die selbst ihr Joch auf sich genommen haben: der Chinesen, der Japaner, der Indier und Perser, der Türken und Russen, der Deutschen, Franzosen und der Italiener – zur Befreiung aller Menschen der Erde von den Sünden, Verirrungen und vom Aberglauben, in welchem sie stecken, braucht man weder Bajonette noch Batterien; weder diplomatische Unterhandlungen, noch Konferenzen, Konventionen u.s.w., sondern nur das, womit jene Mutter ihrem geliebten Sohne beistand. Nicht Patriotismus und Stolz sind dazu nötig, nicht Haß und kriegerische Tapferkeit, sondern nur das, was jener Nazarener tat, was die Duchoborzen, Molokane, Jehovaner und Freie Christen in Rußland taten und noch immer tun, was die Babisten[2] in Persien und ähnliche Leute in der Türkei und in Indien, was Tausende und Abertausende von Menschen in der christlichen, buddhistischen und mohamedanischen Welt tun, die zur Erkenntnis ihres geistigen Ursprungs gelangt sind und die deswegen keine Macht über dieses geistige Prinzip anerkennen.

---

[2] [*Babismus*, Vorläufer des Bahaismus, z. T. von Tolstoi mit diesem verwechselt]

Zeitgenössische Karikatur zur Annexion Bosniens
und der Herzegowina durch Österreich
(Le Petit Journal, 18.10.1908)

V.

Nichts ist für ein vernunftbegabtes Wesen unwürdiger, als
darüber zu weinen, daß das, was unsere Väter für Wahrheiten hielten, sich als Lüge entpuppte. Wäre es nicht besser,
neue Grundlagen der Einigkeit zu suchen, die die früheren
ersetzen sollen?
Martineau.

Man sagt, daß es einen Staat stets gegeben hat, und daß man
daher ohne den Staat nicht leben könne. Aber erstens gab es
nicht immer einen Staat; sollte dies jedoch der Fall gewesen
sein, so wäre das noch kein Beweis dafür, daß es immer einen
Staat geben muß.

In unserem Zeitalter fangen die Leute schon an zu begreifen,
daß die Zeit des Staates vorüber ist und daß er sich nur noch
durch Gewohnheit und Betrug hält; sie können sich aber vom
Staat nicht losmachen, weil sie noch alle auf diese oder jene
Weise mit ihm verknüpft sind.

Vieles Böse tun die Menschen aus Eigenliebe, noch mehr Böses tun sie ihrer Familie zuliebe, doch die scheußlichsten Freveltaten verüben die Menschen des Staates wegen. Und was
das Wunderbarste ist, die Menschen, die all diese Listen, Be-
trügereien, Spionagen, Erpressungen und die schrecklichsten
Morde im Kriege verüben, prahlen noch mit ihren Freveltaten.

Und deswegen glaube ich, daß weder die Bosnier und Herzegowiner, noch Ihr, Serben, noch die anderen slavischen Völker bei
den jetzigen Ereignissen zum Kriege rüsten sollen, das heißt zu
denselben Verbrechen, durch welche jene Räubernester, die sich
Großmächte nennen, existieren; daß Ihr nicht um Hilfe bei den
Beherrschern derselben Mächte betteln sollt, sondern aufhören
müßt, in Euch einen dem Glauben entfremdeten, rohen serbischen und panslavistischen Patriotismus anzufachen. Dieser Be-

trug und Abfall vom Bewußtsein der Einheit der ganzen Menschheit, der schon andere, Euch verwandte Völker zur Sklaverei geführt hat, wird auch Euch dahin führen; darum solltet Ihr das tun, was schon lange alle Völker tun sollten, und was die in Eurer Mitte lebenden Nazarener so gut verstehn. Leider habt Ihr die Bedeutung dessen, was Ihr tun wolltet, bis jetzt noch wenig begriffen, und begreift sie auch jetzt ebensowenig, wie die anderen Völker.

Nicht nur für die Serben und für die slavischen Völker aus der jetzt so verwickelt scheinenden Lage, für die Völker der g a n - z e n Welt gibt es nur e i n e n Ausweg aus den politischen, diplomatischen, sozialen und ökonomischen Schwierigkeiten und Nöten – die Anerkennung der h ö c h s t e n r e l i g i ö s e n E r - k e n n t n i s, bis zu der die Menschheit unserer Tage gelangt ist, und ihre Befolgung, das heißt das Vordringen bis zu der Hauptbedingung eines reinen Lebens – bis zu der einigen Religion, ohne welche die Menschen nur vorübergehend leben, wie gerade jetzt in den letzten Jahrzehnten die ganze Menschheit überhaupt, und die christliche Welt im besonderen.

Nicht nur die Bedrängnisse, wie sie jetzt die slavischen Völker ertragen müssen, die Leiden aller Völker kommen nur davon, daß die Menschen überhaupt, und die Menschen der christlichen Welt im besondern, nach jener rohen Lebensauffassung leben, welche die Besten unter der ganzen Menschheit schon längst überwunden haben, und nicht nach der Auffassung, die durch die christliche Lehre geoffenbart wurde und die unserer Zeit eigen ist.

VI.

Alle Menschen streben nach dem Guten. Und deswegen dachten die weisen Männer seit den ältesten Zeiten immer und überall nur daran und lehrten die Menschen, wie sie leben sollten, um das höchste Wohl zu erlangen. Und all diese weisen und heiligen Männer an den verschiedensten Orten und zu den verschiedensten Zeiten lehrten immer eine und dieselbe Lehre. Diese Lehre besteht darin, daß alle Menschen in einem und demselben Geist leben, daß aber alle in diesem Leben durch ihren Körper voneinander getrennt sind.

Wenn die Menschen das verstehen, so streben sie nach einer Vereinigung miteinander durch die Liebe. Dieses Streben verleiht ihnen das Wohl. Wenn aber die Menschen das nicht verstehen und glauben, daß ihr Leben in dem einzelnen und isolierten Körper besteht, so leben sie in Feindschaft miteinander und sind unglücklich. Und deswegen besteht die Lehre darin, daß man tun soll, was die Menschen vereinigt, daß man lieben und nicht tun soll, was sie trennt, und daß daher niemand für sich, für seinen eigenen Körper leben soll. Um zu wissen, was man tun soll, muß der Mensch dem Willen Gottes folgen, der in ihm ist. Der Wille Gottes geht auf das Wohlergehen aller Wesen und von allem, was auf der Welt ist. Gott ist die Liebe, wie es im Evangelium heißt, und deswegen ist der Wille im Menschen, wenn er einig ist mit dem göttlichen Willen, auch nur Liebe, und er geht nicht nur auf sein Wohlergehen, sondern auf das Wohlergehen alles dessen aus, was auf der Welt ist. Deswegen muß der Mensch während seines Lebens nur das tun, was mit dem Willen Gottes im Einklang steht. Mit dem Willen Gottes aber stimmt im Menschen nur die Liebe überein.

————

Ich will versuchen, in kurzen Worten zu sagen, weswegen, meiner Meinung nach, die christlichen Völker sich in einer Lage befinden, die dem Menschen nicht entspricht, weswegen die Schwierigkeiten dieser Lage in unserer Zeit das höchste Maß erreicht haben, und weswegen eine Befreiung aus dieser Lage, wie ich glaube, schon in der nächsten Zukunft stattfinden kann und muß.

Seit undenkbaren Zeiten erkannten die Völker der Welt das höchste Wesen, das ihr Leben leiten sollte – in unsichtbaren, erdichteten Wesen, in heiligen Lehrern des Lebens, in sichtbaren, siegreichen Herrschern und Helden, die sie vergötterten und deren Befehle sie blind befolgten. Die heiligen, vergötterten Weisen und ebenso die vergötterten Helden vereinigten sich zu einer überirdischen Kraft und Macht, und die Völker glaubten blind der Sittenlehre, die von dieser Macht gepredigt wurde, und befolgten ebenso blind alle Forderungen dieser Macht in allen Angelegenheiten ihres Lebens. Dieser Glaube war verschieden in seinen Erscheinungen, doch die Beziehungen der Menschen zu diesem Glauben blieben stets dieselben. Die Beziehungen zum Glauben hatten darin ihren Grund, daß die Mehrheit der Menschen, indem sie kein selbständiges und sie leitendes geistiges Prinzip in sich anerkannten, sich blind der Leitung einer Minderheit auserwählter Leute unterordnete, sowohl, was das Verständnis des Lebens betrifft, als auch in ihren Handlungen. Die Minderheit aber, die sich überirdische Eigenschaften zuschrieb, glaubte ein Recht zu haben, das geistige und körperliche Leben der Mehrheit zu leiten.

So lebten seit den ältesten Zeiten die Völker der Welt. Doch je länger die Menschen lebten, desto weniger befriedigte ein solches Verhältnis zum Glauben ihre geistigen Ansprüche, und immer häufiger und häufiger kamen Lehren von einem andern, neuen Verständnis des Lebens zum Vorschein, bei welchem das frühere Verhältnis zum Glauben immer unmöglicher wurde. Das neue Verständnis des Lebens bestand darin, das jeder Mensch ein für alle Menschen gleiches geistiges Prinzip in sich trägt, das sich in der Liebe offenbart und das alle Menschen zur Einigkeit führt; daß deswegen die Grundleitung des Menschenlebens nur eine innere sein kann, und keinenfalls eine von außen, aus dem Willen anderer Leute, kommende.

Trotz der sich immer mehr und mehr festigenden Lebensordnung, die auf der Unterwerfung der einen unter die anderen basiert war, wurden immer öfter – bei den Indiern, Chinesen, Juden, Römern und Griechen – solche Lehren verkündet, die den Menschen enthüllten, daß in jedem einzelnen ein gemeinsames geistiges Prinzip lebe, und daß deswegen die Grundlage des

Lebens, die die Menschen vereinigen müsse, nicht Willkür und Gewalt seien, sondern das Bewußtsein der Gemeinsamkeit des geistigen Prinzips aller Menschen, die sich in der Liebe offenbart.

VII.

Die Menschen, die nicht das Wesen der Lehre Christi begreifen, verblüfft besonders das Gebot, sich dem Bösen nicht mit Gewalt zu widersetzen, und ihnen scheint es, daß bei Erfüllung dieses Gebotes durch die Menschen die Bösen den Sieg davontragen müßten, wogegen die Guten ohne Nutzen zu Grunde gehen werden, und die Menschheit so die Möglichkeit verlieren wird, weiter zu existieren.

„Es ist unmöglich, sich dem Bösen nicht zu widersetzen, weil sonst das Leben der Menschen nicht gesichert sein könnte, und die Bösen die Guten verderben würden", – sagen Menschen mit einer heidnischen Lebensanschauung. Und sie sind durchaus im Recht, wenn die Menschen nur das Gesetz der Stärke anerkennen und nur an dieses Gesetz glauben. Sich dem Bösen nicht zu widersetzen, ist bei einer heidnischen Lebensanschauung absurd, bei einer christlichen Lebensanschauung aber, wenn die Menschen an das Gesetz der Liebe glauben, ist dieses Widersetzen absurd und nicht zu rechtfertigen.

Es ist schwer, die Lehre vom Nichtwiderstreben zu befolgen, aber ist denn die Befolgung der Lehre vom Kampf und der Vergeltung leicht? Um die Antwort auf diese Frage zu finden, schlage man die Geschichte eines beliebigen Volkes auf und lese die Beschreibung einer jener hunderttausend Schlachten, die von den Menschen dem Gesetze des Kampfes zuliebe geliefert wurden. In diesen Schlachten sind mehrere Milliarden von Menschen getötet worden, so daß in jeder dieser Schlach-

ten mehr Menschenleben verloren gingen, mehr Leiden ertragen werden mußten, als es in Jahrhunderten der Fall gewesen wäre, wenn man sich dem Bösen nicht widersetzt hätte.
Adin Baen.

Man sagt, daß es unmöglich sei, das Böse nicht mit dem Bösen zu vergelten, weil, wenn man das nicht täte, die Bösen über die Guten Macht gewinnen würden. Ich glaube, daß, gerade im Gegenteil, die Bösen nur dann Macht über die Guten gewinnen, wenn die Menschen daran glauben, daß es erlaubt ist, das Böse mit dem Bösen zu vergelten, wie es jetzt bei allen christlichen Völkern der Fall ist. Die Bösen haben eben deshalb Macht über die Guten gewonnen, weil man es allen beigebracht hat, daß es nützlich ist, den Menschen Böses zuzufügen.

————

Die Lehre davon, daß ein jeder Mensch das allen gemeinsame geistige Prinzip in sich trägt, das nach Vereinigung durch die Liebe strebt, diese Lehre wurde schon viele Male und bei verschiedenen Völkern zum Ausdruck gebracht: durch Konfuzius, Laotse, durch die jüdischen Propheten, durch den Griechen Sokrates, durch Buddha, Roma-Krischna, durch die Römer Epiktet und Marc Aurel, besonders deutlich aber und begründet durch Jesus Christus.

Durch Jesus Christus wurde diese Lehre schon nicht mehr als etwas bloß Wünschenswertes und nur weniger Mögliches ausgesprochen, wie das vor Jesus geschah, sondern als eine Lehre, die zur Grundlage des Lebens werden müsse, als eine verpflichtende Lehre, weil sie nicht nur wenigen zu ihrem wahren Wohl verhelfen sollte, sondern allen Menschen.

Dadurch, daß die Lehre Christi alle Menschen als Söhne Gottes, das heißt, daß sie in allen Menschen das gleiche göttliche Prinzip anerkannte, erkannte sie klar und unumstößlich die gleiche Würde aller Menschen an, eine Gleichheit a l l e r, die nicht zuläßt, daß Menschen über Menschen herrschen und sich ihnen unterordnen. Doch nicht genug, daß diese Lehre, indem sie die Liebe zur Grundlage des menschlichen Lebens machte, und dadurch alle Gesetze der Herrschenden, die durch Gewalt zur Ausführung gebracht wurden, aufhob, diese Lehre zeichnete sich von den anderen, die dieselbe Wahrheit verkündeten, auch noch dadurch aus, daß sie mit besonderer Klarheit und Genauigkeit auf die Unvereinbarkeit der Lehre von der Liebe mit jeglicher Gewaltanwendung hinwies, mit der Vergeltung des Bösen mit Bösem, mit der Selbstverteidigung mit Hilfe von Gewalt.

Daher war diese Lehre Christi, wenn sie auch nichts Neues in die eigentliche Lehre von der Liebe, die von allen Weisen des Altertums gepredigt wurde, hinzubrachte, doch dadurch wichtig, weil sie, auf die Unvereinbarkeit jeder Gewalt mit dieser Lehre hinweisend, dadurch deutlicher als alle anderen Lehren die Bedeutung der Liebe in ihrer praktischen Anwendung bestimmte.

VIII.

Das Christentum, wie es von Christus gepredigt wurde, konnte nicht von der Mehrheit der heidnischen Völker angenommen werden, weil er das heidnische Leben und die Knechtung vieler durch wenige unmöglich machte. Die Kirchenväter bildeten dann aber das Christentum derart um, indem sie es mit der rohen jüdischen Lehre vereinigten, daß es sich dem Heidentum immer mehr anpaßte und die Hauptstütze der alten Lebensanschauung wurde.

Die besten, aufgeklärtesten Menschen ließen sich zuerst täuschen, allmählich fingen sie aber an, den Betrug zu verstehen, gerieten in Zorn und begannen das in kirchliche Gewänder gehüllte Christentum zu hassen. Und als das wirkliche Christentum allmählich die ihm fremden Kleider ablegte, dachten die getäuschten Menschen an alles Böse, das ihnen zugefügt worden war, und fuhren fort, das Christentum zu verneinen, indem sie es nicht in seiner wirklichen Bedeutung erkannten und unter Christentum nur das kirchliche Christentum verstanden.

―――――

Die Lehre Christi war eine Lehre der Liebe, die die Gewalt in keinem Falle zuließ. Das war stets ihr Wesen, und so wurde sie bei ihrem Erscheinen verstanden. Die einfachste und allen zugängliche Wahrheit, die durch die christliche Lehre Ausdruck erhielt, war die, daß es für die Menschen vorteilhafter ist, dem Gesetze der Liebe zu folgen, als dem Gesetze der Gewalt. Diese Wahrheit war für den Verstand so unanfechtbar, so der menschlichen Seele eigen, daß die Menschen, die von dieser Wahrheit erfuhren, sie unmöglich nicht anerkennen konnten. Als diese Lehre angenommen war, das Leben aber fortfuhr, sich nach dem früheren Gesetz der Gewalt zu richten und sich nicht mit einem Mal nach der in der neuen Lehre enthaltenen Wahrheit verändern konnte, da begannen die Menschen, denen die alte Lebensordnung vorteilhafter erschien, als das Befolgen der neuen Lehre – es waren dieselben Menschen, welche die Macht über die Mehrheit hatten, nämlich die Herrschenden und die Geistlichen – diese Lehre zu verändern und sie der rohen altjüdischen Lehre anzupassen, damit sie mit der herrschenden Lebensordnung nicht in Widerspruch gerate. Und das Leben der Leute, die das Christentum äußerlich angenommen hatten, fuhr fort, sich nach der alten Weise abzurollen, trotzdem das Christentum all das verneinte, worauf die frühere staatliche, völkerrechtliche und ökonomische Ordnung des Lebens fußte.

Anfänglich wurden die religiösen Forderungen der christlichen Welt durch die Dogmen, Sakramente und Zeremonien befriedigt, die von der Kirche ersonnen wurden, um das Wesen der Lehre zu verbergen; doch je verwickelter das auf Gewalt fußende Leben der christlichen Völker wurde, und je mehr sich zugleich die Aufklärung verbreitete, desto weniger konnten die kirchlichen Theorien die religiösen Forderungen der Menschen befriedigen, und es kam schließlich dahin, daß Menschen, die sich Christen nannten, nur eins von beiden wählen konnten: sie muß-

ten entweder anerkennen, daß der Sinn des Lebens und die Anleitung zum richtigen Handeln in einer der vielen, sich gegenseitig bekämpfenden, mit dem Gewissen und dem gesunden Menschenverstand unvereinbaren, sogenannten christlichen, in
Wahrheit aber nur kirchlichen Lehren ruht – oder sie mußten zugeben, daß die Grundlage des Lebens und Handelns in der bestehenden Lebensordnung liegt und daß die christliche, sowie
jede andere Religion nur ein störendes Hindernis ist.

Die christlichen Völker wählten in ihrer Mehrheit das letztere
– die einen offen, die anderen im Geheimen. Und gerade dieses
Fehlen jeglicher Religion in der christlichen Welt führte die Menschen zu diesem – sicher nur vorübergehenden – furchtbaren Zustand, in dem sie sich jetzt befinden.

IX.

Es müßte doch scheinen, daß es für einen Menschen mit un-
verdorbenen und ungeschwächten geistigen Kräften nur natürlich sei, daß er sich bei den Forderungen des Staates, zum
Beispiel bei der Absolvierung des Militärdienstes, fragt: „Warum soll ich diese Forderungen erfüllen? Ich will mein Leben
in bester Weise zu Ende führen, will arbeiten, meine Familie
ernähren, ich will selbst beschließen, was mir angenehm
und nützlich ist und was ich zu tun habe. Laßt mich mit Eurem Rußland, mit Frankreich, England, Serbien und Bulga-
rien in Ruh! Wer es nötig hat, mag sich um diese Staaten
kümmern, ich habe sie nicht nötig. Mit Gewalt könnt Ihr mir
alles wegnehmen, was Ihr wollt, Ihr könnt mich töten; doch
ich selbst will und werde mich nicht an meiner eigenen
Knechtung beteiligen."
Es müßte doch scheinen, daß es nur natürlich ist, so zu handeln, doch noch immer spricht niemand so und handelt niemand so. Die Menschen fangen aber schon an, so zu denken,
deswegen werden sie bald auch anfangen, so zu handeln.

———

Die christliche Menschheit lebt schon mehr als ein Jahrhundert in einem Zustande, der dem Menschen ganz und gar nicht eigen ist: sie lebt ohne jegliche religiöse Erkenntnis ihres Lebens und ohne eine daraus fließende Anleitung zum Handeln. Und je länger die Menschheit so lebt, desto qualvoller und schwerer wird einerseits ihr Leben, andererseits aber kommt sie immer mehr und mehr zur Erkenntnis jenes längst vorgeahnten Gesetzes der Liebe, die das Gesetz der Gewalt ablösen wird.

Die Klarheit dieser Erkenntnis hat in unserer Zeit einen Grad erreicht, daß jeder noch so kleine Anstoß das Erwachen der Völker hervorrufen kann, das Erwachen vom Patriotismus und der aus ihr [ihm] fließenden Knechtschaft, in der sie leben.

Die Erkenntnis, daß das alte Gesetz ausgelebt hat, das die Menschen bis zur äußersten Grenze des Elends und der Verkrüppelung geführt hat, und daß das neue Gesetz der Freiheit und Liebe, das schon vor tausenden Jahren entdeckt worden ist, dringend nach Anwendung und Verwirklichung verlangt, ist jetzt den Menschen – nicht nur unserer christlichen, sondern der ganzen Welt – so nahe gerückt, daß das Erwachen aus jener Knechtschaft und Verderbtheit, in welcher sich die Völker selbst seit Jahrhunderten halten, wie ich glaube, jede Minute erfolgen kann. Denn das bevorstehende Ereignis von so ungeheurer Wichtigkeit liegt nicht in äußeren Handlungen, welche unüberwindbare Hindernisse finden können, sondern im B e w u ß t s e i n der Menschen, dem stets freien Bewußtsein, das durch nichts aufgehalten werden kann.

Das, was die Menschen der ganzen Welt jetzt zu ihrer Befreiung nötig haben, sind nicht H e l d e n m u t oder gewaltige Kriegstaten im Kampfe mit dem stärkern Feind, es ist nur die natürlichste, dem Menschen eigentümlichste und leichteste Handlung, ja nicht einmal H a n d l u n g, sondern nur ein Verhalten, ein v e r w e i g e r n d e s Verhalten, ein Nichtbegehen von Taten, die der Erkenntnis zuwider laufen. Und n i c h t s kann dieses Verhalten und diese Verweigerung von Handlungen, die der Erkenntnis zuwider laufen, unmöglich machen.

X.

Zu einem Arbeiter, der genau die ihm von seinem Herrn auferlegte Arbeit kennt, kommt ein fremder Mann und sagt ihm, daß er von dieser Arbeit ablassen, daß er etwas ganz Entgegengesetztes tun soll, wodurch er das Werk seines Herrn vollständig zerstören würde. Welcher Arbeiter, der da weiß, daß er jeden Augenblick zu seinem Herrn gerufen werden kann, wird, wenn er nicht verrückt oder ganz von Sinnen ist, darauf eingehn? Und doch geschieht gerade das mit jedem Christen, wenn die Regierung von ihm Dinge fordert, wie, daß er andere richte und Menschen im Kriege morde – Handlungen, die seinem Gewissen und dem Gesetz Gottes zuwider laufen. Aus jeder schwierigen Lage kannst du dich sofort befreien, wenn du nur daran denkst, daß Gott in dir lebt!

———

Wenn die Menschen nur klar und deutlich erkennen, wer sie sind, wenn sie nur die Lehren aller Weisen der Welt und die Lehren Christi erkennen, daß in jedem Menschen ein und derselbe freie, ewige, allmächtige Geist – der Sohn Gottes – lebt; daß der Mensch weder herrschen noch sich unterordnen kann; daß sich dieser Geist nur in der Liebe offenbart – wenn die Menschen das erkennen (und sie sind schon reif für diese Erkenntnis) und danach handeln oder vielmehr, wenn sie dieser Erkenntnis nicht zuwider handeln, dann werden mit einmal in der einfachsten, friedlichsten Weise alle Schwierigkeiten, nicht nur in Bosnien und Serbien, sondern in der ganzen christlichen Welt, und nicht nur in der christlichen Welt, sondern in der ganzen Menschheit zur Lösung kommen. Wenn die Menschen diese ihnen offenbarte Wahrheit nur deutlich erkennen und nach ihr handeln, so werden alle Schwierigkeiten ein Ende haben, unter welchen sie jetzt leiden: die gegenseitige Bedrückung der Völker, der Krieg, die Vorbereitung zum Krieg, mit all ihrem Elend und der Verderbung der Menschen; dann werden auch diese lächerlichen Trugbilder einer Konstitution ein Ende finden, ebenso wie die Besitzergreifung fremder Länder, die Knechtung und Versklavung der Menschen; dann wird es keine Gerichte geben, wo Menschen über Menschen richten, keine durch ihre Grausamkeit und Torheit Schrecken erregende Strafen, keine Ketten, Gefängnisse und Hinrichtungen; dann wird auch die Herrschaft einer müssigen, verdorbenen Minderheit von Menschen über die in Sklaven verwandelte Mehrheit der Menschen ihr Ende finden, noch unverdorbener Menschen, die schwer arbeiten und die zu einem vernünftigen Leben fähig sind.

Der Mensch braucht nur seine Menschenwürde zu erkennen, sein Leben nicht den Forderungen fremder Menschen unterzuordnen, nicht das zu tun, was die Leute von ihm verlangen, die sich berechtigt fühlen, Anforderungen an ihn zu stellen, welche seiner sittlichen Erkenntnis zuwider laufen; er braucht nur seine Arbeitskraft nicht fremden Leuten in Form von Steuern zur Verfügung zu stellen, sich nicht an der Eintreibung von Steuern zu beteiligen, es den Menschen nicht zu erlauben, daß sie über ihn zu Gericht sitzen, und selbst an keinem Gericht, noch an Gewalt in irgend einer Form teilzunehmen; er braucht nur ein Volk nicht für ein besonderes, auserwähltes zu halten, vor allen aber keinen Krieg mitzumachen und sich nicht auf ihn vorzubereiten, – er braucht nur so zu handeln, wie es das Herz und der Verstand eines jedes Christenmenschen verlangt – und mit einem Schlag sind alle Schwierigkeiten und aller Jammer beseitigt, worunter nicht nur Bosnien, die Herzegowina und Serbien leiden, sondern alle unterdrückten, betäubten, besitzlosen, arbeitslosen und abgehetzten Menschen der ganzen Welt.

XI.

Das, was man heute Patriotismus nennt, ist einerseits nur eine gewisse Stimmung, die durch die Schulen, die Religion und eine käufliche Presse beständig im Volke erzeugt und in einer für die Regierung notwendigen Richtung wachgehalten wird, anderseits ist der Patriotismus nichts wie ein durch ungewöhnliche Mittel von den herrschenden Klassen hervorgerufener Zustand der Erregung bei den moralisch und geistig am tiefsten stehenden Schichten der Bevölkerung, der nachher für den Ausdruck des dauernden Willens des ganzen Volkes ausgegeben wird. Der Patriotismus der unterjochten Völker bildet darin keine Ausnahme. Ebensowenig ist er den arbeitenden Massen eigentümlich und wird ihnen nur von den herrschenden Klassen eingeimpft.

Man kann nie wissen, ob das, was einem Menschen passiert, zu seinem Schaden oder zu seinem Vorteil ist. Nur von einer Sache kann man stets wissen, daß sie dem Menschen zum Vorteil gereicht, und zwar von der Liebe zu den Menschen. Die Liebe erhöht zweifellos immer das Glück im Leben eines Menschen.

Gott wollte, daß wir glücklich sind, deshalb pflanzte Er uns das Bedürfnis nach Glück ein. Doch Er wollte auch, daß wir alle gemeinsam und nicht nur als Einzelne glücklich seien, – daher sind die Menschen unglücklich, weil sie nicht nach dem gemeinsamen Glück streben, sondern nur nach ihrem persönlichen. Das höchste Glück eines Menschen aber ist, geliebt zu werden, und deswegen ist in jedem Menschen dieser Wunsch lebendig. Um aber geliebt zu werden, muß man offenbar selbst lieben.[3]

――――――

[„]Aber wenn sich alles einmal so verhält, so sind doch nicht nur einige wenige, oder ein paar hundert Menschen dazu notwendig, um dieses zu vollbringen, das heißt, die Ordnung des menschlichen Lebens zu verändern, sondern alle Menschen oder zum mindesten die große Mehrheit. Solange aber die Mehr-

---

[3] [Diese Formulierung verweist auf eine Unklarheit in Tolstois ‚Theologie'; es sind ja eben erst die ‚Geliebten' befreit – d. h. befähigt, selbst zu lieben. *pb*]

heit die Forderungen des Lebens nicht auf diese Weise versteht, kann sich diese Lebensordnung nicht ändern."

So sprechen die Menschen und fahren fort, wie bisher im Gegensatz zum gesunden Menschenverstand und zu ihrem Gewissen zu leben.

Doch so sprechen nur solche Menschen, die sich unter dem Einfluß des patriotischen und staatlichen Aberglaubens befinden. Solche Leute glauben, daß ein außerhalb der staatlichen Ordnung stehender Mensch etwas Undenkbares sei: ehe er Mensch sei, wäre er vor allem Angehöriger eines Staates. Solche Menschen vergessen jedoch, daß jedermann, noch ehe er Österreicher, Serbe, Türke, Chinese ist, ein Mensch, das heißt ein vernunftbegabtes, liebendes Wesen ist, dessen Bestimmung durchaus nicht darin besteht, die Interessen des serbischen, türkischen, chinesischen oder russischen Reiches zu wahren, oder an der Zerstörung eines dieser Reiche teilzunehmen, sondern nur darin, seine menschliche Bestimmung zu erfüllen, in dieser kurzen Spanne Zeit, die er hier aus Erden zu leben hat.

Das ist es, wovon die Lehre Christi zum Menschen redet. Sie spricht von seiner ewigen Bestimmung und darum weiß sie nichts, darum will und kann sie nichts wissen von jenem vorübergehenden, zufälligen Zustand, in dem sich der Mensch, ob er nun im Staat, oder außerhalb des Staates lebt, in einer gewissen geschichtlichen Periode befindet. Die Lehre Christi offenbart dem Menschen seine Bestimmung im Leben und sein Heil, das sich nicht im Zusammenhang mit irgend welchen äußern Institutionen verändern kann. Sie sagt nichts darüber aus, was in Zukunft aus jenen Menschenmengen, die sich Völker und Staaten nennen, werden wird, sie kann nichts darüber sagen, weil das niemand weiß oder wissen kann, sie sagt nur das eine, was ein jeder fühlt und was ein jeder weiß: daß für den Menschen nichts als Gutes aus der Befolgung seines eigenen Gesetzes, des Gebotes der Liebe und Einigkeit, erwachsen kann.

Man sagt: "Die Regierungen werden einen solchen Ungehorsam nicht dulden, sie werden die sich Widersetzenden bestrafen, wenn sie ihre Befehle nicht erfüllen." Erstens können aber einen

Menschen, der das von Christus geoffenbarte Heil erkannt hat, das in der Erfüllung des Gebotes der Liebe liegt, keine Strafen schrecken, wenn er nur fest an das ihm geoffenbarte Gesetz glaubt, das ihm das Heil des Lebens brachte. Und zweitens ist die Drohung mit grausamen Strafen seitens jener Leute, die die staatliche Ordnung verteidigen, nicht so schrecklich, wie es scheinen mag, – schon aus dem Grunde, weil Leute, die an dem staatlichen Aberglauben festhalten, der Meinung sind, daß die Regierung aus abstrakten Wesen bestehe, welche besondere Eigenschaften besitzen und ihre Entschlüsse mit besonderen übermenschlichen Mitteln auszuführen imstande sind! Doch solche Wesen gibt es nicht, und wie sie sich auch nennen mögen, sie bleiben dennoch Menschen, ebensolche Menschen wie jene, die sie quälen und bedrücken.

Wenn die Menschen, die die Teilnahme an jeder Gewalt zurückweisen, nun christlich handeln, wenn sie gegen die Gewaltmenschen nichts anderes als Liebe zeigen, dann werden sich immer weniger und weniger Leute finden, sowohl unter den Beamten der Regierung, welche die Befehle erteilen, wie unter denen, die sie ausführen, die imstande sind, solche Menschen zu berauben, zu quälen und zu töten, welche eher bereit sind, im Namen der Liebe eine Vergewaltigung zu erleiden, als an ihr sich zu beteiligen.

Es ist ganz begreiflich, daß die Leute, die sich Regierung nennen, Menschen, welche ihre Befehle nicht erfüllen wollen, unaufhörlich strafen und quälen können, wenn sie in der Grausamkeit und in den Verbrechen jener, die sie strafen – der fremden Völkerschaften, die ihr patriotisches Gefühl verteidigen, der Revolutionäre usw. – eine Rechtfertigung für ihre Handlungsweise finden. Doch Menschen bleiben Menschen, ob sie sich nun Imperatoren, Senatoren, Richter, Generale, Gouverneure, Spitzel, Polizisten oder Henker nennen, und man kann sich weder solche Imperatoren, noch solche Richter, Henker und Spitzel vorstellen, auf die die Wahrheit und Liebe ohne Eindruck bliebe, in deren Namen Menschen voller Sanftmut jede Gewalt erdulden und eine Teilnahme an dieser Gewalt zurückweisen.

XII.

Man sagt: „Der Mensch kann nur um sein Wohl besorgt sein, und deswegen kann er nicht sein Wohl für das Wohl anderer Menschen opfern." Das wäre richtig, wenn der Mensch, der sein körperliches Wohl opfert, nicht darin ein unvergleichlich höheres Wohl fände. Wenn der Mensch liebt und für das Wohl anderer Menschen tätig ist, so findet er darin sein höchstes Glück.

Der Patriotismus ist in seinem einfachsten, deutlichsten und in seinem absolutesten Sinne für die Herrschenden nichts anderes, als ein Mittel zur Erreichung ihrer herrschsüchtigen und ehrgeizigen Pläne; für die Beherrschten aber bedeutet er nur – den Verzicht auf ihre Menschenwürde, ihren Verstand und ihr Gewissen; die sklavische Unterordnung unter die Herrschenden. Und so wird er auch überall verkündigt, wo er verkündigt wird. Der Patriotismus ist die Sklaverei.

Der Patriotismus konnte in der alten Welt eine segensreiche Wirkung haben, weil er vom Menschen verlangte, er solle dem höchsten Ideal der damaligen Zeit, dem Ideal des Vaterlandes dienen. Doch wie kann der Patriotismus in unserer Zeit segensreich wirken, wo er vom Menschen gerade das Gegenteil von dem verlangt, was nicht nur das Ideal unserer Religion, sondern auch unserer öffentlichen Meinung bildet – wenn er nicht die Anerkennung der Gleichheit und der Brüderlichkeit aller Menschen verlangt, sondern fordert, daß man e i n e n bestimmten Staat und e i n bestimmtes Volk als das vor allen anderen Staaten und Völkern bevorzugte anerkenne.

––––––

Wenn man mich daher um Rat fragt, was man tun soll – ob mich nun ein Indier fragt, wie er gegen die Engländer, oder ein Serbe, wie er gegen Oesterreich, oder ob mich Perser und Russen fragen, wie sie gegen ihre gewalttätigen persischen und russischen Regierungen kämpfen sollen – ich kann nur das eine antworten und kann nichts anderes glauben, als daß es heil- und segensvoll für alle ist. Ich antworte: man soll sich mit aller Kraft vom verderblichen Aberglauben des Patriotismus und des Staates befreien und in jedem Menschen seine Menschenwürde erkennen, die keine Abweichung vom Gesetze der Liebe duldet, die nichts von Staat und von Sklaverei weiß, die keine besonderen Taten, sondern nur das Einstellen jener Handlungen fordert, welche das Böse stützen und unter welchen die Menschen leiden.

Was die Bosnier, die Herzegowiner, die Indier, Serben, Russen und alle anderen künstlich abgestumpften und betäubten Völker tun sollen, die ihre Menschenwürde verloren haben? Ich kann ihnen allen nur dasselbe sagen, was jene Serbin ihrem Sohne sagte: sie sollen leben nach dem göttlichen Gesetz und nicht nach den Gesetzen der Menschen.

Das ist möglich, einfach und leicht für alle Menschen, deren Erkenntnis noch nicht durch jene Dinge korrumpiert ist, die man Politik und Wissenschaft nennt. Zum Glück ist das Bewußtsein der Mehrheit, besonders der slavischen Völker, noch unverdorben; die Mehrheit der einfachen, arbeitenden Menschen *ne sont pas encore assez savants pour raisonner de travers*[4]*, sie kann noch jene einfache, dem Menschenherzen so verständliche Wahrheit begreifen, daß in einem jeden Menschen ein allen gemeinsames geistiges Prinzip lebt, daß sich deshalb der Mensch nicht dem Willen e i n e s anderen Menschen, oder dem Willen anderer Leute, wie sie sich auch nennen mögen: Imperatoren, Polizisten oder Henker, unterordnen kann.

Unterordnen kann sich der Mensch nur ein und demselben höchsten Gesetz der Liebe, das sowohl dem Einzelnen, als auch der ganzen Menschheit, das höchste Wohl gewährt. Nur die Erkenntnis des höchsten geistigen Prinzips im Menschen und der daraus fließenden Erkenntnis seiner echten Menschenwürde kann und wird die Menschen von der Unterdrückung der einen durch die anderen befreien. Und diese Erkenntnis lebt schon in der Menschheit und kann jeden Augenblick zur Tat werden.

Jaßnaja Poljana, am 5. | 18. November 1908.

---

[4] *ist noch nicht gebildet genug, um ein korruptes Urteil zu haben. (*Montaigne.*)

VII.
„Rede gegen den Krieg"

Vortrag für den Friedenskongress in Stockholm 1909
(Doklad, prigotovlennyj dlja kongressa mira v Stokgol'me)

Leo N. Tolstoi

Der Sozialist – Bern, den 1. Dezember 1909
Nachdruck erwünscht; Quellenangabe erbeten[1]

Auf dem Friedenskongreß, der in diesem September 1909 in
Stockholm tagen sollte, wollte Leo Tolstoi eine Ansprache an die
Delegierten halten. Der Kongreß fand nicht statt. Tolstoi hatte
jetzt den Wunsch, zu gleicher Zeit allen Völkern mitzuteilen, was
damals zu sagen er verhindert worden war. Der „Sozialist" ist
gebeten worden, den Völkern Deutschlands und der Schweiz
Tolstois Worte mitzuteilen. Wir kommen unserer Menschen-
pflicht, die Worte des großen verehrungswürdigen Mannes wei-
terzugeben, wie er es will, hiermit getreulich nach. Wir lassen
von seinen Worten keine Silbe weg; wir fügen kein Wort hinzu.

Geliebte Brüder !

Wir haben uns hier versammelt, um gegen den Krieg zu kämpfen. Gegen den Krieg, das will heissen, gegen das, wofür sämtli-
che Völker der Erde, Millionen und Millionen von Menschen, einigen Dutzenden, manchmal bloss einem einzigen Menschen,
nicht nur Milliarden von Rubeln, Talern, Franken, Jens, die einen
grossen Teil ihrer Arbeit repräsentieren, sondern auch sich

---

[1] Textquelle dieser Übersetzung | Leo Tolstois Rede gegen den Krieg. In: Der So-
zialist. Organ des sozialistischen Bundes 1. Jahrgang, Nummer 20 – Bern, den 1.
Dezember 1909, S. 153-155. [Dies ist die früheste Veröffentlichung von Tolstois
Rede im deutschen Sprachraum.]

selbst, ihr Leben uneingeschränkt zur Verfügung stellen. Und nun wollen wir, ein Dutzend Privatmenschen, die aus verschiedenen Enden der Erde zusammengekommen sind, ohne alle besonderen Privilegien, vor allem ohne jede Macht über jemanden, kämpfen; und wenn wir kämpfen wollen, so hoffen wir auch zu siegen über diese ungeheure Macht nicht etwa nur einer, sondern aller Regierungen, die über Milliarden Geldes und über Armeen von Millionen Menschen verfügen und es nur zu gut wissen, dass die Ausnahmestellung, die sie, d. h. die Menschen, welche die Regierung bilden, einnehmen, einzig und allein auf dem Militär beruht –, auf dem Militär, welches nur dann Sinn und Bedeutung hat, wenn der Krieg besteht, derselbe Krieg, gegen den wir kämpfen wollen und den wir vernichten möchten.

Bei solchen ungleichen Kräften muss ein Kampf als Wahnsinn erscheinen. Macht man sich aber die Bedeutung der Kampfmittel, die sich in den Händen jener, die wir bekämpfen wollen, und die sich in unseren Händen befinden, klar, so werden wir nicht darüber staunen, dass wir uns zum Kampf entschliessen, sondern darüber, dass das, was wir bekämpfen wollen, überhaupt noch besteht. In ihren Händen befinden sich Milliarden von Geld, Millionen williger Soldaten, in unsern Händen befindet sich nur ein Mittel, aber das allermächtigste Mittel der Welt – die Wahrheit.

Und deshalb mögen unsere Kräfte noch so gering erscheinen in Vergleich mit den Kräften unserer Gegner, unser Sieg ist ebenso gewiss, wie der Sieg des Lichtes der aufgehenden Sonne über die Finsternis der Nacht.

Unser Sieg ist gewiss, aber nur unter einer Bedingung – unter der Bedingung, dass wir die Wahrheit verkündigen und sie rückhaltlos, ohne alle Umschweife, ohne jede Konzession, ohne jede Milderung heraussagen. Diese Wahrheit aber ist so einfach, so klar, so einleuchtend, so verbindlich nicht bloss für den Christen, sondern für jeden vernünftigen Menschen, dass man sie nur in ihrer ganzen Bedeutung auszusprechen braucht, auf dass die Menschen ihr nicht mehr zuwider handeln können.

Diese Wahrheit ist in ihrer vollen Bedeutung in dem enthalten, was Jahrtausende vor uns in dem Gesetz, das wir das Gesetz Gottes nennen, in zwei Worten gesagt ist: Töte nicht ! Diese Wahrheit besagt, dass der Mensch unter keinen Umständen und unter keinerlei Vorwand einen andern töten kann oder darf.

Diese Wahrheit ist so klar, so allgemein anerkannt, so verpflichtend, dass sie nur klar und bestimmt vor den Menschen aufgestellt zu werden braucht, damit das Übel, das Krieg heisst, vollkommen unmöglich werde. Und deshalb glaube ich, dass wir, die hier zum Weltkongress versammelt sind, wenn wir diese Wahrheit nicht klar und bestimmt aussprechen, sondern uns an die Regierungen wenden und ihnen allerlei Massnahmen vorschlagen, um die Übel des Krieges zu verringern und die Kriege seltener zu machen, auf diese Weise jenen Menschen gleichen, die mit dem Torschlüssel in den Händen gegen die Mauern Sturm laufen, die, sie wissen es wohl, ihre Anstrengungen nicht zu stürzen vermag. Wir wissen, dass alle diese Menschen gar kein Verlangen danach haben, ihresgleichen zu töten, zumeist sogar die Veranlassung nicht kennen, auf die hin man sie zur Ausführung dieser Tat zwingt, die ihnen widerlich ist; dass ihnen ihre Lage, in der sie Bedrückung und Zwang erleiden, zur Last fällt; wir wissen, dass die Mordtaten, die von Zeit zu Zeit von diesen Menschen verübt werden, auf Befehl der Regierung geschehen, wissen, dass das Bestehen der Regierung durch die Armeen bedingt wird. Und nun finden wir, die wir die Vernichtung des Krieges anstreben, nichts Zweckmässigeres zu seiner Aufhebung, als ihnen anzuraten, – ja, wem denn? den Regierungen, die bloss durch das Militär, also durch den Krieg bestehen, – solche Massregeln zu ergreifen, die den Krieg vernichten sollen, d. h. wir raten den Regierungen, sich selbst zu vernichten.

Die Regierungen werden mit Befriedigung all solche Reden hören, denn sie wissen nicht nur, dass derlei Erörterungen den Krieg nicht vernichten und ihre Macht nicht untergraben, sondern auch, dass die eigentliche Ursache dadurch den Menschen nur noch besser verborgen wird, die Ursache, die sie vor ihnen verbergen müssen, damit Armeen und Kriege und auch sie selbst, die diese Armeen befehligen, fortbestehen können.

„Ja, aber das ist doch Anarchismus: niemals haben die Menschen ohne Regierung und Staat gelebt. Und darum sind Regierungen und Staaten und auch die Heeresmacht, die sie beschützt, unerlässliche Lebensbedingungen der Menschen", wird man mir entgegnen.

Ganz abgesehen davon, ob ein Leben der christlichen Völker und überhaupt aller Völker ohne Militär und Krieg, von denen Regierungen und Staat beschützt werden, möglich ist oder nicht, zugegeben sogar, die Menschen müssten sich unbedingt zu ihrem Wohle den Institutionen, welche aus Menschen bestehen, die sie nicht kennen und die sie Regierungen heissen, knechtisch unterwerfen, zugegeben, sie müssten diesen Einrichtungen unweigerlich die Produkte ihrer Arbeit überliefern, sie müssten allen Forderungen dieser Einrichtungen unbedingt bis zum Mord an ihren Nächsten Folge leisten, – auch wenn wir das alles zugeben, selbst dann bleibt noch eine Schwierigkeit, die unsere Welt nicht lösen kann. Diese Schwierigkeit besteht in der Unmöglichkeit, den christlichen Glauben, zu dem sich alle Menschen, welche die Regierung repräsentieren, mit besonderem Nachdruck bekennen, mit ihren aus Christen bestehenden Armeen, die sie zum Morde abrichten, zu vereinbaren. Man mag die christliche Lehre noch so sehr entstellen, mag nach Belieben sich um ihre Hauptlehren schweigend herumdrücken, die Grundidee dieser Lehre besteht doch nur in der Liebe zu Gott und den Nächsten. Zu Gott, das heisst zur allerhöchsten Vollkommenheit der Tugend, und zum Nächsten, das heisst zu allen Menschen ohne Unterschied. Deshalb, sollte man glauben, muss man eines von beiden anerkennen: entweder das Christentum mit der Liebe zu Gott und den Nächsten, oder den Staat mit Armeen und Krieg.

Es ist sehr wohl möglich, dass das Christentum seine Zeit überlebt hat und dass die modernen Menschen, wenn sie vor die Wahl gestellt werden, sich für das Christentum und die Liebe oder den Staat und den Mord zu entscheiden, finden werden, das Bestehen des Staates sei dermassen wichtiger als das Christentum, dass man das Christentum vergessen und nur am Wichtigeren festhalten müsse: am Staat und am Mord.

Alles das mag schon sein, – wenigstens können die Menschen so denken und fühlen. Dann aber muss man es auch so sagen. Man muss sagen, die Menschen unserer Zeit müssten aufhören zu glauben, was die gemeinsame Weisheit der ganzen Menschheit sagt, was das Gesetz, zu dem sie sich bekennen, verkündigt, sie müssten aufhören zu glauben, was mit unvertilgbaren Zügen in das Herz eines jeden gegraben ist, und müssten statt dessen an das glauben, was ihnen – den Mord inbegriffen – die und jene Menschen befehlen, Kaiser und Könige, die durch Zufall oder Erblichkeit zu ihrer Stellung gekommen sind, oder Präsidenten, Reichstagsabgeordnete und Deputierte, die mit Hilfe von allerlei Schlichen gewählt worden sind. Das also muss man dann sagen.

Nun aber kann man das nicht sagen. Nicht bloss dies kann man nicht sagen, sondern weder das eine noch das andere kann man sagen. Sagt man, das Christentum verbietet den Mord, – so wird es kein Militär geben, es wird keinen Staat geben. Sagt man, wir, die Regierung, erkennen die Berechtigung des Mordens an und leugnen das Christentum, – so wird sich niemand einer Regierung unterwerfen wollen, die ihre Macht auf Mord aufbaut. Und noch eins: wenn der Mord im Kriege zulässig ist, muss er erst recht dem Volke gestattet sein, das sein Recht in der Revolution sucht. Und deshalb sind die Regierungen, da sie weder das eine noch das andere sagen können, nur um eines besorgt: ihren Untertanen zu verbergen, dass es notwendig ist, zwischen diesen zwei Wegen die Entscheidung zu treffen.

Darum also haben wir, die wir hier versammelt sind, um dem Übel des Krieges zu steuern, wenn wir unser Ziel wirklich erreichen wollen, nur eines zu tun: wir müssen dieses Entweder-Oder mit voller Bestimmtheit und Klarheit aufstellen, in gleicher Weise vor den Menschen, welche die Regierung ausmachen, wie vor den Massen des Volkes, die das Militär bilden. Und dies müssen wir in der Art tun, dass wir nicht nur klar und offen die allen Menschen bekannte Wahrheit wiederholen: Ein Mensch darf den andern nicht töten! sondern noch dazu ausdrücklich erklären, dass keinerlei Erörterungen die Menschen der christlichen Welt von der Verpflichtung, die diese Wahrheit in sich schliesst, befreien können.

Deshalb möchte ich unserer Versammlung den Vorschlag machen, einen Aufruf an die Menschen sämtlicher und besonders der christlichen Völker zu verfassen und zu veröffentlichen, worin wir klar und gerade heraus sagen, was zwar alle wissen, was aber niemand oder so gut wie niemand sagt: nämlich, dass der Krieg nicht, wie das jetzt die Menschen vorgeben, irgendeine besondere wackere und lobenswerte Sache sei, sondern dass er, wie jeder Mord, eine abscheuliche und frevelhafte Handlung ist, und zwar nicht nur für die, welche die militärische Laufbahn aus freien Stücken wählen, sondern auch für die alle, die sich ihr aus Furcht vor Strafe oder um eigennütziger Interessen willen widmen.

Im Hinblick auf die Personen, die die militärische Tätigkeit freiwillig wählen, möchte ich vorschlagen, dass wir in diesem Aufruf klar und präzis zum Ausdruck bringen, dass diese Tätigkeit, ungeachtet aller Feierlichkeit, allen Glanzes und der allgemeinen Billigung, die ihr zuteil wird, verbrecherisch und schändlich ist, und zwar um so mehr, je höher die Stellung ist, die der Mensch im Militärdienst einnimmt. Ebenso möchte ich in Bezug auf die Menschen aus dem Volke, die durch Androhung von Strafen oder durch Aussicht auf Gewinn zum Militär herangezogen werden, vorschlagen, dass wir klar und bestimmt auf den grossen Irrtum hinweisen, den sie gegen ihren Glauben, wie gegen die Sittlichkeit und den gesunden Menschenverstand dadurch begehen, dass sie darein einwilligen, in die Armee zu treten: Gegen den Glauben dadurch, dass sie in die Reihen von Mördern treten und das von ihnen anerkannte Gesetz Gottes verletzen; gegen die Sittlichkeit dadurch, dass sie aus Furcht, von Seiten der Behörden bestraft zu werden oder um eigennütziger Interessen willen bereit sind, zu tun, was sie in ihrem Innern für schlecht erkennen; und gegen den gesunden Menschenverstand dadurch, dass sie, wenn sie in das Heer treten, im Kriegsfall von denselben, wenn nicht noch schwereren Leiden bedroht sind, als die sind, die ihnen für die Dienstweigerung drohen; gegen den gesunden Menschenverstand vor allem aber schon darum, weil sie demselben Schlag Menschen sich beigesellen, der sie ihrer Freiheit beraubt und sie zum Militärdienste zwingt.

Die Menschheit im allgemeinen und unsere christliche Menschheit im besonderen ist zu einem so schroffen Widerspruch zwischen ihren sittlichen Forderungen und der bestehenden Gesellschaftsordnung gelangt, dass unbedingt eines geändert werden muss, nicht das, was nicht geändert werden kann: die sittlichen Forderungen des Gewissens[,] sondern das, was wohl geändert werden kann: die Gesellschaftsordnung. Diese Änderung, die der innere Widerspruch gebietet, der in der Vorbereitung zum Morde besonders scharf zu Tage tritt, wird von Jahr zu Jahr, von Tag zu Tag immer dringender. Die Spannung, die diese bevorstehende Änderung seit langem erzeugt, hat heute schon einen solchen Grad erlangt, dass es, wie zum Übergang eines flüssigen Körpers in einen festen manchmal ein geringer Stoss genügt, ebenso auch zum Übergang aus jenem grausamen und unvernünftigen Leben der Menschen mit seiner Absonderung, seinen Rüstungen und Armeen, zu einem vernünftigen, den Forderungen der Erkenntnis der jetzigen Menschheit entsprechenden Leben möglicherweise nur einer geringen Anstrengung, vielleicht nur eines Wortes bedarf. Jede solche Anstrengung, jedes solche Wort kann zu jenem Stoss der abgekühlten Flüssigkeit werden, der plötzlich die Flüssigkeit in einen festen Körper verwandelt. Warum sollte unsere jetzige Versammlung nicht diese Anstrengung sein? So, wie im Märchen Andersens, als beim feierlichen Umzuge der König durch die Strassen der Stadt ging, und das ganze Volk entzückt war ob der wunderbaren neuen Kleidung, ein Wort eines Kindes, das aussprach, was alle wussten, aber niemand sagte, alles geändert hat. Es sagte: „Er hat ja gar nichts an", und die Suggestion hörte auf, und der König schämte sich, und alle Menschen, die sich eingeredet hatten, ein wunderschönes neues Kleid am König zu sehen, wurden nun gewahr, dass er nackt sei. Auch wir müssen dasselbe sagen, wir müssen sagen, was alle wissen und nur nicht zu sagen wagen, wir müssen sagen, dass, wenn die Menschen dem Mord einen noch so veränderten Namen geben, der Mord immer nur Mord bleibt – eine frevelhafte, schmachvolle Tat. Und man braucht nur klar, bestimmt und laut, wie wir das hier zu tun vermögen, dies zu sagen, und die Menschen werden aufhören zu sehen, was sie zu sehen vermeinten und werden erblicken, was sie in Wirklichkeit sehen. Sie werden aufhören, im Krieg den Vaterlandsdienst, den Heldenmut, den Kriegsruhm, den Patriotismus zu sehen, und werden sehen, was da ist: die nackte frevelhafte Mordtat. Und wie die Menschen das sehen, wird dasselbe geschehen, was in dem Märchen geschah: diejenigen, die die Freveltaten üben, werden sich schämen, diejenigen aber, die sich eingeredet haben, dass sie im Mord keine Frevelhaftigkeit sehen, werden sie jetzt gewahr werden, und werden aufhören Mörder zu sein.

Wie aber sollen sich die Völker gegen die Feinde wehren, wie soll die innere Ordnung aufrecht erhalten werden, wie können die Völker ohne Militär bestehen?

Welche Form das Leben der Menschen annehmen wird, wenn sie den Mord unterlassen, wissen wir nicht und können es nicht wissen, eines aber ist sicher: dass es den Menschen, die mit Vernunft und Gewissen begabt sind, natürlicher ist, ihr Leben von Vernunft und Gewissen lenken zu lassen, als sich knechtisch denen zu unterwerfen, die das gegenseitige Töten anordnen. Und sicher ist darum auch, dass die Form der gesellschaftlichen Ordnung, die das Leben der Menschen annehmen wird, wenn sie sich bei ihren Handlungen nicht von der Gewalt, die auf Todesdrohungen gegründet ist, sondern von der Vernunft und vom Wissen leiten lassen, jedenfalls nicht schlimmer wird, als das Leben, das sie jetzt führen.

Das ist alles, was ich sagen wollte. Es wäre mir sehr leid, wenn ich jemanden beleidigt, gekränkt oder böse Gefühle in ihm erweckt hätte. Doch wäre es für mich, einen 80jährigen Greis, der jeden Augenblick des Todes gewärtig ist, eine Schande, nicht ganz offen die Wahrheit zu sagen, wie ich sie verstehe, die Wahrheit, die nach meiner festen Überzeugung allein die Menschheit

von den unseligen Drangsalen zu erretten vermag, die der Krieg
hervorbringt und unter denen sie leidet.

———

ZUR VORGESCHICHTE
VON LEO TOLSTOIS REDE GEGEN DEN KRIEG

[Gustav Landauer][2]

Leo Tolstoi, wie wir ihn kurz nennen – Graf Lew Nikolajewitsch
Tolstoi ist der volle Name –, der zum Ehrenmitglied des internationalen Friedenskongresses ernannt worden war, bekam die
Einladung, an dem Kongreß, der im September 1919 in Stockholm stattfinden sollte, persönlich teilzunehmen. Tolstoi freute
sich, daß ihm so Gelegenheit geboten war, seine Pflicht, den
Krieg zu bekämpfen, an so wirkungsvoller Stätte zu erfüllen, be-
schloß, in Begleitung einiger seiner nächsten Freunde trotz seines hohen Alters die Reise zu machen und teilte dem vorberei-
tenden Ausschuß mit, er nehme die Einladung an. Die Presse in
ganz Europa machte auch bald diese Absicht bekannt. Kaum
vierzehn Tage nachher kam die Nachricht, der Kongreß werde
in diesem Jahre überhaupt nicht stattfinden. Motiviert wurde
diese überraschende Abbestellung mit dem schwedischen Gene-
ralstreik. Merkwürdig war das; denn erstens hatten die schwedischen Arbeiter beschlossen, dem Friedenskongreß und Tolstoi
zuliebe alles zu tun, damit der Streik der Veranstaltung keine
Schwierigkeiten bereitete; und zweitens wäre es, wenn es wirklich angezeigt war, ja ein Leichtes gewesen, den Kongreß anders-

---

[2] Textquelle | [Gustav Landauer:] Zur Vorgeschichte von Tolstois Rede gegen den
Krieg. In: Der Sozialist. Organ des sozialistischen Bundes. 1. Jahrgang, Nummer
20 – Bern, den 1. Dezember 1909, S. 159-160. – Die Verfasserschaft G. Landauers
wird erst in späteren Auflagen eigens kenntlich gemacht. – Vgl. auch die um-
fangreichen Hinweise / Materialien zur „Rede gegen den Krieg" im Anhang des
vorliegenden Bandes.

wo als in Schweden abzuhalten. So behaupteten denn auch russische Blätter, allerdings ohne Beweise dafür beizubringen, der Kongreß wäre lediglich abgesagt worden, weil Tostois Absicht den Veranstaltern unangenehm gewesen wäre.

Die Sache hatte noch ein kleines Nachspiel, das uns Deutsche immerhin interessieren kann. Unverzagt, wie Agenten dieser Art zu sein pflegen, richtete die Konzertdirektion Jules Sachs in Berlin an Tolstoi einen Brief, in dem er aufgefordert wurde, auf der Rückreise von Stockholm seinen Vortrag in Berlin zu wiederholen; natürlich vor einem zahlungsfähigen, sensationslüsternen Publikum, gleich dem, das sich jetzt zu Gerhart Hauptmanns und Maximilan Hardens Konzertvorträgen drängt, denn es wurden Tolstoi für jeden Abend, an dem er reden würde, 3000 Francs angeboten. Tolstoi dachte nicht daran, sich vor einem solchen Publikum in Person produzieren zu wollen; immerhin wollte er auch auf diese Weise versuchen, seine Worte wirken zu lassen. Daher antwortete in seinem Namen sein Hausarzt am 14. August das Folgende:

„L. N. Tolstoi ist gerne bereit, seinen Bericht, den er zum XVIII. Internationalen Friedenskongreß, der dieser Tage in Stockholm abgehalten werden sollte, vorbereitet hatte, durch Ihr Etablissement an die Öffentlichkeit zu bringen. Selbst wird er jedoch nicht kommen, sondern möchte es einem seiner Gesinnungsfreunde anvertrauen, den Bericht vorzulesen. Er hofft, daß, wenn es mit der Übersendung des Berichts noch eine Weile dauern sollte, dies Ihnen nichts ausmacht. Er bittet Sie um Mitteilung, ob Sie einverstanden sind, zu warten. Ein Honorar wünscht er nicht."

Die Konzertdirektion hatte natürlich nichts Eiligeres zu tun, als in die Zeitungen die Nachricht zu bringen, Tolstoi werde in Berlin seinen Vortrag halten, sollte es sein Gesundheitszustand nicht erlauben, selbst zu sprechen, so werde ein Freund den Text vorlesen. So kam es, daß die Polizei, offenbar in dem Glauben, der Ausländer Tolstoi wollte persönlich kommen, sich einmischte, und die Rede zur Zensur verlangte. Das hatte nur einen Sinn, wenn es heißen sollte: wir können den Ausländer, auch wenn es Tolstoi ist, rücksichtslos ausweisen, und wir tun es ohne weiteres, wenn wir nicht vorher feststellen dürfen, was wir zu sprechen erlauben und was nicht. Anstatt nun frank und frei zu antworten: „Tolstoi hat nie daran gedacht, zu kommen; um das aber, was ein Deutscher spricht oder vorliest, sich vorher zu kümmern, habt ihr kein Recht", berichtete man erst lange an Tolstoi, der natürlich unsere Rechtsverhältnisse nicht kennen kann; und Tolstoi entschied, er denke nicht daran, sein Manuskript zur Zensur einzureichen. So unterblieb die Veranstaltung, obwohl niemand in der Welt einen Deutschen hätte verhindern können, die Ansprache zu verlesen.

Mittlerweile hatte Tolstoi die Veröffentlichung in allen Sprachen vorbereitet, die nunmehr erfolgt.

Leo N. Tolstoi (1828-1910), Bildnis zu einer französischen Ausgabe
des Romans „Auferstehung", Werkausgabe 1911

ANHANG

Gesamtübersicht,
Anmerkungen und Materialien
zu den ausgewählten Texten

I. WÄHREND DES TRANSVAALKRIEGES (Brief 1899)

Textquelle der ersten Übersetzung | Leo TOLSTOI: Patriotismus und Regierung. Einzige im Auftrag des Verfassers hergestellte Übersetzung von Wladimir Czumikow. Leipzig: Eugen Diederichs 1900, S. 48-51. [Folgeauflagen erschienen zunächst: 1901, 1911, 1917.]
Textquelle der zweiten Übersetzung | Graf Leo TOLSTOI: Über Krieg und Staat. [Enthält: I. Wo ist der Ausweg? II. Patriotismus und Regierung. III. Cathargo delenda est. IV. *Über den Transvaalkrieg.* V. Über den Sinn des Lebens. VI. Über den Selbstmord.] Deutsch von Dr. N[athan]. Syrkin. Berlin SW: Hugo Steinitz Verlag [1901], S. 93-98. [Gesamtumfang der Schrift 111 Seiten; dasselbe auch im Berliner Globus Verlag: Inhalt, Druckbild und Seitenzählung gleich.]
Übersetzung des vollständigen Briefes (mit Adressat, abweichendem Datum) | Lew TOLSTOI: Briefe. Zweiter Band: 1881-1910. Übersetzt von Günter Dalitz aus dem Russischen. (= Gesammelte Werke in zwanzig Bänden. Herausgegeben von Eberhard Dieckmann und Gerhard Dudek, Band 17). Berlin: Rütten & Loening 1971, S. 324-326: „Nr. 200. An G. M. Wolkonski – Moskau, 4. Dezember 1899."
Sekundärliteratur | Viktor SCHKLOWSKI: Leo Tolstoi. Eine Biographie. Übersetzung aus dem Russischen von Elena Panzig [1980]. Berlin: Suhrkamp TB 1984, S. 609 (‚Freude' über Siege der Buren).

II. PATRIOTISMUS UND REGIERUNG (1900)

Russischer Text | ПАТРИОТИЗМ И ПРАВИТЕЛЬСТВО (Patriotizm i pravitel'stvo, Mai 1900). L. N. Tolstoi: PSS – Russische Gesamtausgabe in 90 Bänden, Moskau 1928-1957ff (Polnoe sobranije sočinenij), Band 90, S. 425-444. [Als Internet-Ressource: https://tolstoy.ru/online/90/90/#h000022001]
Textquelle der dargebotenen Übersetzung | Leo TOLSTOI: Patriotismus und Regierung. In: Graf Leo TOLSTOI: Über Krieg und Staat. [Enthält: I. Wo ist der Ausweg?

II. *Patriotismus und Regierung.* III. Cathargo delenda est. IV. Über den Transvaal-krieg. V. Über den Sinn des Lebens. VI. Über den Selbstmord]. Deutsch von Dr. N[athan]. Syrkin. Berlin SW: Hugo Steinitz Verlag [1901], S. 31-72. [Gesamtum-fang des Bandes: 111 Seiten] [Dasselbe auch im Berliner Globus Verlag: Inhalt, Druckbild und Seitenzählung gleich.] [Mit Kenntlichmachung mehrerer Zensur-Passagen in ‚Patriotismus und Regierung‘ durch Punktlinien.]

Weitere Übersetzung | Leo TOLSTOI: Patriotismus und Regierung. Einzige im Auf-trag des Verfassers hergestellte Übersetzung von Wladimir Czumikow. Leipzig: Eugen Diederichs 1900, S. 5-47. [Buchumfang: 51 Seiten] [Folgeauflagen erschie-nen zunächst: 1901, 1911, 1917.] [Ab 1968 mit einigen Kürzungen auch abge-druckt in einem Insel-Taschenbuch; eingesehen: Leo N. TOLSTOJ, Rede gegen den Krieg. Politische Flugschriften. Herausgegeben von Peter Urban. Frankfurt a. M.: insel taschenbuch 1983, S. 47-62; zuletzt auch in TFb_B002.]

Anmerkungen zum Hintergrund | Anfang März erhielt Tolstoi einen Brief von ei-nem deutschen Soldaten, Johann Kleinpoppen, datiert auf den 16. März 1900. Da-rin beschrieb Kleinpoppen die Schrecken des Krieges und seine verheerenden Folgen und bat Tolstoi, ‚ein gutes Buch gegen den Krieg‘ zu schreiben. Tolstoi antwortete ihm am 13. und 25. März, dass er ‚jetzt daran arbeite‘ und bat um die Erlaubnis, Kleinpoppens Brief zu übersetzen und in russischen Zeitungen zu ver-öffentlichen. – Den Artikel „Patriotismus und Regierung", in dem der Brief aus Deutschland zitiert wird, hat L. Tolstoi von Februar bis Mai 1900 – in mehreren geänderten Fassungen – bearbeitet. Er wurde zuerst von V. G. Chertkov veröf-fentlicht (‚Freies Wort‘ England) und sehr bald in Berlin nachgedruckt [die deut-schen Übersetzungen sind wegen der Zensur-Bedingungen unzuverlässig]. Eine St. Petersburger Edition 1906 fiel der Beschlagnahmung zum Opfer. 1917 erschie-nen Fassungen in Moskau und in Charkow; 1918 brachte u. a. das Kommissariat für Volksbildung der Provinz Smolensk einen Nachdruck heraus. Die Gesamt-zahl der Manuskripte zum Thema „Patriotismus und Regierung" wird auf 549 Blätter in verschiedenen Formaten (einschließlich Auszügen) geschätzt. (Mit Hilfe des Übersetzungsprogramms www.deepL.com/translator recherchiert un-ter: https://tolstoy.ru/online/90/90/#h0000 22001).

III. ZWEI BRIEFE AN BERTHA VON SUTTNER
(Oktober 1891 / August 1901)

Textquellen der Tolstoi-Briefe | Leo TOLSTOI: Briefe 1848-1910. Gesammelt und her-ausgegeben von P. A. Sergejenko. Autorisierte vollständige Ausgabe. Berlin: Ver-lag J. Ladyschnikow 1911, S. 315: „Nr. 295. An die Baronin von Suttner". – Lew TOLSTOI: Briefe. Zweiter Band: 1881-1910. Übersetzt von Günter Dalitz aus dem Russischen. (= Gesammelte Werke in zwanzig Bänden. Herausgegeben von Eber-hard Dieckmann und Gerhard Dudek, Band 17). Berlin: Rütten & Loening 1971, S. 353-353: „Nr. 229. An Bertha von Suttner – Jasnaja Pojana, 28. August 1901".

Tagebucheintrag Tolstois | Leo N TOLSTOI: Tagebücher 1847-1910. Aus dem Russi-schen übersetzt von Günter Dalitz. München: Winkler 1979, S. 436 (Eintrag vom 24.10.1891).

Suttners „Randglossen" I Bertha von SUTTNER: Randglossen zur Zeitgeschichte. In: Die Friedens-Warte IX. Jahrgang, Oktober 1907, S. 195; IX. Jahrgang, November 1907, S. 214; X. Jahrgang, August 1908, S. 153; X. Jahrgang, S. 154-155.

Sekundärliteratur I Walentin BELJÈNTSCHIKOV: Bertha von Suttner in Rußland. In: Literatur und Kritik 103. Jg. (1976), S. 140-152; Edith HANKE: Prophet des Unmodernen. Leo N. Tolstoi als Kulturkritiker in der deutschen Diskussion der Jahrhundertwende. (= Studien und Texte zur Sozialgeschichte der Literatur, Band 38). Tübingen: Max Niemeyer Verlag 1993, S. 111-114: „Exkurs: Tolstoi und Bertha von Suttner"; Geir KJETSAA: Lew Tolstoj. Dichter und Religionsphilosoph. Gernsbach: Casimir Katz Verlag 2001, S. 366-368 und 394 (Tolstoi, internationale bürgerliche Friedensbewegung & Friedensnobelpreis-Frage).

IV. BESINNET EUCH !
Ein Wort zum Russisch-Japanischen Krieg (1904)

Russischer Originaltext I Leo TOLSTOI: Odumajtes'! (*Besinnt euch!* 1904). In: PSS [Russische Gesamtausgabe in 90 Bänden, Moskau 1928-1958ff: Polnoe sobranije sočinenij], Band 36, S. 100-148. [Als Internet-Resource: http://tolstoy.ru/creativi ty/90-volume-colection-of-the-works]
Textquelle der dargebotenen Übersetzung I Leo N. TOLSTOI: Besinnet Euch! (Tut Buße). Ein Wort zum Russisch-Japanischen Krieg. Übersetzt von Raphael Löwenfeld. Jena: Eugen Diederichs Verlag 1904. [100 Seiten] – Letzte Neuauflage: Leo N. TOLSTOJ: Religiös-ethische Flugschriften Band II.: Über die sexuelle Frage / Warum die Menschen sich betäuben / Das einzige Mittel / Patriotismus und Regierung / An die Arbeiter / Besinnet Euch. (= Leo N. Tolstoj: Gesammelte Werke: II. Serie, Band 11. Von dem Verfasser genehmigte Ausgabe von Raphael Löwenfeld). Jena: Eugen Diederichs 1911. [Jeweils eigene Paginierung der sechs Titel]
Weitere Übersetzung I Leo N. TOLSTOI: Besinnt Euch! Übersetzt von Dr. A[lbert] Skarvan. Berlin: F. Fontane & Co. 1904. [99 Seiten]
Tagebucheinträge im Kontext dieses Werks I Leo N TOLSTOI: Tagebücher 1847-1910. Aus dem Russischen übersetzt von Günter Dalitz. München: Winkler 1979, S. 667, 668, 669, 670, 671, 672, 673, 674, 675,677, 678 – u. a.: „*28. Januar*, Jasnaja Poljana. […] hatte gute Gedanken über den Krieg, der begonnen hat. Würde gerne darüber schreiben, daß bei einem so fürchterlichen Ereignis wie einem Krieg jedermann hunderte Erwägungen über die unterschiedlichsten Bedeutungen und Folgen des Krieges anstellt, sich aber niemand Gedanken über sich selbst macht: Was hat er, was habe ich angesichts des Krieges zu tun. Dies beleuchtet am besten und klarsten die Tatsache, daß außer der Religion nichts imstande ist, dem bestehenden Übel abzuhelfen." (S. 667) – *7. März 1904.* „Je dümmer, je unsittlicher es ist, was die Menschen tun, um so feierlicher wirkt es. Beim Spaziergang begegnete ich einem pensionierten Soldaten, und wir kamen auf den Krieg zu sprechen. Er stimmte mir zu, daß Gott verboten habe zu töten. – ‚Doch was soll man tun?' sagte er und suchte nach dem extremsten Beispiel für einen Überfall oder eine Beleidigung, welche uns der Feind zufügen kann. ‚Wenn er zum Beispiel das Allerheiligste schänden oder rauben will?' ‚Welches?' ‚Die Fahne.' Ich habe

gesehen, wie Fahnen geweiht werden. Und der Papst, die Metropoliten, der Zar. Gerichtssitzungen. Das Hochamt. Je alberner, um so feierlicher." (S. 669) – „*8. Mai* [1904]. *Jasjana Pojana*. Bekam heute von einem Soldaten aus Port Arthur einen Brief. Ist es Gott gefällig oder nicht, daß die Obrigkeit uns zwingt zu töten? Dieser Zweifel existiert, und ich schreibe darüber, weiß jedoch auch, daß eine riesige Anzahl von Menschen in großer Finsternis befangen ist. Allein ist die Wahrheit einmal klar ausgesprochen, wie Kant sagt, überwindet sie alles. Wann? Das ist eine andere Frage. Wir möchten gern, es solle bald sein, bei Gott aber sind 1000 Jahre wie eine Stunde. Mir will scheinen, damit Kriege aufhören (und mit ihnen die vom Gesetz geschützte Gewalt), bedarf es folgender historischer Ereignisse: 1. England und Amerika müssen von Staaten, welche die allgemeine Militärpflicht eingeführt haben, in Kriegen geschlagen werden; 2. Sie müssen demzufolge die allgemeine Wehrpflicht einführen; 3. Erst dann werden alle Menschen zur Besinnung kommen." (S. 673)

Sekundärliteratur I Viktor SCHKLOWSKI: Leo Tolstoi. Eine Biographie. Übersetzung aus dem Russischen von Elena Panzig [1980]. Berlin: Suhrkamp TB 1984, S. 645-647; Geir KJETSAA: Lew Tolstoj. Dichter und Religionsphilosoph. Gernsbach: Casimir Katz Verlag 2001, S. 356-357.

Zeitgenössischer Beitrag zum ökonomischen Hintergrund I Die Ursachen des russisch-japanischen Krieges. In: Die Friedens-Warte X. Jahrgang (Juli 1908), S. 129-130: „In der Reichsduma besteht die Absicht, die Frage nach den Ursachen des russ.-japan. Krieges und der Bestrafung zum Gegenstand einer Interpellation zu machen. Nach einem dem Neuen Wiener Tagblatt zugegangenen Petersburger Originalbericht befinden sich in den Händen des Oktobristenführers G u t s c h k o w sehr wertvolle Aktenstücke, die über die Urheberschaft zum grausamen Gemetzel Aufschluss geben. Diese Aktenstücke stammen aus dem Nachlass des früheren diplomatischen Vertreters Russlands in Korea, des Wirklichen Staatsrats M a t j u n i n, der jene Unterhandlungen über das Holzverwertungsgeschäft des Besobrasow und Konsorten gepflogen hat, das die unmittelbare Ursache zum Kriege abgegeben hat. / Danach war die Seele und bewegende Kraft des ganzen Unternehmens Geheimrat Oberst B e s o b r a s o w, der sich des Vertrauens des Zaren erfreute, und an welchen M a t j u n i n mit dem Vorschlage herangetreten war, von der koreanischen Regierung die Konzession zur Fällung und Verwertung ihrer unermesslichen Holzreichtümer zu erlangen. Matjunin verbündete sich zu diesem Zwecke mit dem Direktor der Newskiwerke in Petersburg, Herrn A l b e r t, die dann gemeinschaftlich mit Besobrasow zunächst einen der Prinzen zu bewegen wussten, grössere Mittel bereitzustellen. Nun wurde eine Expedition zur Untersuchung und Berichterstattung nach dem fernen Osten ausgerüstet, an deren Spitze die Herren S e r e m e t n i k o w und L w o w standen. Diese Herren erweiterten das ins Auge gefasste Ziel, indem sie zu der koreanischen Vorkonzession auch noch eine chinesische Konzession erwarben, mit dem Rechte auf Holzfällung jenseits des Yalu; so dass nun in Händen des russischen Konsortiums die Berechtigungen sich vereinigten, die Holzbestände sowohl vom linken (Korea) wie vom rechten Ufer des Yalu (China) zu verwerten. Nach Petersburg zurückgekehrt, traten ihnen, wie gesagt, zunächst Herr Besobrasow, damals

Gardeoberst der Reserve, und dann der Admiral A b a s a als Haupttätige bei. Durch die Mitwirkung hervorragender Personen gelang es nun auch, fast alle Mitglieder des Hofes von der Bedeutung und dem Werte des Projektes zu überzeugen, wobei man die Gründung einer Chartered-Companie nach englischem Vorbild ins Auge fasste. Viele erlauchte Personen opferten diesem Zwecke beträchtliche Teile ihres Privatvermögens, und aus der Schatulle des Zaren selbst sollen über 1 ¼ Millionen Rubel zur Verfügung gestellt worden sein. / Nun wurde an die Gründung einer Russischen Holzindustrie- und Bergwerksgesellschaft geschritten und zu deren Leitern in Petersburg B e s o b r a s o w und für Port Arthur der Oberjägermeister B e l a s c h o w bestellt. Das Weitere ist zum grossen Teile bekannt. Die Holzfällung und Wegschaffung auf dem Yaluflusse begann, und mit der zunehmenden Zahl der Arbeiter wurden immer mehr Kosakenabteilungen zur Bewachung der Holzexploitation herangezogen. Befehlshaber dieser Truppen war ein Oberst M a d r i d o w, unter dessen Augen sich ein immer rücksichtsloseres Piratentum gegenüber japanischem Eigentum ergab. Nicht nur, dass koreanisches und chinesisches Holz innerhalb der Konzessionsregion entfernt wurde, so nahmen die Arbeiter und Flösser alles, was lose und fest war und irgendwie in ihren Flussbereich gebracht werden konnte, in ihre Flösse auf und schleppten es von dannen. Es entstanden Reibereien, dann Plänkeleien, und schliesslich, als von russischer Seite immer mehr Truppen herangezogen wurden, die Japan nicht mehr als Holzbewachung, sondern als Konzentration an seiner Grenze ansehen konnte, e r n s t e F e i n d s e l i g k e i t e n. / Der Statthalter der Mandschurei Alexejew – so wird auf Grund der Matjuninschen Mitteilungen weiter berichtet – widerstand zunächst allen Bemühungen, ihn für das Unternehmen zu gewinnen. Doch versprach ihm Besobrasow, seine Ernennung zum Vizekönig durchzusetzen, entwickelte in Petersburg ein glänzendes Bild des Fortganges der Geschäfte und rückte dabei die Bedeutung und die Verdienste Alexejews um die mandschurischen Interessen in ein so helles Licht, dass er mit der Ernennung Alexejews zum Vizekönig in der Tasche nach Port-Artur zurückkehrte. Von da ab beginnt das E i n g r e i f e n A l e x e j e w s in die Jaluspekulation und die Schürzung des Knotens bis zum Ausbruche des Feldzuges. / Nur einer hielt allen Versuchungen und Drohungen stand: Finanzminister Witte. Die Spekulanten im fernen Osten, sowie die Mitinteressenten in Petersburg versuchten, ihn zur Hergabe staatlicher Mittel zu veranlassen, und als letzteres wurde versucht, seinen in Port-Artur residierenden Finanzagenten zum Direktor der Gesellschaft zu machen, in der Hoffnung, dadurch Wittes Gunst zu gewinnen. Auf telegraphische Anfrage des Agenten untersagte jedoch Witte seinem Untergebenen jede Befassung mit dieser Angelegenheit. Zugleich wies er in Immediateingaben an den Kaiser a u f d i e d u r c h d i e G e s e l l s c h a f t h e r a u f - b e s c h w o r e n e K r i e g s g e f a h r nachdrücklichst hin. Daraufhin beschloss die Hofpartei den Sturz des unbequemen Widersachers, und Witte wurde einfach abgesägt. Mit dem leeren Titel eines Vorsitzenden des Ministerkonseils zog er sich in tiefster Erbitterung von den politischen Geschäften zurück. / Das Dossier Matjunins, respektive die in den Händen Gutschkows befindliche treue Kopie wurde nun kürzlich von mehreren vertrauten Politikern und

Staatsmännern – man behauptet im Beisein Stolypins – zuvörderst auf den Inhalt der vielfachen Randbemerkungen geprüft, die der Zar bei jeweiliger Durchsicht der Vorlagen gemacht hatte. Dabei ergab sich, dass der Zar trotz der dem Unternehmen zuteil gewordenen Unterstützung von vornherein und bis zur letzten Minute auf das dringlichste vor Verletzung japanischer Rechte, vor jeder politischen Verwickelung, vor jedem abenteuerlichen Schritte gewarnt und jedwede Ueberschreitung der Befugnisse kategorisch verboten hatte, woraus hervorgeht, dass der Zar den Warnungen Wittes bis zu dessen Sturz Gehör geschenkt hatte. / Soweit der Bericht des N. W. T. Wahrhaftig ein weiterer Beitrag zu dem Kapitel ‚Wie Kriege gemacht werden'. Dieser grossfürstliche Holzhandel ist also ein Urbestandteil jener göttlichen Weltordnung, deren Element der Krieg sein soll? – Dieser Holzhandel hat dem russischen Volke Milliarden an Gütern und tausende von Menschenleben gekostet. Man vergegenwärtige sich einmal die Greuel der Zehntageschlacht am Schaho, in den Laufgräben von Port-Artur und bei Tsuschima, um die ganze höllische Brutalität jenes Spekulantengesindels zu erfassen, das zur Bereicherung seines Geldbeutels vor diesen Greueln und Opfern nicht zurückgeschreckt ist. Die armen Teufel, die da in der Meinung für Gott, Zar und Vaterland zu sterben ihr Leben opferten, brachten es der Spekulation einiger Grossfürsten zum Opfer. / Diese trockene Darstellung der Entstehung einer der fürchterlichsten Kriege, ist mehr denn alle philanthropischen Betrachtungen geeignet, den Krieg als ein von einigen Wenigen zu Ungunsten der Vielen verübtes Verbrechen darzustellen und das blödsinnige Märchen von der Unvermeidbarkeit der Kriege in ein helleres Licht zu bringen. Es ist nicht notwendig, dass – wie die Sozialdemokraten meinen – die kapitalistische Produktionsweise beseitigt werde, wenn der Krieg verschwinden soll; es genügt, wenn man gewisse Praktiken der kapitalistischen ‚Produktion' aufdeckt und scharfe, von der Oeffentlichkeit kontrollierte Vorsichtsmassnahmen trifft. Der Krieg ist zu beseitigen, wenn man den Kriegmachern das Handwerk legt." (Vgl. neben dieser bürgerlich-friedensbewegten Betrachtung des russisch-japanischen Krieges 1904/05 auch die marxistische Perspektive, *Sozialistische Klassiker*: https://sites.google.com/site/so zialistischeklassiker2punkt0/glossar/russisch-japanischer-krieg)

V. Aus dem Lesezyklus für alle Tage (1904-1906)
Von Leo Tolstoi ausgewählte und selbst verfasste Texte

Russischer Text des Lesewerkes | Lew TOLSTOI (Hg.): Krug čtenija [Lesezyklus, 1904ff]. = PSS [Russische Gesamtausgabe in 90 Bänden, Moskau 1928-1958ff: Polnoe sobranije sočinenij], Band 41/42. [Als Internet-Resource: http://tolstoy.ru/crea tivity/90-volume-colection-of-the-works]
Textquellen der gebotenen Übersetzungen | Leo TOLSTOI: Für alle Tage. Ein Lebensbuch. Band I. Erste vollständig autorisierte Übersetzung. Herausgegeben von Dr. E[ugen]. H[einrich]. Schmitt und Dr. A[lbert]. Škarvan. Dresden: Verlag von Carl Reißner 1906. [572 Seiten] – Leo TOLSTOI: Für alle Tage. Ein Lebensbuch. Band II. Erste vollständig autorisierte Übersetzung. Herausgegeben von Dr. E[ugen].

H[einrich]. Schmitt und Dr. A[lbert]. Škarvan. Dresden: Verlag von Carl Reißner 1907. [712 Seiten]
Alternative Übersetzung des Lesewerks für alle Tage (letzte Gesamtausgabe, erweitert) |
Lew TOLSTOI: Für alle Tage. Ein Lebensbuch. Mit einem Geleitwort von Volker Schlöndorf und einem Nachwort von Ulrich Schmid. Auf Grundlage der russischen Ausgabe letzter Hand von Christiane Körner revidierte und ergänzte Übersetzung von E. Schmitt und A. Škarvan. München: C. H. Beck 2010. [Sowie Lizenzausgabe, Berlin: Fröhlich & Kaufmann Verlag 2018.]

VI. Die Annexion Bosniens und der Herzegowina (1908)

Russischer Originaltext | Leo TOLSTOI: O prisojedinenii Bosnii I Gerzogowiny k Awstrii (1908). In: Lew Tolstoi: Polnoje sobranije sočinenij w 90 tomach [Russische Gesamtausgabe in 90 Bänden, Moskau 1928ff]. Band 37. Moskau: ,Chudoshestwennaja Literatura' Verlag 1956, S. 222-242. [Bibliographiert nach Dr. Dirk Falkner] [Als Internet-Resource unter: http://tolstoy.ru/creativity/90-volume-co lection-of-the-works]
Quelle der dargebotenen Übersetzung | Leo N. TOLSTOI: Die Annexion Bosniens und der Herzegowina. Nach dem russischen Manuskript übersetzt von Edmund Rot. 1.-5. Tausend. Berlin: Hermann Walther Verlagsbuchhandlung G.m.b.H. 1909. [48 Seiten]
Tagebucheinträge zu diesem Werk | Leo N TOLSTOI: Tagebücher 1847-1910. Aus dem Russischen übersetzt von Günter Dalitz. München: Winkler 1979, S. 785, 786, 789 (kurze Notizen zum ,serbischen Brief').

VII. „Rede gegen den Krieg"
Vortrag für den Friedenskongress in Stockholm | 1909

Russischer Text | Leo N. Tolstoi: ДОКЛАД, ПРИГОТОВЛЕННЫЙ ДЛЯ КОНГРЕССА МИРА В СТОКГОЛЬМЕ – Doklad, prigotovlennyj dlja kongressa mira v Stokgol'me (Vortrag für den Friedenskongress in Stockholm 1909). In: PSS [Russische Gesamtausgabe in 90 Bänden, Moskau 1928-1957ff: Polnoe sobranije sočinenij] – Band 38, S. 119-125 und 311-318.
[https://tolstoy.ru/creativity/90-volume-collection-of-the-works/]
[https://tolstoy.ru/online/90/38/#h000012010]
Textquelle der Übersetzung | Leo Tolstois Rede gegen den Krieg. In: Der Sozialist. Organ des sozialistischen Bundes 1. Jahrgang, Nummer 20 – Bern, den 1. Dezember 1909, S. 153-155. – Dazu [Gustav Landauer:] Zur Vorgeschichte von Tolstois Rede gegen den Krieg. In: Der Sozialist. Organ des sozialistischen Bundes. 1. Jahrgang, Nummer 20 – Bern, den 1. Dezember 1909, S. 159-160. [Dies ist die früheste bekannte Veröffentlichung von Tolstois Rede im deutschen Sprachraum.]
Ermittelte Folgeauflagen (Fernleihe, digitales Archiv der Gustav Landauer Initiative) |
,Leo Tolstois Rede Gegen den Krieg.' Sonderabdruck aus No. 20 Jahrg. 1909 des „Sozialist". [Anhang: Zur Vorgeschichte von Leo Tolstois Rede gegen den Krieg.] Berlin: Verlag des „Sozialist" / Fritz Flierl [1910?]. [14 Seiten] – Die Wahrheit dem

Volke. ‚Leo Tolstois Rede Gegen den Krieg'. Sonderabdruck aus der zwanzigsten Nummer des ersten Jahrgangs des „Sozialist" vom ersten Dezember des Jahres neunzehnhundertundneun. / Gustav Landauer: Zur Vorgeschichte von Leo Tolstois Rede gegen den Krieg. Verantwortlich. Heinrich Müllecker. Mannheim: Verlag des Bundes herrschaftsloser Sozialisten Mannheim [Erscheinungsjahr nicht ermittelt]. [8 Seiten] – ‚Leo Tolstois Rede gegen den Krieg.' In: Der Sozialist. Organ des sozialistischen Bundes. 5. Jahrgang, Nummer 1. Bern, den 1. Januar 1913, S. 1-5. [Vgl. auf Seite 8 des Heftes den Hinweis auf die Zensurgeschichte einer anderen Flugschrift „Die Abschaffung des Kriegs durch die Selbstbestimmung des Volks".] – ‚Leo Tolstois Rede Gegen den Krieg'. Sonderabdruck aus der zwanzigsten Nummer des ersten Jahrgangs des „Sozialist" vom ersten Dezember des Jahres neunzehnhundertundneun. Mit einem Vorwort von Gustav Landauer. (= Die Wahrheit dem Volke, Heft 2). Hellerau bei Dresden: Verlag des Sozialistischen Bundes 1920. [Bibliographiert nach Edith Hanke] – Leo Tolstois Rede gegen den Krieg. [Anhang: Zur Vorgeschichte von Leo Tolstois Rede gegen den Krieg.] Berlin: Verlag „Der Syndikalist" / Fritz Kater 1920. Inhaltsgleiche Neuauflage 1921. – ‚Du sollst nicht Töten!' Leo Tolstois Rede gegen den Krieg. In: Neue Wege. Beiträge zu Religion und Sozialismus. 23. Jahrgang (1929), Heft 5, S. 227-233. – ‚Leo Tolstois Rede gegen den Krieg.' Berlin: Verlag des „Sozialist" 1929. [Diese Auflage nicht eingesehen; bibliographiert nach Bibliothekskatalog.] – Ab 1968 wurde diese Übersetzung auch abgedruckt in einem Insel-Taschenbuch; eingesehene Auflage: Leo N. TOLSTOJ, Rede gegen den Krieg. Politische Flugschriften. Herausgegeben von Peter Urban. Frankfurt a. M.: insel taschenbuch 1983, S. 163-170.] – Tolstois „Rede gegen den Krieg". Sonderdruck anlässlich des Jubiläums „150 Jahre Bundesfestung Ulm", Juni 2009. Herausgegeben vom Dokumentationszentrum Oberer Kuhberg e.V. Ulm: Verlag Klemm & Oelschläger 2009.

Zwei weitere Ausgaben des Jahres 1910 (nicht eingesehen) | Leo TOLSTOI: ‚Ueber den Krieg'. Übersetzt von Albert Skarvan. In: Die Friedens-Warte. Zeitschrift für zwischenstaatliche Organisation. Berlin/Wien/Leipzig 12. Jahrgang (1910), Heft 1 (Januar), S. 8-10. – Leo TOLSTOI: ‚Gegen den Krieg! Aus dem Manuskript übersetzter Entwurf zu einer Rede, die er beinah in Berlin gehalten hätte'. In: Das Blaubuch. Herausgegeben von Heinrich Illgenstein. Berlin 5. Jahrgang, Nr. 47 vom 24. November 1910, S. 1105-1111.

Neuere Übersetzung | Leo N. TOLSTOI: Vortrag für den Friedenskongress in Stockholm (4. August 1909), übersetzt von Günter Dalitz. In: Lew Tolstoi: Philosophische und sozialkritische Schriften. (= Gesammelte Werke in zwanzig Bänden, herausgegeben von Eberhard Dieckmann und Gerhard Dudek, Band 15). Berlin: Rütten & Loening 1974, S. 681-688 und ebd., S. 799 die Erläuterung: „Vortrag für den Friedenskongress in Stockholm – 1909 bereitete Tolstoi einen Vortrag für den im selben Jahr vorgesehenen Friedenskongress in Stockholm vor, an dem er zuerst teilnehmen wollte. Der Kongreß wurde zunächst wegen eines Streiks verschoben, dann aber doch durchgeführt. Tolstoi schickte daraufhin seinen Vortrag an den Kongreß, wo er jedoch nicht verlesen wurde. Die Rede wurde erstmals 1910 [richtig: 1909, *pb*] publiziert."

Tolstois Zusage | Tolstois Brief vom 12. Juli 1907 an das Organisationskomitee des 18. Friedenskongresses in Stokholm ist nachzulesen in Lew TOLSTOI, Briefe. Zweiter Band: 1881-1910. Übersetzt von Günter Dalitz aus dem Russischen. (= Gesammelte Werke in zwanzig Bänden. Herausgegeben von Eberhard Dieckmann und Gerhard Dudek, Band 17). Berlin: Rütten & Loening 1971, S. 503-504. *Tagebucheintragungen während der Arbeit an der Rede für Stockholm* | Zitiert nach Leo N TOLSTOI: Tagebücher 1847-1910. Aus dem Russischen übersetzt von Günter Dalitz. München: Winkler 1979, S. 830-838: 14. Juli 1909. „Zu Stockholm: Zu Beginn alte, danach neue Briefe von Verweigerern vorlesen. Dann sagen, alles, was hier besprochen wurde, klingt sehr schön, allein wir haben zwar, bildlich gesprochen, alle einen Schlüssel, um das Gemach aufzuschließen, das wir betreten wollen, bitten aber diejenigen, die sich hinter einer undurchdringlichen Tür versteckt halten, sie zu öffnen, lassen also unseren Schlüssel ungenutzt und lehren diese Praxis auch andere. Vor allem muß gesagt werden, daß die Wurzel allen Übels das Militär ist. Wenn wir die Soldaten ohne Bedenken töten lehren, negieren wir alles, was wir zugunsten des Friedens sagen können. Nennen wir die Dinge doch beim Namen: Kann man etwa in die Residenzen der Könige, der Kaiser, der obersten Kriegsherren, die wir ebenso achten wie die Franzosen ihren Monsieur de Paris, über den Frieden sprechen? Sobald wir zu lügen aufhören, jagt man uns auf der Stelle aus dem Saal. / Wir bezeigen höchsten Respekt den Befehlshabern von Soldaten, das heißt von betroffenen Menschen, die nicht so sehr gegen den äußeren Feind benötigt werden wie dazu, alle jene im Zaum zu halten, denen wir Gewalt antun." – 20. Juli 1909. „Mein erster Gedanke bei der Meldung vom Überfliegen des Ärmelkanals – wie lassen sich Aeroplane im Krieg, zum Morden verwenden? [...] Soeben las ich mir für Stockholm noch einmal den Brief an die Schweden [1899] und das ‚Reich Gottes' [1894] durch. Es scheint alles gesagt. Weiß nicht, was ich noch sagen soll. Denke über einige Dinge nach, von denen gesprochen werden kann und muß. Wir werden sehen." – 25. Juli 1909. „Ein wenig in den ‚Lesefrüchten' gelesen. Danach für den Friedenskongress zu schreiben begonnen. Besser, aber schwach. [...] Offenbar hat mein Verstand nachgelassen. Darf keine Dummheiten schreiben." 26. Juli 1909. „Mein seelisches Befinden ist gut. Sofja Andrejewna bemerkte schon, ich hätte ihr doch versprochen, nicht nach Schweden zu fahren. [...] Habe ein wenig über den Krieg und einen französischen Brief an Styka geschrieben." – 30. Juli 1909. „Heute sehr gut geschlafen. Korrespondent Spiro war da. Ich gab ihm Informationen und beendete den Aufsatz für den Kongress." – 5. August 1909. „Gestern, am 4., habe ich den ‚Kongress' verbessert, nahezu gut, wie mir scheint. [...] Vormittags ebenfalls ‚Der Kongreß'. Das war alles." – 8. August 1909. „Der 6. August war ein wichtiges Datum. Ich war, wie gewöhnlich, spazierengegangen und hatte danach begonnen, an ‚Über den Krieg' zu arbeiten. Sofja Andrejewna kam herein und verkündete, der Kongress sei verschoben."
Briefwechsel im Vorfeld der geplanten Verlesung der Rede in Berlin | „Die Rettung wird kommen ...". 30 unveröffentlichte Briefe von Leo Tolstoi an Eugen Heinrich Schmitt. Ein Weltanschauungsbild des russischen und des deutschen Denkers. Zusammengestellt von Ernst Keuchel. Hamburg: Harder Verlag 1926, S. 63-64:

„XXVIII. Lieber Freund! / Ich bin Ihnen dankbar für Ihre Bereitwilligkeit und er-
kläre hiermit, dass ich Sie bitte meinen Bericht, der für den Friedenscongress von
Stokholm bestimmt war, in Berlin vorzulesen. / Im vorigen Briefe schrieb ich
Ihnen deshalb nicht darüber, da ich früher Ihre Antwort an Skarvan erfahren
wollte. / Ihr Freund Leo Tolstoy. / 11. Sept. 1909 / Jasnaja Poliana." – „XXIX. 5
October 1909 / Lieber Freund / Es thut mir Leid, dass ich dem Vorschlage Sachs
nicht zustimmen kann. Ich wünsche dass meine Rede so wie sie ist ohne Kupüren
Milderungen oder gar nicht vorgetragen werde. Sagen Sie es Herrn Sachs und
entschuldigen Sie mich bitte dass ich Ihnen so viel unnütze Sorge verursacht
habe. Entschuldigen Sie mich auch für mein schlechtes Deutsch. Ich hoffe dass
Sie mich doch gut verstehen werden. / Die Sache hat aber doch einen guten Erfolg
gehabt – mich mit Ihnen in engeren Verkehr zu setzen. Danke Sie auch herzlich
für Ihre Bereitwilligkeit nicht mir aber der guten Sache zu dienen. / Ihr liebender
Freund Leo Tolstoy." – Siehe auch: Lew TOLSTOI, Briefe. Zweiter Band: 1881-1910.
Übersetzt von Günter Dalitz aus dem Russischen. (= Gesammelte Werke in zwanzig Bänden. Herausgegeben von Eberhard Dieckmann und Gerhard Dudek,
Band 17). Berlin: Rütten & Loening 1971, S. 514: „Nr. 390. An Eugen Heinrich
Schmitt. Jasnaja Poljana, 22. September 1909". Ebd., S. 512 ist folgende Aussage
Tolstois aus seinem vorhergehenden Brief an W. G. Tschertkow (Jasnaja Poljana,
31 August 1909) nachzulesen: „[…] In Berlin wollen sie meinen Stockholmer Vortrag verlesen, und sie machen daraus eine große Sache oder wollen es wenigstens. Mir ist das peinlich. Ich glaube, dieser Vortrag ist das nicht wert. Wie denken Sie hierüber? Zu anderen spreche ich nicht davon, doch Ihnen möchte ich
sagen, in letzter Zeit ist mir traurig, schwer ums Herz. Natürlich weil es mir selbst
schlecht geht. Allein ich verzage nicht und gebe mir Mühe, mich so wacker wie
möglich zu halten. Leben Sie wohl, auf baldiges Wiedersehen. Ich küsse alle."
Die Herausgeber der Briefedition erläutern: „Der Tolstoi Anhänger A. Škarvan
(vgl. Anmerkung zu Brief 183) hatte den Vorschlag übermittelt, die Stockholmer
Rede Tolstois (vgl. Anmerkung zu Brief 382) in Berlin vorzutragen; Tolstoi be-
auftragte E. H. Schmitt (vgl. Anmerkung zu Brief 119) mit dieser Angelegenheit;
dieser schlug aus Zensurgründen Streichungen vor, auf die Tolstoi nicht einging;
die Berliner ‚Konzertagentur Jules Sachs' hatte über die von ihr geplante Veranstaltung bereits in der Presse berichten lassen. Schon 1905 war die Agentur mit
einem ähnlichen Vorschlag für eine Vortragsreise an Tolstoi herangetreten"
(ebd., S. 711-712).
Sekundärliteratur | Geir KJETSAA: Lew Tolstoj. Dichter und Religionsphilosoph.
Gernsbach: Casimir Katz Verlag 2001, S. 351-355 (Literaturnobelpreis-Frage), S.
366-368 und 394 (Kongress Stockholm 1909, Friedensnobelpreis-Frage).

LEO N. TOLSTOI
DAS TÖTEN VERWEIGERN

Texte über die Schönheit
der Menschen des Friedens
und den Ungehorsam

Neu ediert von Peter Bürger und Katrin Warnatzsch
(Tolstoi-Friedensbibliothek: Reihe B, Band 3).
Norderstedt: BoD 2023.
(ISBN 978-3-7519-1925-8;
Paperback; 292 Seiten; 12,90 Euro)

Der Band erscheint in der Reihe B des Editionsprojekts ‚Tolstoi-Friedensbibliothek' zur (Neu-)Erschließung gemeinfreier Übersetzungen von ‚religionsphilosophischen (theologischen) und sozialethischen Schriften' Leo N. Tolstois. Über weiterführende Literatur, zu unseren Angeboten sowie zum Kreis der Beteiligten (Konzeption und Herausgeberschaft, Bearbeitung, Beratung, Kooperationspartner*innen) informiert die Projektseite: www.tolstoi-friedensbibliothek.de